U0448511

塞種史研究

余太山 著

商務印書館
The Commercial Press

2019年·北京

圖書在版編目(CIP)數據

塞種史研究 / 余太山著. —北京：商務印書館，
2012（2019.1重印）
ISBN 978 - 7 - 100 - 08492 - 5

Ⅰ.①塞… Ⅱ.①余… Ⅲ.①古代民族－民族歷史－研究－中亞 Ⅳ.①K308

中國版本圖書館CIP數據核字(2011)第145822號

權利保留，侵權必究。

塞種史研究

余太山 著

商 務 印 書 館 出 版
（北京王府井大街36號 郵政編碼 100710）
商 務 印 書 館 發 行
三河市尚藝印裝有限公司印刷
ISBN 978 - 7 - 100 - 08492 - 5

2012年1月第1版　　開本880×1230　1/32
2019年1月第2次印刷　　印張11 7/8
定價：32.00元

目錄

再版緒說 ...001

緒說 ...012

一　塞種 ... 015

二　大夏 .. .046

三　大月氏 ... 087

四　大宛 ... 113

五　康居 ... 149

六　奄蔡 ... 180

七　烏孫 ... 198

八　罽賓 ... 217

九　烏弋山離 ... 251

附卷

一　《漢書·西域傳》所見塞種——兼説有關車師的若干問題 ... 271

二　關於鄯善國王治的位置 ... 295

三　魚國淵源臆説 ... 314

徵引文獻 ... 328

索引 ... 351

後記 ... 363

再版後記 ... 365

余太山主要出版物目錄 ... 366

ло # 再版緒說
——"塞種"釋名

一

希羅多德《歷史》記載，阿喀美尼王朝居魯士二世（Cyrus II，前558—前529年）視 Sacae 爲阻礙他的民族之一，擬親討之。(I, 153) 但全書並没有關於居魯士二世征討 Sacae 的記載，卻記載了居魯士二世在征服巴比侖之後對 Massagetae 的征討 (I, 201-214)。既然《歷史》一書中列舉的被居魯士二世視爲障礙的民族中並不包括 Massagetae 人，而 "Massagetae" 一名又可以釋爲 "大 Sacae 部落"，居魯士二世打算親征的 Sacae 人應該便是 Massagetae。

據希羅多德記載，Massagetae 居住在 Caspia 海以東、"一片一望無際的平原"上 (I, 204)。Caspia 海即今裏海，因此，Massagetae 居地應在裏海和鹹海以北的大平原，卽錫爾河北岸。

Massagetae 佔有錫爾河北岸是公元前七世紀末歐亞草原上一次民族大遷徙的結果。希羅多德利用不同來源的資料記述了這次遷徙。他在一處說：斯基泰人爲 Massagetae 人所逐，"越過了 Araxes

河，逃到了奇姆美利亞人（Cimmerians）的國土中去"。(IV，11) 在另一處說：斯基泰人爲 Issedones 人所逐，因而衝擊奇姆美利亞人。(IV，13) 實際上，很可能是 Issedones 人戰勝了 Massagetae 人，後者又戰勝了斯基泰人，迫使斯基泰人侵入了奇姆美利亞人的居地。斯基泰人所受壓力直接來自 Massagetae 人，間接來自 Issedones 人。最後，斯基泰人遠赴黑海之濱，Massagetae 人遂據有錫爾河以北。後者在遷往錫爾河北岸之前，應居住在伊犁河、楚河流域。

蓋據希羅多德，Massagetae 人"住在東邊日出的地方，住在 Araxes 河（錫爾河）對岸與 Issedones 人相對的地方"。(I，201) Massagetae 人居地既在錫爾河以北，與之相對的 Issedones 人居地應該在伊犁河、楚河流域。Issedones 人將 Massagetae 人逐出伊犁河、楚河流域，後者乃遷往錫爾河以北。

要之，"Sacae"一名最早被波斯人用來指稱先後遊牧於伊犁河、楚河流域和錫爾河北岸的 Massagetae 人。

二

據希羅多德，"波斯人是把所有斯基泰人都稱爲 Sacae 的"。(VII，64) 既然"Sacae"一名最初是 Massagetae 的專稱，希羅多德這句話應該理解爲：波斯人後來將 Sacae 這一專稱用來泛指所有斯基泰人。其原因似乎可以在《歷史》一書中找到：蓋據希羅多德，"Massagetae 穿著和斯基泰人相同的衣服，又有著同樣的生活方式"。(I, 215) 而且確實"有一些人說他們是斯基泰人的一個民族"。(I, 201) 這裏所謂"同樣的生活方式"，乃指遊牧。

據阿喀美尼朝銘文可以確知，至遲在大流士一世時代，Sakā（卽 Sacae）已非某一部落的專稱。

大流士一世的 Naqš-e Rostam 銘文 a 就提到了三種 Sakā：Sakā haumavargā（崇拜 hauma 的 Sakā 族）、Sakā tigraxaudā（戴尖帽的 Sakā 族）和海對面的 Sakā 族。前兩種 Sakā 接踵列於"乾陀羅、印度"之後，不妨認爲這兩者其實同處一地，甚至衹是一種，僅因習俗不同而被視作兩種。但這兩種 Sakā 和列於伊奧尼亞人之後的"海對面的 Sakā 族"顯然有別。

我們發現 Sakā haumavargā（崇拜 hauma 的 Sakā 族）、Sakā tigraxaudā（戴尖帽的 Sakā 族）除了出現在 Naqš-e Rostam 銘文中，還出現在大流士一世的波斯波利斯銘文 e 和蘇薩（Ṣṣūšā）銘文 e 中，在波斯波利斯銘文中，被列於"印度、乾陀羅"之後，在蘇薩銘文 e 中被列於"乾陀羅、印度"之後。但是，在波斯波利斯銘文 e 和蘇薩銘文 e 中，沒有發現"海對面的 Sakā 族"。在波斯波利斯銘文 e 和蘇薩銘文 e 中，列於伊奧尼亞人之後的分別是"海對面的諸郡"和"海對面的人"。所謂"海對面的諸郡"和"海對面的人"無疑就是 Naqš-e Rostam 銘文所見"海對面的 Sakā 族"。在這兩篇銘文中這些人不再被波斯人稱爲 Sakā，表明他們雖然有時也被稱爲 Sakā 族，畢竟有別於 Sakā haumavargā 和 Sakā tigraxaudā。

一般認爲"海對面的 Sakā 族"（"海對面的諸郡"或"海對面

的人")其實是遭 Massagetae 人驅逐而西遷的斯基泰人之一支。換言之,在 Naqš-e Rostam 銘文中,列在伊奧尼亞人後面的"海對面的 Sakā 族"是廣義的 Sakā——斯基泰人。

要之,Sacae 或 Sakā 最初是 Massagetae 人的專稱,後來一度被用來泛指遊牧的斯基泰人。

三

據希羅多德記載,居魯士二世對 Massagetae 人的征討並不成功,不僅波斯全軍覆沒,居魯士二世本人也於是役陣亡(I, 204-214)。可見終居魯士二世之世,錫爾河以北的 Sacae 人居地並未歸附阿喀美尼王朝。繼居魯士二世即位的岡比斯二世(Cambysēs,前 529—前 522 年)在位第四年就率軍遠征埃及,並畢命於該處,也沒有關於他曾經征討 Massagetae 人或 Sacae 人的記載。

但是,大流士一世貝希斯登銘文第二欄卻載:大流士一世在巴比倫時,背叛他的有下列諸郡:"波斯、埃蘭、米地亞、亞述、埃及、帕提亞、Margu(馬爾吉亞那)、沙塔吉提亞、Sakā"。銘文中提到的 Sakā 人顯然在大流士一世即位之前是臣服阿喀美尼王朝的。而據同一篇銘文第五欄所載,可知這些叛離的 Sakā 很快遭到大流士一世的猛烈進攻。

同屬大流士一世的波斯波利斯(Persepolis)銘文 h 第 3—10 行稱:大流士領有的王國,"從索格底亞那對面的 Sakā 族,直到

Kūša（埃塞俄比亞），從印度到薩爾底斯"。可知上述 Sakā 人居地位於"索格底亞那對面"，亦卽錫爾河北岸，和居魯士二世所討 Massagetae 人所處位置相同。這就是說，大流士一世征討的 Sakā 人很可能不再是 Massagetae 人，兩者僅僅是地理位置相同而已。

要之，波斯人不僅將"Sacae"一名用來指稱遊牧的斯基泰人，還曾用來指稱錫爾河北岸和 Massagetae 人具有相同生活方式的其他遊牧部落。

四

既然並不存在 Massagetae 人臣服岡比斯二世的記載，我們就不妨推測：大流士一世貝希斯登銘文中提到的 Sakā 是 Issedones 人。也就是說：在大流士一世卽位之前、居魯士二世去世之後的某時，Issedones 人自伊犂河、楚河流域繼續西進，佔有錫爾河北岸 Massagetae 人的居地。也許爲了鞏固對 Massagetae 人的勝利，Issedones 人曾向阿喀美尼王朝表示臣服，直至岡比斯二世去世，纔乘亂揭起叛旗。Issedones 從此被波斯人稱爲 Sakā。

阿里安的《亞歷山大遠征記》將 Scythians 大別爲"亞洲 Scythians"和"歐洲 Scythians"兩類。前者又再分爲 Abian 斯基泰、Massagetae 和 Sacae 三種。

這裏，阿里安將 Massagetae 人和 Sacae 人作了明確區分：亞歷山大遭遇的 Sacae 人居地無疑在錫爾河以北，而 Massagetae 人多在錫爾河以南、索格底亞那地區。這說明"Sacae"一名不再用來指稱 Massagetae 人，而是用來指稱錫爾河北岸的某個遊牧部落。

　　亞歷山大遭遇的 Sacae 人和大流士一世遭遇者是同一部落。既然這個部落不可能是 Massagetae 人，最可能就是將 Massagetae 人逐出錫爾河北岸 Issedones。亞歷山大遭遇的 Massagetae 應該是被 Issedones 人逐出錫爾河北岸的 Massagetae 餘部。

　　阿里安將 Massagetae 人和 Sacae 人都歸入斯基泰人，說明 Massagetae 人和 Sacae 人兩者有著"同樣的生活方式"。這似乎可以旁證以上關於波斯人曾先後以"Sacae"指稱 Massagetae 人和 Issedones 人的推測。

　　要之，波斯人可能將"Sacae"一名用來指稱自伊犁河、楚河流域遷入錫爾河北岸的 Issedones 人。

五

　　斯特拉波《地理志》於 Sacae 有如下記載："大部份斯基泰人是所謂 Däae 人，據有 Caspiai 海沿岸，其東則有 Massagetae 人和 Sacae 人，其餘雖各有名號，但皆被稱爲斯基泰人，多以遊牧爲生。其中最著名的是從希臘人手中奪取了巴克特里亞的 Asii、Pasiani (Gasiani)、Tochari 和 Sacarauli。他們來自 Iaxartes 河（錫爾河）彼岸，與 Sacae、索格底亞那相毗連，曾被 Sacae 人佔領的地方。"（XI，8）據此，在 Strabo 描述的時代，據有錫爾河北岸的全部是斯基泰人。其中包括 Massagetae 人、Sacae 人，以及 Asii 等四部。

在接下來的敍述中，Strabo 十分明確地說，是 Sacae "佔領了 Bactriana"。（XI, 8-4）而 "從希臘人手中奪取了巴克特里亞的 Asii、Pasiani（Gasiani）、Tochari 和 Sacarauli" 四者應屬於與 Däae、Massagetae 並稱爲斯基泰的 Sacae 人。我們不妨稱 Asii 等爲 Sacae 四部。但是，祇要結合同卷的其他記載，就不難發現上引記述存在許多含糊不清之處，需要澄清。

首先，Strabo 描述居魯士二世對 Massagetae 的戰事時在說 "居魯士發動了針對 Sacae 人的遠征"（XI, 8-5）的同時，又說："Massagetae 人在對居魯士的戰爭中表明了他們的英勇"。（XI, 8-6）可見在 Strabo 那裏，Massagetae 和 Sacae 是同義詞，可以對換。但是，在上引記述中，Strabo 卻並舉 Massagetae 人和 Sacae 人，似乎視爲兩種。

其次，據上引記述，Massagetae 人無疑和 Sacae 人同在錫爾河北岸，但他接下去又引 Eratosthenes 稱："Massagetae 位於巴克特里亞附近，沿 Oxus 河而西"。（XI, 8-8）令人無所適從。

第三，Strabo 所舉錫爾河北岸的 Sacae 如果有別於 Massagetae 人，祇能是亞歷山大乃至大流士一世所遭遇的 Sacae，亦即希羅多德所載 Issedones 人。而所舉 Asii 諸部應即 Issedones 部落聯盟：不僅 Asii 可以視作 Isse[dones] 的確切對譯，而且 Asii 諸部乃自錫爾河北岸入侵巴克特里亞的。Strabo 卻祇是籠統地將 Asii 諸部稱爲斯基泰人，將它們和 Sacae 區別開來。

十分明顯，Strabo 將不同時代、不同來源的信息堆砌到了一起。

儘管如此，上引記述仍不失爲有關 Sacae 的重要資料。

一則，Strabo 明確記述了 Asii 等四部入侵 Bactria 之前的位置："來自 Iaxartes 河（錫爾河）彼岸，該處與 Sacae、索格底亞那相毗連、被 Sacae 人佔領的地方"。既然 Strabo 是將居魯士二世征討的 Massagetae 稱爲 Sacae 的，這裏"Sacae"可以理解爲 Massagetae。也就是說 Asii 等四部來自錫爾河北岸曾被 Massagetae 佔領的地方，該處東連伊犂河、楚河流域，南接索格底亞那。伊犂河、楚河流域則是 Massagetae 可以追溯的最早的故地。這正可以印證以上關於 Issedones 將 Massagetae 人先後逐出伊犂河、楚河流域和錫爾河北岸，並依據錫爾河北岸與大流士一世和亞歷山大對抗的推論。

二則，Strabo 明確記述了與大流士一世和亞歷山大對抗的 Sacae（Issedones）的組成。

已知"Sacae"一名最初專指 Massagetae，但 Massagetae 意爲"大 Sacae 部落"，似乎是一個以 Sacae 人爲核心的遊牧部落聯盟。這類聯盟往往有一個血緣維繫的部落爲宗主。這個部落究竟是什麼，其名稱是不是 Sacae，均不得而知。部落聯盟的名稱和其核心部落的名稱未必一致。

在大流士一世諸銘文中列於"印度、乾陀羅"或"乾陀羅、印度"之後的 Sakā haumavargā 和 Sakā tigraxaudā 的地理位置相同，應該就是大流士一世貝希斯登銘文所記遭大流士一世進攻的 Sakā。面對大流士一世的進攻時，他們是一個整體。因而在貝希斯登銘文中，他們僅被稱爲 Sakā。

遭大流士一世進攻的 Sakā 因習俗不同被區別爲兩種。這很可能是因爲他們分屬不同的部落，而不僅因爲習俗不同。當然，習俗是可以傳播或相互影響的，不同的部落可以有相同或相似的習俗，尤其處於同一聯盟中的部落。也就是說，遭大流士一世進攻的 Sakā 聯盟可能有兩個以上的部落。但是，我們也不得其詳而知。

通過 Strabo 上引記述，我們纔知道組成 Issedones 諸部的名稱。其中，Asii 顯然是宗主，Tochari 和 Pasiani（Gasiani）是 Asii 的親緣部落，Sacarauli 顯然是留在伊犁河、楚河流域或錫爾河北岸的 Massagetae 餘部。

因此，我們無妨肯定 Massagetae 的核心部落是 Sacarauli。所以 Massagetae 被稱爲 Massagetae 或 Sacae。

換言之，Massagetae 可能是一個以 Sacarauli 爲核心的部落聯盟，原居伊犁河、楚河流域，波斯人稱之爲 Sakā。公元前七世紀末，Massagetae 被來自東方的 Issedones 人驅逐至錫爾河北岸。但尚有餘眾留在原地，臣服 Issedones，亦即後來成爲四部之一的 Sacarauli。至遲在大流士一世即位前夕，Massagetae 又被西向擴張的 Issedones 逐出錫爾河北岸，一部份南渡錫爾河進入索格底亞那。大流士一世和亞歷山大遭遇的 Sacae 人正是佔領錫爾河北岸的 Issedones。

和 Massagetae 被稱爲 Sacae 的原因不同，Issedones 被稱爲 Sacae，主要是因爲他們先後佔領了 Massagetae 的居地（伊犁河、楚河流域和錫爾河北岸），且和 Massagetae 同爲遊牧部落，生活和生產方式相同的緣故。

要之，Strabo 稱 Asii，Pasiani（Gasiani），Tochari 和 Sacarauli 四

部爲 Sacae，但"Sacae"一名原來是 Sacarauli 的專稱。

六

中國史籍的"塞種"一名，無疑就是西方史籍所見 Sakā 或 Sacae 之對譯。《漢書·西域傳下》載烏孫國"本塞地也"，既然烏孫之居地在伊犁河、楚河流域，所謂"塞地"亦應在伊犁河、楚河流域。傳文所謂"大月氏西破走塞王"乃指公元前 177/ 前 176 年大月氏被匈奴所逐西遷伊犁河、楚河流域一事；"烏孫昆莫擊破大月氏"則發生在公元前 130 年左右。

大月氏"破走"之塞王，顯然不是 Massagetae，而是 Issedones，亦卽 Asii 等部。Issedones 之所以被稱爲"塞王"，主要是因爲伊犁河、楚河流域本是 Massagetae 所居，該處因而得名"塞地"。Issedones 逐走 Massagetae，稱王"塞地"，自然被目爲"塞王"。"塞地"與 Strabo 所謂"曾被 Sacae 人佔領的地方"同義。

結合 Strabo 的記載，可知 Issedones 被大月氏逐出塞地後，除一部份"南越縣度"外，大部退縮至錫爾河北岸，復自該處南下，侵入巴克特里亞。

公元前七世紀末 Massagetae 大部西遷時，必有餘衆留在伊犁河、楚河流域。同理，後來佔領伊犁河、楚河領域的烏孫"民有塞種、大月氏種"。（《漢書·西域傳下》）塞種應卽 Issedones 之餘部，其一爲 Sacarauli，原係 Massagetae 的餘衆。

大月氏爲烏孫所逐西遷，塞地遂爲烏孫所有。烏孫"民有塞種"，"塞種"則指 Issedones，亦即 Asii 等四部。

　　逐走 Massagetae 佔有伊犁河、楚河流域的 Issedones 被稱爲 Sacae。同理，波斯人也完全可能將逐走 Massagetae、佔領錫爾河北岸的 Issedones 稱爲 Sakā。中國人知有"塞種"必定得自波斯人處。

　　至於《逸周書·王會解》所見"莎車"，得視爲 Sacae 或 Sacarauli 之對譯，應該是 Sacarauli 自"塞地"卽伊犁河、楚河流域東遷之一支。

　　要之，"塞種"是 Sacae 或 Sakā 之對譯，但不是指 Massagetae，而是指 Issedones。

緒說

本書旨在探討貴霜王朝興起以前的中亞史，重點在塞種的活動。

《漢書·西域傳》所見塞種，應即阿喀美尼朝波斯大流士一世貝希斯登銘文所見 Sakā 人，主要包括四個部落或部族：Asii、Gasiani、Tochari 和 Sacarauli。

公元前七世紀末葉，Asii 等部已出現在伊犂河、楚河流域；當時的希臘詩人 Aristeas 在記述其中亞旅行見聞的長詩《獨目人》中稱之爲 Issedones。Isse[dones] 應即 Asii 之異譯；這似乎表明 Asii 等部已組成一個聯盟，而以 Asii 爲宗主。

遲至公元前六世紀二十年代末，伊犂河、楚河流域的 Asii 等部西向擴張至錫爾河，逐去原居該河右岸的 Massagetae 人。此後，他們被波斯人稱爲 Sakā。

約公元前 177/ 前 176 年，由於大月氏人西遷，塞種被迫放棄伊犂河、楚河流域，一部份南下，散處帕米爾各地，後亦東向進入塔里木盆地諸綠洲。

公元前140年左右，大批塞人渡錫爾河南下，一支進入費爾幹納（Ferghāna），一支進入巴克特里亞（Bactria）。後者滅亡了希臘巴克特里亞王國。他們各自建立的政權（可能均以Tochari人爲主），《史記·大宛列傳》分別稱之爲大宛國和大夏國。

大概在此同時，另一支塞人（可能以Asii人爲主）順錫爾河而下，遷往鹹海乃至裏海沿岸。《史記·大宛列傳》將這一支塞人稱爲奄蔡，而將留在錫爾河北岸的塞人（可能以Sacarauli人爲主）稱爲康居。

公元前130年，烏孫人在匈奴人的支援下，遠征大月氏，戰而勝之，奪取了伊犁河、楚河流域。大月氏人再次西遷，到達阿姆河流域，擊敗大夏，佔領其地。《史記·大宛列傳》的烏孫國和大月氏國於是成立。

另一方面，在帕米爾的塞種之一部，越過了名爲縣度的天險，侵入乾陀羅和呾叉始羅，趕走當地的希臘統治者，建立了《漢書·西域傳》所謂罽賓國。其時間上限爲公元前129年。

上述大月氏人的第二次西遷，還迫使一部份塞種自索格底亞那（Sogdiana）和吐火羅斯坦（Tuhāresān），侵入帕提亞帝國，佔領了Drangiana和Arachosia部份地區，這些地區因而被稱爲塞斯坦（Sakāstān）。這部份塞種雖一度遭到Mithridates二世的鎮壓，但在這位帕提亞國王去世（公元前87年）後不久，便宣告獨立。《漢書·西域傳》所載烏弋山離國正是這個以塞斯坦爲中心的塞種王國。

大月氏人佔領大夏地後，直接統治Bactra及其周圍地區，而通過所置"五翎侯"控制東部山區。"五翎侯"均係原大夏國人，是大月氏人扶植的傀儡。後來推翻大月氏，開創貴霜王朝的原貴霜翎侯邱就卻，應爲入侵巴克特里亞的塞種諸部之一 Gasiani 之後裔。《後漢書・西域傳》所傳貴霜國可以說也是塞種所建。

公元前七世紀末出現在伊犂河、楚河流域的塞種諸部可能來自東方。Asii, Gasiani, Tochari 和 Sacarauli 似卽先秦典籍所見允姓之戎、禺知（禺氏）、大夏和莎車。其活動地域大致在黃河以西，阿爾泰山之東。公元前 623 年，秦穆公稱霸西戎，拓地千里，或者因此引起了塞種諸部的西遷。其中，禺知（禺氏）西遷者可能祇是其中一小部份，留在東方者終於發展成一個強盛的部族，卽大月氏的前身——月氏。而允姓之戎的餘種便是烏孫之祖。因此，烏孫、大月氏與同屬塞種的 Asii, Gasiani 是同源異流的關係。

Asii 等四部塞種，連同大月氏和烏孫，均係 West-Eurasianoid，操印歐語。在龜茲、焉耆和車師等地發現的、用回鶻人所謂 Toχrï 語書寫的文書，似乎還表明至少有一部份塞種的原始語言屬 Centum 語。

以上是本書的核心，有關考證雖枝柯旁午，然大體以此爲歸宿。

我常常想，作考證文章，固然要重證據，但更應該放眼於客觀可能性的廣闊天地。這對於中亞上古史的研究尤關緊要。遺憾的是，自己在這裏能夠做到的，依然不過是蒐集了也許祇是偶爾遺存的殘骸，綴合以邏輯的針線，嵌鑲到已有知識的框架中去而已。

"行到水窮處，坐看雲起時"；資料有時而盡，探索卻永無止境；然則歷史本來面目或在彼水雲之間。

一 塞種

一

塞種，見於《漢書·西域傳上》，據云：

> 昔匈奴破大月氏，大月氏西君大夏，而塞王南君罽賓。塞種分散，往往爲數國。自疏勒以西北，休循、捐毒之屬，皆故塞種也。

《漢書·西域傳下》又載：

> 烏孫國……東與匈奴、西北與康居、西與大宛、南與城郭諸國相接，本塞地也。大月氏西破走塞王，塞王南越縣度，大月氏居其地。後烏孫昆莫擊破大月氏，大月氏徙，西臣大夏，而烏孫昆莫居之，故烏孫民有塞種、大月氏種云。

按之"烏孫國"四至,知所謂"塞地"亦即塞種故地,大致在伊犂河、楚河流域。[1]而大月氏為匈奴所破,西徙塞地,逐走塞王,時在公元前177/前176年,知塞種佔有伊犂河、楚河流域直至此年。[2]嗣後,其人除留在故地先後臣服大月氏、烏孫者外,部份經縣度進入罽賓,部份散處於帕米爾地區。

一般認爲,"塞[sək]種"應即西史所見Sakā。研究有關Sakā的記載,不難發現這些記載和上引有關塞種的記載確實能夠相互補充,彼此協調。

二

Sakā最早見於阿喀美尼王朝(Achaemenids)大流士一世(Darius I,前521—前486年)的貝希斯登(Behistum)銘文[3]。該銘文第一欄第12—20行載:

> 國王大流士說:按照阿胡拉瑪茲達(Ahuramazdā)的意旨,下列諸郡(dahyāva)歸屬於我,我成爲他們的王:Pārsa(波斯)、Ūvja(埃蘭)、Bābiru(巴比侖)、Aθurā(亞述)、Arabāya(阿拉比亞)、Mudrāya(埃及)、海濱的人們、Sparda(薩爾底斯)、Yauna(伊奧尼亞)、Māda(米地亞)、Armina(亞美尼亞)、Katpatuka(卡帕多細亞)、Parθava(帕提亞)、Zranka(德蘭癸亞那)、Haraiva(阿列亞)、Uvārazmī(花剌子

模)、Bāxtri(巴克特里亞)、Sugda(索格底亞那)、Gandāra(乾陀羅)、Sakā、Θatagu(沙塔吉提亞)、Harauvati(阿拉霍西亞)、Maka(馬克蘭),凡二十三郡。

　　國王大流士說:這些屬於我,按照阿胡拉瑪茲達的意旨,他們成為我的臣僕,向我納貢,執行我的命令,不舍晝夜。

第二欄第5—8行載:

　　國王大流士說:我在巴比侖時,下列諸郡叛離了我:波斯、埃蘭、米地亞、亞述、埃及、帕提亞、Margu(馬爾吉亞那)、沙塔吉提亞、Sakā。

第五欄第20—30行載:

　　國王大流士說:後來,我和軍隊一起向 Sakā 人進發。於是,他們——戴尖帽的 Sakā 人向我推進。我來到海邊,用木材和全軍一起渡河。接著,我猛烈攻擊 Sakā 人,俘獲其別部,他們被捆綁著帶到我這裏來,我殺死了他們。他們的首領斯昆卡(Skunxa)被抓住帶到我這裏。於是,如我所願,我使另一人成為首領。此後,這個郡成了我的。

通過以上的引述,可知:

1. Sakā 人早在大流士一世即位以前就歸屬阿喀美尼王朝了。

因爲大流士一世是在公元前522年9月殺死僧侶高墨塔（Gaumāta）後掌握王權的。之後，他立即鎮壓了埃蘭的暴動，又於同年12月跨過底格里斯河，佔領巴比倫，鎮壓在那裏發生的暴動。[4]銘文既稱Sakā人叛離時，大流士一世正在巴比倫，可見其人臣服阿喀美尼王朝在前522年之前。

2. Sakā人的叛離，也很快遭到大流士一世的鎮壓。據貝希斯登銘文第五欄第1—14行載，大流士一世鎮壓埃蘭的又一次暴動和Sakā人的暴動是在他成爲國王以後的第二年和第三年內完成的；鎮壓埃蘭又在鎮壓Sakā之前，則鎮壓Sakā可能在公元前519年。

3. 阿喀美尼王朝劃所屬諸地爲郡、規定各郡必須納貢，是在大流士一世即位之後，故Sakā地區被劃爲郡，其人納貢，應在公元前519年以後。

然而，這些Sakā人的居地究竟在何處，迄今還是一個沒有很好解決的問題。我認爲，其居地應在錫爾河以北。

1. 大流士一世的波斯波利斯（Persepolis）銘文h第3—10行載：

> 國王大流士說：我所領有的這個王國，從索格底亞那對面的Sakā族，直到Kūša（埃塞俄比亞），從印度到薩爾底斯。諸神中最大的神阿胡拉瑪茲達把它授予我。阿胡拉瑪茲達護佑我吧，也護佑我的王族吧。

Sakā人居地既在"索格底亞那對面"，祇能是錫爾河右岸。[5]

2. 公元前519年大流士一世所征討的Sakā人也在錫爾河以北。

上引貝希斯登銘文所謂"來到海邊"的"海"（daryah）可以理解爲"開闊的水面"，應即錫爾河。[6]

3. 大流士一世的波斯波利斯銘文 e 第 5—18 行載：

　　國王大流士說：按照阿胡拉瑪茲達的意旨，下列諸郡和波斯的人民一起爲我所領有，畏懼我，給我帶來貢品：埃蘭、米地亞、巴比侖、阿拉比亞、亞述、埃及、亞美尼亞、卡帕多細亞、薩爾底斯、陸地和海洋的伊奧尼亞人，海對面的諸郡、Sagartia（薩伽爾提亞）、帕提亞、德蘭癸亞那、阿列亞、巴克特里亞、索格底亞那、花剌子模、沙塔吉提亞、阿拉霍西亞、印度、乾陀羅、Sakā、馬克蘭。

又，大流士一世的納克澤·羅斯塔姆（Naqš-e Rostam）銘文 a 第 15—30 行：

　　國王大流士說：按照阿胡拉瑪茲達的意旨，波斯之外，下列諸郡歸我掌握，我君臨之，他們給我帶來貢品，執行我的命令，遵守我的法律：米地亞、埃蘭、帕提亞、阿列亞、巴克特里亞、索格底亞那、花剌子模、德蘭癸亞那、阿拉霍西亞、沙塔吉提亞、乾陀羅、印度、Sakā haumavargā（崇拜 hauma 的 Sakā 族）、Sakā tigraxaudā（戴尖帽的 Sakā 族）、巴比侖、亞述、阿拉比亞、埃及、亞美尼亞、卡帕多細亞、薩爾底斯、伊奧尼亞人、海對面的 Sakā 族、Skudra（德拉基亞和馬其頓）、寬沿帽的伊奧尼亞人、Putāya（利比亞）人、埃塞俄比亞、馬克蘭人、Karka（卡里亞）人。

又，大流士一世的蘇薩（Ssūšā）銘文 e 第 14—30 行載：

  國王大流士說：按照阿胡拉瑪茲達的意旨，波斯之外，下列諸郡歸我掌握，我君臨之。他們給我帶來貢品，執行我的命令，遵守我的法律：米地亞、埃蘭、帕提亞、阿列亞、巴克特里亞、索格底亞那、花剌子模、德蘭癸亞那、阿拉霍西亞、沙塔吉提亞、馬克蘭人、乾陀羅、印度、崇拜 hauma 的 Sakā 族 [7]、戴尖帽的 Sakā 族、巴比侖、亞述、阿拉比亞、埃及、亞美尼亞、卡帕多細亞、薩爾底斯、海濱的伊奧尼亞人、海對面的人、德拉基亞和馬其頓、利比亞人、埃塞俄比亞人、卡里亞人。

又，薛西斯一世（Xerses I，前 486—前 465 年）的波斯波利斯銘文 h 第 13—18 行載：

  國王薛西斯說：按照阿胡拉瑪茲達的意旨，波斯之外，下列諸郡以我爲王，我君臨之，他們給我帶來貢品，執行我的命令，遵守我的法律：米地亞、埃蘭、阿拉霍西亞、亞美尼亞、德蘭癸亞那、帕提亞、阿列亞、巴克特里亞、索格底亞那、花剌子模、巴比侖、亞述、沙塔吉提亞、薩爾底斯、埃及、住在海濱的伊奧尼亞人和住在海對面的人、馬克蘭人、阿拉比亞、乾陀羅、印度、卡帕多細亞、Dahā 族、崇拜 hauma 的 Sakā 族、戴尖帽的 Sakā 族、斯庫德拉（Skudra）人、Ākaufaka（阿考法卡）人、利比亞人、卡里亞人、埃塞俄比亞人。

以上所列同樣表明大流士一世所討 Sakā 應在錫爾河北岸。

首先，大流士一世的貝希斯登銘文第一欄列於"乾陀羅"之後的 Sakā，應即他的波斯波利斯銘文 e 列於"印度、乾陀羅"之後的 Sakā，也就是他的蘇薩銘文 e 和納克澤·羅斯塔姆銘文 a 列於"乾陀羅、印度"之後的"崇拜 hauma 的 Sakā 族、戴尖帽的 Sakā 族"。蓋據希羅多德《歷史》，"屬於斯基泰人的 Sacae（Sakā）人戴著一種高帽子，帽子又直又硬，頂頭的地方是尖的。……這些人雖是 Amyrgian 斯基泰人，卻被稱爲 Sacae 人"。（VII，64）[8] 由於 Amyrgian 即 haumavargā，可見所謂"崇拜 hauma 的 Sakā 族"和"戴尖帽的 Sakā 族"其實祇是一種。[9] 在大流士一世的貝希斯登銘文和波斯波利斯銘文 e 中確實也祇記作一種（Sakā）。很可能是由於這些 Sakā 人具有兩種習俗而被誤以爲兩種。退一步說，即使存在一種不"戴尖帽"的 Sakā haumavargā，也很難認爲他們的居地和 Sakā tigraxaudā 的居地是可以劃然區分的。因爲這兩種必定包括在大流士一世的貝希斯登銘文和波斯波利斯銘文 e 所載 Sakā 人之中。

其次，據墨伽斯忒涅斯（Megasthenes，約前 350—前 280 年）記載，在印度"北方，隔著 Emodus 山脈，是斯基泰（Scythia）地區，居住著通常被稱爲 Sacae 的斯基泰人"。（II，35）[10] 而上引大流士一世諸銘文所見 Sakā 又均列於"印度"或"乾陀羅"之後，似乎在當時人心目中，其居地應在印度附近。然而，這可能是囿於地理知識而形成的一種錯覺。Emodus 山一般認爲應即喜馬拉雅山脈固然不錯，[11] 但此處不能確指。換言之，墨伽斯忒涅斯所述僅僅表明當時人知道 Sakā 在印度北方，兩者爲大山隔絕。既然 Sakā 被認爲位於印度之北，大流士上引諸銘文在敍及印度或乾陀羅時連帶而及 Sakā 也就不足爲怪了。要之，以上引證的阿喀美尼王朝諸銘文足以表明所列各郡的地理位置與它們在銘文中出現的次序並無必然聯繫，不能認爲其中所見 Sakā 人的居地和印度或乾陀羅靠近或鄰接。[12]

至於大流士一世的納克澤·羅斯塔姆銘文 a 中提到的所謂"海對面的 Sakā 族"，顯然是大流士一世的波斯波利斯銘文 e 中提到的"海對面的諸郡"、蘇薩銘文 e 中提到的"海對面的人"，和薛西斯一世的波斯波利斯銘文 h 中提到的"住在海對面的人們"；數者在各銘文中均列於"海濱的伊奧尼亞人"之後。既然如此，這"海對面的 Sakā 族"應該就是大流士一世在前 513 年討伐的黑海以北的斯基泰人（見希羅多德《歷史》IV，1，46）。[13] 又，據希羅多德《歷史》，"波斯是把所有斯基泰人都稱爲 Sacae 人的"（VII，64），但在黑海北岸居住的，除 Sacae 人以外，還有與之相鄰的"陶利卡、阿伽杜爾索伊、涅烏里司、昂多羅帕哥伊、美蘭克拉伊諾伊、蓋洛諾斯、布迪諾伊和撒烏羅瑪泰伊等民族"，（IV，102）僅僅稱之爲 Sakā 並不確切；這很可能便是"海對面的 Sakā 族"這一稱呼在阿喀美尼王朝諸銘文中祇出現過一次的原因。

三

本節主要討論希羅多德《歷史》一書中有關 Sacae（Sakā）的記載。

1. 據希羅多德記載，居魯士二世（Cyrus II，前 558—前 529 年）把征服伊奧尼亞人的事情委託給他的一位將軍，乃由於"他近傍有巴比侖阻礙著他，巴克特里亞人、Sacae 人和埃及人對他來說也是這樣。因此他打算親自去征討這些民族"。（I，153）但全書並沒有關於居魯士二世征討 Sacae 人的記載，卻記載了居魯士二世在征服巴比侖之後對瑪薩革泰人的征討（I，201-214）。因此，我認爲，居魯士二世打算親征的 Sacae 人便是瑪薩革泰：

一則，據希羅多德，"瑪薩革泰人（Massagetae）據說是一個勇武善戰的强大民族，他們住在東邊日出的地方，住在位於 Araxes 河對岸與 Issedones 人相對的地方"。（I，201）Araxes 河卽錫爾河，可見瑪薩革泰人的居地和前節通過大流士一世和薛西斯一世諸銘文考知的 Sakā 人的居地相同。[14]

二則，據希羅多德，"瑪薩革泰人穿著和斯基泰人相同的衣服，又有著同樣的生活方式"。（I，215）既然波斯人把斯基泰人都稱爲 Sacae（VII，64），那麼他們把衣著、生活方式和斯基泰人相同的瑪薩革泰人稱爲 Sacae 是完全可能的。希羅多德也指出，確實"有一些人說他們是斯基泰的一個民族"。（I，201）

三則，瑪薩革泰這一名稱，很可能意指"大 Sakā 部落"。[15]

2. 據希羅多德記載，居魯士二世對瑪薩革泰的征討並不成功，不僅波斯全軍覆沒，居魯士二世本人也於是役陣亡（I，204-214）。由此可見，終居魯士二世之世，錫爾河以北地區並未歸附阿喀美尼王朝。繼居魯士二世即位的岡比斯二世（Cambysēs，前529—前522年）在位第四年就率軍遠征埃及，並畢命於該處，也沒有關於他曾經征討瑪薩革泰或Sakā人的記載。但如前節所考，錫爾河河北的Sakā人早在大流士一世即位之前就服屬於阿喀美尼王朝了。因此，我們不妨設想岡比斯二世即位伊始便發動了對瑪薩革泰人的戰爭，以雪前恥。戰爭很快以波斯人的勝利告終，瑪薩革泰人表示臣服，岡比斯二世消除了後顧之憂，纔踏上了去埃及的征途。[16]

果然如此，公元前519年大流士一世所討錫爾河河北的Sakā人便是瑪薩革泰人。不過，這僅僅是一種可能性。另一種可能性是：大流士一世於公元前519年所討已非瑪薩革泰人，而是希羅多德所載Issedones人。

蓋據希羅多德，瑪薩革泰人的居地乃與Issedones人的居地相對，前者既在錫爾河北岸，則後者顯然應在楚河、伊犁河流域。[17]這是公元前七世紀末一次波及整個歐亞草原的民族大遷徙運動的結果。希羅多德利用不同來源的資料記述了這次遷徙運動。他在一處說：

> 居住在亞細亞的遊牧的斯基泰人由於在戰爭中戰敗而在瑪薩革泰人的壓力之下，越過了Araxes河，逃到了奇姆美利亞人（Cimmerians）的國土中去，因爲斯基泰人現在居住的地方一向是奇姆美利亞人的土地。（IV，11）

在另一處說：

> Issedones人被阿里瑪斯波伊人（Arimaspi）趕出了自己的國土，斯基泰人又被Issedones人所驅逐，而居住在南海（這裏指黑海。——譯者）之濱的奇姆美利亞人又因斯基泰人的逼侵而離開了自己的國土。(IV，13)

因此，實際上可能是Issedones人戰勝了瑪薩革泰人，後者又戰勝了斯基泰人，迫使斯基泰人侵入了奇姆美利亞人的居地。斯基泰人所受壓力直接來自瑪薩革泰人，間接來自Issedones人。因而不無可能在大流士一世卽位之前、居魯士二世去世之後的某時，Issedones人自伊犂河、楚河流域繼續西進，佔有錫爾河北岸瑪薩革泰人的居地，從此被波斯人稱爲Sakā。《漢書‧西域傳》的記載表明，"塞種"卽Sakā的故地在伊犂河、楚河流域，以及亞歷山大東征時所遭遇的瑪薩革泰人均在錫爾河南岸，皆堪佐證。果然如此，則不妨推測，Issedones人爲鞏固對瑪薩革泰人的勝利，曾向阿喀美尼王朝表示臣服，直至岡比斯二世去世，纔乘亂揭起叛旗，於是遭到大流士一世的鎮壓。

3. 據希羅多德記載，大流士一世卽位後，"便把他的領土分成了二十個波斯人稱爲薩特拉佩阿的太守領地，隨後，他又任命了治理這些太守領地的太守，並規定每個個別民族應當向他繳納的貢稅；爲了這個目的，他把每一個民族和他們最接近的民族合幷起來，而越過最近地方的那些稍遠的地方，也分別幷入一個或是另一個民族"。(III, 89) 其中,"Sacae 人和 Caspia 人繳納二百五十塔蘭特,是爲第十五地區"。(III, 93) 不少學者致力於考證 Caspia 人居住的位置。但就我所知,有關考證似乎都不得要領。主要是因爲說者誤以爲前節所引阿喀美尼王朝諸銘文列 Sakā 於"印度"或"乾陀羅"之後意味著兩者位置接近,乃指 Caspia 爲托勒密所載 Caspia,力圖調和希羅多德和托勒密有關 Sacae 位置的記載。[18] 今案:與 Sacae 人同屬第十五地區的 Caspia 人應在裏海乃至鹹海以東。蓋據希羅多德:

> 這個被稱爲 Caspia 海的海,它的西方是高加索山脈。在它的東面日出的地方則是一片一望無際的平原,這一廣闊的平原的大部份屬於居魯士現在很想征討的瑪薩革泰人。(I, 204)

Caspia 海或因 Caspia 人所居而得名。此海不僅指裏海,很可能包括鹹海在內。希羅多德在另一處說,Araxes 河(即錫爾河)是注入這個 Caspia 海的 (I, 202),似可爲證。裏海、鹹海以東的平原應即錫爾河北岸,在居魯士二世時代爲瑪薩革泰人所居,其地亦即大流士一世所征討的 Sakā 人的居地。由此可見,從判斷 Caspia 人居地的位置入手,也能得到 Sakā 人居於錫爾河北岸的結論。

至於希羅多德所載,"Caspia 人、帕烏西卡伊人、潘提瑪托伊人及達列依泰伊人合起來繳納二百塔蘭特,是爲第十一地區"。(III, 92) 這一段中提到的 Caspia 人的居地,可能在裏海之南部或西部。[19] 這應該是同爲 Caspia 人而分屬第十五、十一兩地區的原因。

另外，希羅多德還提到："阿格巴塔拿和 Media 其他地區，包括帕利卡尼歐伊人、Orthokorybantioi 人，繳納四百五十塔蘭特，是爲第十地區"。（III，92）有人指出其中 Orthokorybantioi 應爲伊朗語 tigraxaudā 的希臘語譯。[20] 果然如此，我認爲與其指阿格巴塔拿和米地亞等地也有"戴尖帽的 Sakā 族"，不如肯定戴尖帽是各地斯基泰人較流行的風俗，不獨錫爾河北岸的 Sakā 人爲然。

4. 據希羅多德記載，大流士一世之子瑪西司鐵斯因受其兄薛西斯一世之辱，往奔巴克特里亞，打算使巴克特里亞郡叛變，從而使薛西斯一世遭到最大的損害。希羅多德接著評論說：

> 在我看來，如果他能夠逃入巴克特里亞和 Sacae 人的地區的話，他實際上是能夠做到這件事的，因爲當地的人都很愛戴他，而且他又是巴克特里亞人的太守。（IX，113）

或據此以爲 Sacae 人居地一定和巴克特里亞鄰接，並確指爲阿姆河上游地區。[21] 今案：此說未安。因爲希羅多德並沒有說 Sacae 人的地區就在巴克特里亞附近。瑪西司鐵斯如果逃入錫爾河北岸 Sacae 人的居地，未嘗不能策劃巴克特里亞郡叛變，因爲他是巴克特里亞太守，受當地人愛戴。何況，逃入 Sacae 人地區云云不過是希羅多德虛擬之辭。Sacae 人和巴克特里亞人均曾隨同薛西斯一世遠征希臘，Sacae 軍和巴克特里亞軍常常並肩作戰（VII，64，96，184；VIII，113；IX，31）。[22] 瑪西司鐵斯打算逃往巴克特里亞，很可能希羅多德因此聯想到了 Sacae。

四

通過阿里安《亞歷山大遠征記》[23]，可以約略窺見亞歷山大東征時期 Sakā 人的情況。

1. 據阿里安記載，"大流士（三世，前 336—前 330 年）的部隊之所以這樣龐大，是因爲有大批援軍。有巴克特里亞邊境上的一些印度部族，加上索格底亞那人和巴克特里亞人。以上這些部隊都由巴克特里亞督辦柏薩斯指揮。和這些人一起前來支援的，還有居住在亞洲斯基泰人當中的一個叫 Sacae 的部族。他們所以來支援，並不是因爲他們附屬於柏薩斯，而是因爲他們和大流士結了盟。這批部隊是馬上弓箭手，指揮官叫 Manaces。"（III，8）又稱："據阿瑞斯托布拉斯記述，戰役結束後曾搜獲大流士部署部隊作戰的書面材料。根據這份材料知道他的部署是這樣的：……在左翼之前，即面對亞歷山大右翼的地方，部署的是斯基泰騎兵、一千來名巴克特里亞部隊和一百輛刀輪戰車"。（III，11）由此可見，此時 Sakā 人是阿喀美尼王朝的盟國，遣騎兵支援大流士三世抵抗亞歷山大的入侵。

2. 上引阿里安文稱 Sacae 爲"亞洲斯基泰"之一種，這是因爲在馬其頓人看來，亞洲斯基泰人不止一種，而另外又有所謂"歐洲斯基泰"的緣故。

阿里安書提到"歐洲斯基泰"凡三處。一處稱：

歐洲的斯基泰人也派代表來，他們是歐洲最大的民族。

亞歷山大派了幾個夥友跟他們回去，對他們說明：這幾個人將作爲他們的代表跟他們簽署友好協定。但實際上他派這幾個人去的目的是爲了偵察斯基泰境內的情況，瞭解他們的人數、風俗習慣、以及外出打仗時使用的武器等等。（IV，1）

另一處稱："歐洲斯基泰人再次派代表來見亞歷山大。原先亞歷山大派到他們那裏去的代表也跟他們一起回來了。……這個代表團是來向亞歷山大表示，斯基泰人願意服從他的領導。"他們並表示希望同亞歷山大聯姻，如亞歷山大打算討伐科其亞和阿馬宗人，甘當向導等等。（IV，15）第三處稱：亞歷山大回到巴比侖後，歐洲斯基泰人遣使慶賀他當了亞洲之王。（VII，15）毫無疑問，這裏所謂"歐洲斯基泰"人就是希羅多德記載的逐走奇姆美利亞人，定居黑海之濱的斯基泰人。他們可以說是亞歷山大的與國。除此之外，阿里安書中所載斯基泰人都是所謂"亞洲斯基泰"人。

"亞洲斯基泰"之一種，被稱爲"Abian斯基泰"，"他們定居亞洲，是個自主的民族"。當亞歷山大進軍索格底亞那時，曾"派代表來見亞歷山大"。其人的詳細情況不得而知，阿里安所謂"荷馬在他的史詩中對這個民族倍加推崇，稱他們是'最公正的人'……主要是因爲他們生活艱苦、堅持公道"云云，（IV，1）恐怕不過是作者的附會，很難認爲這種Abian斯基泰就是荷馬提到的Abi族。[24]

另一種"亞洲斯基泰"便是瑪薩革泰人。據阿里安，當亞歷山大進攻索格底亞那時,波斯將領斯皮塔米尼斯"帶著一些從索格底亞那逃出來的人跑到斯基泰一個叫瑪薩革泰的地區躲避去了。他們在那裏搜羅了六百名瑪薩革泰人騎兵,然後又開到巴克特里亞地區的一座堡壘。那座堡壘的司令完全沒有想到會有敵人來攻打,於是在斯皮塔米尼斯的突襲下,駐軍全部被消滅,司令本人也被俘關押起來"。接著,又圍困扎瑞亞斯帕,搶奪財物,伏擊出城的守軍,而當馬其頓人率大軍進攻時,就遁入沙漠,使馬其頓人無法追趕。此後,斯皮塔米尼斯又在"位於索格底亞那和 Massagetae Scythia 之間的一個索格底亞那要塞巴伽"招誘了三千名瑪薩革泰騎兵,率領他們襲擊馬其頓人佔領的索格底亞那地區,失利後便逃到沙漠中去。"後來他們瞭解到亞歷山大已率大軍出發朝沙漠開來,於是他們就把斯皮塔米尼斯的頭割下來送給亞歷山大,為的是轉移亞歷山大進軍的方向,不再進攻他們"。據稱,當時這些瑪薩革泰人"極端貧困,既沒有城鎮,又沒有定居之處,所以他們對於家園毫無顧慮。因此,祇要有人勸,很容易就能把他們拉去打仗,不管打什麼仗都行"。(IV,16-17)[25] 通過以上的引文不難看出,Massagetae Scythia 人當時散處在錫爾河以南、Kizil Kum 沙漠邊緣,去索格底亞那不遠。如前所述瑪薩革泰人原居錫爾河北岸,因而他們出現在河南很可能是受其東鄰 Issedones 追逐的緣故。其時間最早可能在岡比斯二世即位之初。瑪薩革泰人由於被逐出原居地,所以極端貧困,依靠打劫為生。

第三種"亞洲斯基泰"應即佔有錫爾河北岸的 Sakā 人。

3. 據阿里安記載，在亞歷山大攻克了位於錫爾河南岸的、居魯士二世所築西羅波利斯城之後，"亞洲斯基泰派了一支部隊開抵 Tanais 河畔。因爲他們大多數聽說河對岸的一些土著部族造了亞歷山大的反。他們打算，一旦事情鬧大，成爲重大的起義，他們就參加進去，一起攻打馬其頓人"。(IV, 3) 他們兵力雄厚，與馬其頓人隔水對峙。亞歷山大渡河進攻，因天氣炎熱，軍士缺水，未能獲勝。"不久之後，斯基泰國王派代表來見亞歷山大，對已發生的事情表示遺憾。他們說這件事並不是斯基泰國家的整體行動，祇不過是一些打家劫舍的强盜們幹的。儘管如此，國王本人還是願意承擔責任，亞歷山大要他們怎麼辦就怎麼辦。亞歷山大對他們客客氣氣地作了回答。這是因爲，如果對他們國王表示不信任，那他就必須繼續追擊；如不追擊，就顯得很不光彩；而且目前也不是追擊的最好時機，祇好這樣下了臺階。"(IV, 5) 此處所謂"亞洲斯基泰"人顯然既不是 Abian 斯基泰人，也不是瑪薩革泰人。前者早已致使亞歷山大，頗得馬其頓人的歡心。後者出沒於錫爾河南岸沙漠之中，窮困潦倒，以打劫爲生，並無家園可言，與這些有國王、有軍隊、儼然與亞歷山大分庭抗禮的斯基泰人不可同日而語。因此，我認爲上述佔有 Tanais 河即錫爾河北岸的"亞洲斯基泰"人祇能是和阿喀美尼王朝結盟、曾派出騎兵支援大流士三世抵抗亞歷山大的 Sakā 人。他們至遲自大流士一世即位以來一直居住在自錫爾河北岸直至伊犁河流域的廣大地區。

4. 或以爲馬其頓人誤指錫爾河爲 Tanais 河（頓河），因此阿里安書中所謂"亞洲斯基泰"和"歐洲斯基泰"是以錫爾河即藥殺水（Jaxartes）爲分界線的。該河右岸爲"歐洲斯基泰"，左岸爲"亞洲斯基泰"。[26] 今案：此說恐怕是錯的。蓋據阿里安：

> 據阿瑞斯托布拉斯記述，當地人給這條河（Tanais 河）另起了個名字叫 Jaxartes。這條河發源於高加索山，也流入赫卡尼亞海。歷史家希羅多德所說的 Tanais 河是斯基泰第八條河，它發源於一個大湖，流入一個叫 Meotis 的更大的湖。他所說的恐怕是另一條 Tanais 河。有些學問家把（希羅多德所說的）這條 Tanais 河當成歐亞兩洲的交界。他們猜測：從攸克塞因海這邊一角的上方，Meotis 湖和流入其中的這條 Tanais 河確實把歐亞兩洲分開了。就像伽代拉附近的海和伽代拉對面的利比亞遊牧區把歐洲和利比亞分開一樣，也像尼羅河把利比亞和亞洲其他地區分開一樣。(III, 30)

可見阿里安並沒有說 Jaxartes 河是歐亞兩洲的分界線，儘管他認爲該河"發源於高加索山，也流入赫卡尼亞海"是錯誤的。"他們猜測"以下明明指的是希羅多德所說的 Tanais 河，《歷史》的一則記載可以參證：

> Tanais 河是第八條河。這條河原來發源於一個大湖，而流入一個更大的、稱爲 Meotis 的大湖。(IV, 57)

再說，在阿里安的書中找不到"歐洲斯基泰"和 Jaxartes 河的聯繫，也就很難認為馬其頓人是以該河為歐亞兩洲斯基泰人的分界線的。事實上，在"亞洲斯基泰"人中，Abian 斯基泰人的居地雖然不明，但是瑪薩革泰斯基泰人無疑在該河右岸。[27] 也就是說 Jaxartes 河兩岸都是"亞洲斯基泰"人的居地。很可能，馬其頓人是因為發現該河兩岸都是斯基泰人，纔稱之為 Tanais 河的。至於將亞歷山大所接觸到的斯基泰人大別為歐、亞兩種應是阿里安的意見。

五

與阿里安約略同時，記載亞歷山大東征事情的有 Quintus Curtius《亞歷山大史》[28]。一般認為是書可信度遠遜於阿里安書。在此擬就有關部份略加考述。

1. 據載，那巴贊斯在劫持大流士三世之前，對他說了一番話，其中提到："Sacae 和印度在你的治下"。(V, 9) 似乎直到亞歷山大東征時，Sacae 仍然是阿喀美尼王朝的屬國。這和前引阿里安書稱之為波斯盟國不同，未知孰是。

2. 又載，亞歷山大對其軍士的訓話有云："Nabarzanes 佔據著 Hyrcania，兇手 Bessus 不僅佔有 Bactra，而且還恐嚇我們；Sogdiani、Dahae、Massagetae、Sacae 和 Indi 還是獨立的。他們一看到我們回軍，便會追隨他們；因為他們屬於同一個國，而我們是異族，是外國人。"(VI, 3) 亦可見當時 Sacae 和波斯的關係。而瑪薩革泰和 Sacae 並舉，說明兩者在當時並非一種，與希羅多德稱居魯士二世所征瑪薩革泰爲 Sacae 有別。

3. 又載，Bessus 企圖"撤至 Sogdiani 地區，憑藉 Oxus 河卻敵，以待鄰近強援之來聚；Chorasmi 將會援助他，而 Dahae 人、Sacae 人、印度人和居於 Tanais 河（錫爾河）對岸的斯基泰人無不身材高大，高出馬其頓戰士一個頭。……"（VII，4）此處並舉 Sacae 人和"居於 Tanais 河對岸的斯基泰人"，似乎 Sacae 人不在錫爾河北岸。但我認爲這句話不妨這樣理解：錫爾河對岸並非 Sacae 一種，故在其後列出其他斯基泰人以補足之。

4. 又載，亞歷山大在索格底亞那"由於如此及時地獲得勝利，完全征服了正在造反的大部份亞洲人，他們一直以爲斯基泰人是不可戰勝的，斯基泰人失敗後，他們承認沒有一個國家是馬其頓人的對手。因此，Sacae 人致使（亞歷山大）表示臣服。……他有禮貌地接見了 Sacae 的使臣"。（VII，9）這裏所謂斯基泰人或指居於錫爾河以南的瑪薩革泰人、Dahae 人等，而所謂 Sacae 人居於錫爾河北岸，上引阿里安書（IV，5）可以參證。

六

以下討論述斯特拉波《地理志》[29]的有關記載。

1. 據載："大部份斯基泰人是所謂 Däae 人，據有 Caspiai 海沿岸，其東則有瑪薩革泰人和 Sacae 人，[30]其餘雖各有名號，但皆被稱爲斯基泰人，多以遊牧爲生。其中最著名的是從希臘人手中奪取了巴克特里亞的 Asii、Pasiani、Tochari 和 Sacarauli。他們來自 Iaxartes 河（錫爾河）彼岸，與 Sacae、索格底亞那相毗連，曾被 Sacae 人佔領的地方。"（XI，8）今案：這是斯特拉波有關 Sacae 的最重要的記載。由此可知，所謂 Sacae 乃由 Asii 等四部組成，他們原來居住在伊犂河、楚河流域（即《漢書·西域傳》所謂"塞地"），他們應該就是希羅多德所說 Issedones 人。

一則，"Iaxartes 河彼岸，與 Sacae、索格底亞那相毗連，曾被 Sacae 人佔領的地方"，應即希羅多德所載瑪薩革泰人的居地。該地東鄰楚河、伊犂河流域，西接索格底亞那。至遲在希臘巴克特里亞王國覆滅前夕，該地已爲 Sacae 人所佔領，他們正是從那裏入侵巴克特里亞的。

二則，在佔領瑪薩革泰人居地以前，Sacae 人應該居住在伊犂河、楚河流域，因此他們很可能便是希羅多德所載 Issedones 人。

三則，Asii 等奪取巴克特里亞的四族，既來自"曾被 Sacae 人佔領的地方"，他們應該就是 Issedones 人。

四則，Asii 可以看作 Isse[dones] 的異譯。故不妨認爲 Asii 等四族屬於一個部落或部族聯盟，祇是由於 Asii 人佔有支配地位，纔被稱爲 Issedones 的。

如前所述，Issedones 人佔領位於錫爾河北岸的瑪薩革泰人的居地最早可能在阿喀美尼王朝岡比斯二世即位之初，此後他們一直控制著東自伊犂河，西抵錫爾河的大片土地。可能是由於他們佔領錫爾河北岸，取代了瑪薩革泰人的位置，纔被波斯人稱爲 Sakā 的。約公元前 177／前 176 年，大月氏人受匈奴迫逐西遷，佔領了 Issedones 的故地伊犂河、楚河流域，正如《漢書·西域傳》所載，部份"塞人"即 Issedones 人被迫南下帕米爾。此外，從上引斯特拉波的記載可知，侷趣於錫爾河北岸即原來瑪薩革泰居地的部份 Issedones 人則終於渡過錫爾河、阿姆河侵入巴克特里亞。根據比較可信的說法，希臘巴克特里亞王國亡於公元前 140 年左右，知這一事件發生在 Issedones 的東部領土被大月氏佔領約三十五年之後，[31] 其原因很可能是不堪其東鄰大月氏的侵擾。

2. 又載："Sacae 和索格底亞那，連同他們的全部居地，都位於印度對面，而相去巴克特里亞很近。Iaxartes 河劃分 Sacae 和索格底亞那，而 Oxus 河劃分索格底亞那和巴克特里亞。"（XI，8）這裏明確記載，所謂 Sacae 人的居地在錫爾河以北。這當然是 Asii 等四族入侵巴克特里亞以前的情況。又，此處稱 Sacae 和索格底亞那均位於"印度對面"，可知前文有關大流士一世諸銘文所見 Sakā 位置的分析不誤。至於 Sacae 被認爲"相去巴克特里亞很近"，則可能是希羅多德提到巴克特里亞時聯想到 Sacae 的原因之一。

3. 斯特拉波還詳細記述了阿喀美尼王朝居魯士二世遠征"Sacae"的情況。他所說的 Sacae 應即希羅多德所載瑪薩革泰，因而他在下文說："瑪薩革泰在對居魯士的戰爭中表明了他們的英勇。"（XI，8）如前所述，居魯士二世所討瑪薩革泰居於錫爾河北岸，而據斯特拉波，這種瑪薩革泰人"有的居住在山裏，有的居住在平原，有的居住在河水形成的沼澤，有的居住在沼澤中的島嶼。據說，該地區幾乎完全被 Araxes 河佈滿，該河分出無數枝流，其中祇有一條注入 Hyrcania 灣，其餘均注入北海"。（XI，8）所言含糊,其人究竟居住在錫爾河(Araxes 河)的哪一側不得而知,恐怕已和後來的記録相混淆了。他接下去又引 Eratosthenes 說:"瑪薩革泰位於巴克特里亞附近,沿 Oxus 河而西。"(XI,8)則顯然是被逐出原居地以後的情況了。[32]

七

　　普林尼《自然史》[33]載:"[錫爾河]對面是若干斯基泰部族。波斯人將這些離波斯最近的部族一概稱爲 Sacae。……[斯基泰人]有無數部族,人數之多足與帕提亞人相埒。其中最著名的是 Sacae、瑪薩革泰、Dahae 和 Essedones。"(VI,19)對此,應予說明的有以下三點:

　　1. 如前所述,波斯人最初把居住在錫爾河北岸的瑪薩革泰人稱爲 Sakā,後來又把逐走瑪薩革泰人、佔有錫爾河北岸的 Issedones(Asii 等四族)稱爲 Sakā。因此,普林尼在這裏說波斯人把居住在錫爾河北岸的斯基泰人一概稱爲 Sacae,大致是不錯的。

　　2. 此處並舉 Sacae,瑪薩革泰,Essedones(Issedones)的原因在於把希臘人和波斯人不同時期的記録混爲一談,不能據以爲這裏的 Sacae、瑪薩革泰和 Essedones 是當時並存的三種人。

　　3. 普林尼所據資料描述的時代應爲希臘巴克特里亞王國覆滅之前;質言之,其時 Sacae 人尚未渡錫爾河南下。

八

和普林尼約略同時，記載 Sakā 情況的有托勒密《地理志》[34]。茲譯出有關文字如下：

> Sacara 的西界是前述索格底亞那的東界。其北界似與 Scythia 相對，界線沿 Jaxartes 河道伸展，直到 130° 49°處為止。其東面也和 Scythia 鄰接，界線穿越 Ascatancas 山，直到 Imaus 山 140° 43°處，復北向穿越 Imaus 山，終止於 145° 35°。在南面，Sacara 以 Imaus 山為界，界線聯結以上兩點。……
> Sacara 的居民遊牧為生，無城郭，穴居或林居。Jaxartes 河附近是 Caratae 和 Comari，沿山區分佈的是 Comediae，沿 Ascatancas 山脈分佈的是 Massagetae，其間是 Grynaci Scythae 和 Toornae，下方 Imaus 山附近是 Byltae。（VI，13）

準此，在托勒密描述的時代，Sakā 人的活動範圍是索格底亞那以東，帕米爾（Imaus 山的中心部份）以西，錫爾河（Jaxartes 河）以南，興都庫什山山脈（Imaus 山西向延伸的支脈）以北。[35] 這些 Sakā 人既可能是公元前 177/前 176 年自伊犁河、楚河流域南下進入該地區，也可能是公元前 140 年間左右自錫爾河北岸侵入巴克特里亞後東向蔓延到該地區的。托勒密列舉了他們的一些部落名稱，卻沒有提到斯特拉波所載 Asii 等四族，則不妨認為他們原來是附屬於 Asii 等四族的小部落。另外，也不排除其中有個別並非 Sakā

人的可能性。托勒密衹是因爲它分佈於 Sacara 纔一幷提及的。[36]

托勒密提及 Issedon（Asii）等族的有兩處。他在一處說：

> Imaus 山外側的斯基泰［地區］西接 Imaus 山脈內側的斯基泰［地區］，緊鄰 Sacae［地區］，該山脈北走將它隔開。北面是未知之地。東面沿着一直線與 Serica 爲界，直線的終端分別落在 150° 63°和 160° 35°。南與恒河外側的部份印度爲界，直至聯結已知兩點的線爲止。在這一斯基泰［地區］內，有 Auzaciis 山西段的一部份，終點在 149° 49°；有所謂 Casii 山的一部份，終點在 152° 41°；還有 Emodus 山西段的相等部份，終點在 153° 36°。在這一斯基泰地區的北部，居住著 Scythian Abii，其下方是 Scythian Hippophagi，在後者附近是 Auzacitis 國，其下方是所謂 Casia 國，其下方是 Scythian Chatae。然後是 Achassa 國，其下方是 Scythian Chauranaei 人，與 Emodus 山鄰接。（VI, 15）

在另一處說：

> Serica 北部有 Anthropophagi 人牧其牲畜，其下方爲 Annibi 人居於同名山中，Annibi 人與 Auzacios 人間有 Sizyges 人，其下方有 Damnae 人。然後是 Pialae 人，居 Oechardes 河畔，其下方爲與河同名之 Oechardae 人。自 Annibi 居地往東，有 Garinaei 和 Rhabbanae 人，其下方爲 Asmiraea 國，在同名

山之上方。Casius 山脈下方有 Issedones 人居住，乃一大族。靠近該山脈起始處，有 Throani 人。Throani 人下方、往東有 Thaguri 人，居於同名山脈附近。Issedones 人下方有 Aspacarae 人，Aspacarae 人下方是 Batae 人，再往南、鄰近 Emodi 和 Serici 山爲 Ottorocorae 人。（VI，16）

以下是所謂 Serica 地區內的重要城鎮，包括 Throana（174°40' 47°40'），Issedon Serica（162° 45°），Thogara（171°20' 39°40'）等。對此，可以指出以下三點：

1. 托勒密的 Imaus 山應指帕米爾高原及其向各方伸展的山脈，故所謂"Imaus 山外側的斯基泰地區"乃指阿爾泰山、天山、帕米爾和喜馬拉雅山所包圍的地區，很大一部份塔里木盆地和青藏高原劃入其中。[37] 而所謂 Serica 地區，可以認爲指中國西部地區。[38]

2. Issedon Scythia 城的地望，有 Kuci、Karashar、Kāshgar、Aksu 和精絕諸說，[39] 但均不出塔里木盆地。至於 Issedon Serica 城，較可信的說法是《漢書·西域傳》所見鄯善國的伊循城。故 Issedones 人應即鄯善人，其傍所謂 Casius 山或即阿爾金山（Āltin-tagh）。[40]

3. Issedon 斯基泰和 Issedon Serica 均得名於 Issedones 人，其人應該是從帕米爾以西進入塔里木盆地的。如前所述，Issedones 可視作 Asii 的異譯，但托勒密既稱之爲一大族，則未必僅 Asii 一種，此處不妨讀作 Sakā 的同義詞。

■ 注释

[1] 見本書第七篇。

[2] 見本書第三篇。

[3] 本篇所引阿喀美尼朝波斯銘文均見 R. G. Kent, *Old Persian, Grammar, Text, Lexicon*. New Haven, 1953, 以及伊藤義教《古代ペルシア——碑文と文學》, 東京：岩波，1974 年。

[4] 參見 I. Gershevitch, ed. *The Cambridge History of Iran*, vol. 2: The Median and Achaemenian Periods. CUP: 1985, pp. 217-218。

[5] 類似記載見大流士的金板銘文：S. Smith, "Assyriological Notes, Inscription of Dariuson Gold Tablet." *Journal of the Royal Asiatic Society* 1926, pp. 434-440。

[6] F. W. Thomas, "Sakastana." *Journal of the Royal Asiatic Society* 1906, pp. 181-216, 以爲大流士一世所征 Sakā 應在 Hamān 湖附近；"海"乃指該湖。今案：其說未安。參見白鳥庫吉"塞民族考",《白鳥庫吉全集·西域史研究（上）》（第 6 卷），東京：岩波，1970 年，pp. 361-480, 以及 S. Konow, *Corpus Inscriptionum Indicarum* II, part I, Kharoshthi Inscription. Calcutta, 1929, p. xix, 又, 白鳥氏和 S. Konow 分別指"海"爲阿姆河和裏海；亦未安。Sakā 人既居於錫爾河北, 大流士一世對他們發動的戰爭又在渡"海"後立即打響, 知"海"應爲錫爾河。

[7] 此處從伊藤氏譯文。又, haumavargā 有各種解釋。例如 I. Gershevitch, "An Iranianists View of the Soma Controversy." In *Mémorial Jean de Menasce*, édité par ph. Gignoux et A Tafazzoli, Imprimerie Orientaliste Louvain, 1974. Fondation

Culturelle Iranienne 185, pp. 45-75,以爲意指"consuming haoma"。另可參看 H. W. Bailey, *Indo-Scythian Studies, being Khotanese Texts*, vol. 7. Cambridge, 1985, pp. 69-70。

[8] 本篇所引見希羅多德《歷史》，均見王以鑄漢譯本，商務印書館，1985 年。

[9] J. Marquart, *Untersuchungen zur Geschchite von Eran*, I. Göttingen, 1896, pp. 139-140，以及注 6 所引白鳥庫吉文均以爲此處希羅多德混淆了兩種不同的 Sakā。今案：其說未安。又，注 4 所引 I. Gershevitch 書，pp. 219-220, 253-254，雖然指出有可能所有 Sakā 人都戴尖帽，Sakā haumavargā 和 Sakā tigraxaudā 未劃分爲兩組，但是仍認爲祇有前者在錫爾河北，卽"索格底亞那對面的 Sakā"，後者當在裏海和鹹海之間，卽公元前 519 年大流士一世征討的 Sakā。蓋大流士一世的蘇彝士銘文（埃及文本）曾提到"澤地 Sakā"，而他對後者發動的戰爭有可能緊跟在鎮壓馬爾吉亞那的叛亂之後。今案：此說亦未安。卽使如說者所言，大流士一世鎮壓馬爾吉亞那叛亂之後立卽往征 Sakā，也不能說明 Sakā 人的居地在裏海和鹹海之間，卽使 Sakā 人參加了馬爾吉亞那的叛亂，也無妨其居地在錫爾河北。至於蘇彝士銘文的釋讀，在學界尚未取得一致意見，所謂"澤地 Sakā 和平原 Sakā"，實際上可能是"索格底亞那背後的 Sakā"。參見 O. Szemerényi, "Four Old Iranian Ethnic Names: Scythian, Skudra, Sogdian, Saka." *Österreichische Akademie der Wissenschaften. Philosophisch-Historische Klasse Sitzungs-berichte* 371, Wien, 1980, pp. 1-47。

[10] C. H. Oldfather, tr. *Diodorus of Sicily, with an English translation*. New York, 1933.

[11] J. W. McCrindle, *Ancient India as Described by Ptolemy*. Calcutta, 1927, pp.

293-294.

[12] 注 6 所引白鳥庫吉文以爲 Sakā 居地應與印度或乾陀羅鄰近，主要依據便是 Sakā 在上引諸銘文中排列的次序。

[13] 參見注 4 所引 I. Gershevitch 書，p. 254。又，提到"海對面的 Sakā 族"的除大流士一世的納克澤·羅斯塔姆銘文外，還有阿塔克塞爾克塞斯二世（前 404—前 359 年）或三世（前 358—前 338 年）的波斯波利斯銘文。參見注 9 所引 O. Szemerényi 文。然而，我很懷疑後者反映了阿塔克塞爾克塞斯二世（或三世）時代的實況，因爲後者所列三十項名稱及其次序與納克澤·羅斯塔姆銘文完全相同。

[14] 注 6 所引白鳥庫吉文以爲希羅多德所載 Issedones 人應在塔里木盆地，故與之相對的瑪薩革泰人應在吉爾吉斯曠野並東向延伸至天山附近。今案：其說未安。希羅多德所載 Issedones 不在塔里木盆地，白鳥氏不分時代，將希羅多德和托勒密的記載混爲一談；非是。

[15] W. W. Tarn, *The Greek in Bactria and India*. London: Cambridge, 1951, pp. 80-81.

[16] 注 4 所引 I. Gershevitch 書，p. 214。

[17] 參見馬雍、王炳華"公元前七至二世紀的中國新疆地區"，《中亞學刊》第 3 輯，中華書局，1990 年，pp. 1-16。

[18] 注 6 所引白鳥庫吉文堪爲代表。

[19] 參見注 4 所引 I. Gershevitch 書，p. 253。不過我懷疑"帕烏西卡伊"（Pausikai）卽斯特拉波等所見阿姆河與錫爾河之間的 Apasiakai，二名稱畢竟不同。退一步說，Pausikai 就是 Apasiakai，也很難認爲希羅多德所載應在阿姆河與錫爾河之間，因爲時代不同。

[20] M. H. Kiessling, *Zur Geschichte der ersten Regierung-sjahre der Darius Hystaspes.* Leipzig, 1901, p. 17; E. Herzfeld, *The Persian Empire.* Wiesbanden, 1968, p. 327, 均以爲希羅多德混淆了 Amyrgian Scythians 和 Orthokorybantioi。

[21] 白鳥庫吉說,見注 6 所引文。

[22] 注 6 所引白鳥庫吉文以爲這說明直至薛西斯一世時代,Sakā 依然是波斯的屬國。

[23] 本篇所引阿里安《亞歷山大遠征記》,均見李活漢譯本,商務印書館,1985 年。

[24] 參見注 6 所引白鳥庫吉文。

[25] 據阿里安記載,斯皮塔米尼斯曾招收六百名斯基泰騎手入伍,在索格底亞那邊界"靠近斯基泰沙漠的一片平地上",重創馬其頓人,而當亞歷山大率軍進擊時,就退入沙漠。(IV, 5, 6) 這裏所說的斯基泰人應該也是瑪薩革泰人。

[26] 白鳥庫吉說,見注 6 所引文。

[27] 注 6 所引白鳥庫吉文因置瑪薩革泰於阿姆河南,故以阿里安書中所見 Sakā 應在錫爾河左岸,與索格底亞那和巴克特里亞爲鄰。今案:其說未安。

[28] J. C. Rolfe, tr. *Quiutus Curtius*, with an English translation. London, 1956.

[29] H. L. Jones, tr. *The Geography of Strabo, with an English translation.* 8 vols. London, 1916-1936.

[30] 此處可與薛西斯一世的波斯波利斯銘文 h 參看。該銘文第 26-27 行列 Sakā haumavargā 和 Sakā tigraxaudā 於 Dahā 之後。

[31] 同注 2。

[32] 參見注 6 所引白鳥庫吉文。

[33] H. Rackham, tr. Pliny, *Natural History, with an English translation*. London, 1949.

[34] E. L. Stevenson, tr. & ed. *Geography of Claudius Ptolemy*. New York, 1932.

[35] 參見注 6 所引白鳥庫吉文。

[36] 斯特拉波和托勒密年代相去不遠，但所據資料不同，前者祇知 Sakā 西遷巴克特里亞，不知 Sakā 曾南下帕米爾；後者則似乎記述了 Sakā 進入帕米爾地區以後的情況。

[37] 參見注 11 所引 J. W. McCrindle 書，pp. 294-297。

[38] 參見山下寅次"セレス（Seres）及びセリカ（Serica）に就きての考"，《史學雜誌》17～4（1906年），pp. 1-24；17～5（1906年），pp. 21-45；17～6（1906年），pp. 50-69；17～8（1906年），pp. 28-51；17～10（1906年），pp. 1-22；17～11（1906年），pp. 55-79；18～1（1907年），pp. 26-47；18～3（1907年），pp. 22-31；18～4（1907年），pp. 38-49。

[39] 參見注 38 所引山下寅次文，以及榎一雄"プトレマイオスに見えるイセドーネスについて"，《山本博士還曆記念東洋史論叢》，東京：山川出版社，1972年，pp. 69-80。

[40] 參見注 39 所引榎一雄文。

二 大夏

一

《史記·大宛列傳》和《漢書·西域傳》所見"大夏"的故地，至少可以追溯至河西地區。

1.《史記·齊太公世家》載：齊桓公三十五年（前651年），"秋，復會諸侯於葵丘……於是桓公稱曰：寡人南伐至召陵，望熊山；北伐山戎、離枝、孤竹；西伐大夏，涉流沙，束馬懸車登太行，至卑耳山而還"。同書"封禪書"所載略同。類似記載亦見於《管子·封禪篇》、《管子·小匡篇》和《國語·齊語》；唯"大夏"，《小匡篇》作"西虞"，"齊語"作"西吳"。今案：虞、吳和夏，古音同；西虞和西吳均指大夏。《管子》所述或爲《史記》所本。又，桓公所涉"流沙"即今騰格里沙漠，所至"卑耳山"即今賀蘭山；故桓公所伐大夏應在黃河以西，今甘肅境內。[1] 又，桓公伐山戎在二十三年（前663年），故伐大夏事應在公元前七世紀六十年代末至五十年代末。

2.《穆天子傳》卷四載:"自宗周瀍水以西北,至于河宗之邦、陽紆之山,三千又四百里;自陽紆西至于西夏氏,二千又五百里;自西夏至于珠余氏及河首,千又五百里;自河首襄山以西南,至于舂山珠澤昆侖之丘,七百里。"今案:西夏卽西虞或西吳,亦指大夏。又,據傳文,知西夏卽大夏西距昆侖之丘二千又二百里。有人指出,《穆天子傳》的昆侖可能指阿爾泰山。[2] 果然,儘管以上道里難以指實,仍無妨認爲當時大夏位於河西地區。[3] 又,《穆天子傳》在西晉時汲郡戰國魏襄王(前318—前296年)墓中出土,成書年代應早於公元前三世紀。該書記述周穆王(前947—前928年)所作的一次旅行,根據內容分析,它所描述的情況至遲屬於春秋時期,故所載西夏可以認爲是齊桓公征討以前的大夏。

3.《吕氏春秋·古樂篇》載:"昔黄帝令伶倫作爲律。伶倫自大夏之西,乃之阮隃之陰。""阮隃"爲"阮倫"之訛,阮倫卽昆侖;《說苑·修文篇》、《風俗通·音聲篇》引此皆作"崑崙",[4] 知此處所載大夏位置與《穆天子傳》同,亦卽齊桓公所伐之國。

4.《左傳·昭公元年》載子產謂叔向曰:"昔高辛氏有二子,伯曰閼伯,季曰實沈,居於曠林,不相能也,日尋干戈,以相征討。后帝不臧,遷閼伯于商丘,主辰,商人是因,故辰爲商星;遷實沈于大夏,主參,唐人是因,以服事夏、商,其季世曰唐叔虞。"今案:此處大夏之地望,後世注家說法不一,或曰在晉陽(杜預說),或曰在"汾澮之間"(服虔說);然皆不出今山西西部。[5] 果然,則大夏故地在山西西部,後遷至河西,故大夏又被稱爲西夏(西虞、西吳)。[6]

5.《漢書·地理志下》載隴西郡有縣名"大夏"。《水經注·河水二》載：洮水"左會大夏川水……又東北逕大夏縣故城南。"或據此以爲古大夏中心區應在臨夏。[7]今案：臨夏有大夏水、大夏縣，毋寧說是河西大夏勢力範圍曾達到這一帶，否則應是大夏自河西西遷時遺民於該處的緣故。

6.《山海經·北山經》："又北三百二十里，曰敦薨之山，其上多棕、柟，其下多茈草。敦薨之水出焉，而西流注于泑澤。"[8]山、水應指今祁連山、黨河；澤應指今黨河、疏勒河所注哈拉湖（Kara nor）；[9]漢代"敦煌" [tuən-huang] 應得名於"敦薨" [tuən-xuəng]。[10]今案："敦薨"與"大夏"似爲同名異譯，上述山水皆因大夏而得名。[11]

二

約公元前七世紀二十年代末，大夏人的絕大部份自河西遷至伊犂河、楚河流域。

1.據希羅多德《歷史》（I，103；IV，13，22，23）記載，上古歐亞草原曾發生一次民族遷徙：Arimaspi 人將 Issedones 人逐出故土，Issedones 人敗走時衝擊 Massagetae 人，後者則迫使 Scythia 人西遷，侵入了 Cimmerians 的居地。其中 Issedones 人最後居住在伊犂河、楚河流域，Massagetae 人最後居住在錫爾河北岸。希羅多德有關記載的主要依據是公元前七世紀後半葉 Proconnesus 島出生的希臘詩人 Aristeas 描述其中亞旅行見聞的長詩《獨目人》(Arimaspea)。因此，可以認爲這次民族遷徙至遲在公元前七世紀末已經發生。[12]

2. 據 Strabo《地理志》(XI, 8) 記載，希臘巴克特里亞王國亡於來自錫爾河北岸的 Sacae 人。這些 Sacae 人原居伊犁河、楚河流域，主要包括四個部落或部族：Asii, Pasiani, Tochari, Sacarauli。他們應該就是希羅多德所說的 Issedones，祇是由於他們在公元前六世紀二十年代中，西向擴張，佔有了錫爾河北岸原 Massagetae 人的居地以後，纔被稱爲 Sacae 人的。Strabo 所傳四部之一的 Asii 可視爲 Issedones 之異譯；可能因爲 Asii 佔有支配地位，希羅多德纔稱四部爲 Issedones。[13]

3. 據《漢書·西域傳下》，烏孫國土"本塞地也"。從所傳該國相對位置來看，所爲"塞地"應即伊犁河、楚河流域。"塞"即 Sacae 之對譯，故"塞地"應爲 Issedones 亦即 Asii 等四部之居地。約公元前 177/前 176 年，大月氏爲匈奴所逐，西遷"塞地"，將塞人逐出伊犁河、楚河流域，佔有該處；約公元前 130 年，大月氏又爲烏孫所逐，"塞地"遂爲烏孫所有。[14]

4.《廣弘明集·辨惑篇》(卷七) 載梁荀濟《論佛教表》引《漢書·西域傳》之文曰："塞種本允姓之戎，世居燉煌，爲月氏迫逐，遂往葱嶺南奔。"[15] "允姓"[jiuən-sieng]，《左傳·昭公九年》杜注："陰戎之祖"。"允"[jiuən]、"陰"[iəm] 音近，應是同名異譯，而"允[姓]"或"陰"戎，應爲 Asii (Issedones) 之對譯。[16]

又，如前所述，黃河以西直至敦煌一帶是大夏人的故地，"大夏"[dat-hea] 應爲 Strabo 所傳 Sacae 四部之一 Tochari 的對譯。[17] 今疏勒河三角洲之南尚有地名"吐火洛泉","吐火洛"應即 Tochari 或"大夏"之對譯或爲古大夏人之遺蹟。[18] 由此可見,伊犁河、楚河流域的塞人(Sacae)即 Asii, Tochari 等族乃遷自河西地區。[19]

5.《史記·秦本紀》載,穆公"三十七年(前623年)秦用由余謀伐戎王,益國十二,開地千里,遂霸西戎"。很可能因此引起了上述希羅多德記載的歐亞草原上遊牧部族多米諾(domino)式的遷徙。質言之,塞人即允姓之戎、大夏之一部份放棄河西故地,西遷伊犁河、楚河流域或在此時。[20]

6.《逸周書·王會解》附"伊尹朝獻篇"稱:"正北空同、大夏、莎車、姑他、旦略、貌胡、戎翟、匈奴、樓煩、月氏、孅犁、其龍、東胡,請令以橐駝、白玉、駒騄、駃騠、良弓爲獻。"一般認爲此篇成於戰國。果然,則所列一十三種,可視作戰國時期北方遊牧部族的總名單。但我認爲,作者既託名伊尹,或有更古的資料爲依據;換言之,其中至少有若干在春秋時已經存在。如前所述,塞人共有四部。其中 Asii 和 Tochari 應即允姓之戎和大夏;餘二種 Pasiani 和 Sacarauli,我認爲也很可能遷自東方。Pasiani (Πασιανι) 實係 Gasiani (Γασιανι) 之訛,[21] Gasiani 和 Sacarauli 分即是上列一十三種裏的"月氏"[njiuk-tyei] 和"莎車"[sai-kia] 之對譯。[22] 他們可能與允姓之戎、大夏同時或先後遷往塞地即伊犁河、楚河流域。很可能正是在塞地,這四者結成一個部落或部族聯盟。這個聯盟,被希羅多德記作 Issedones;而當它佔有錫爾河北岸地區後,又被波斯人稱爲 Sakā (Sacae),即"塞"種。應該指出，大夏等族西遷者並非全部，當有餘衆留在河西等地。其中月氏不久便發展成爲一個強大的部族，故公元前七世紀末西遷者或者祇是一小部份。大夏，在秦始皇二十八年（前219年）所作《琅邪臺銘》中還提到它的名稱，可知西遷後的餘衆直至秦初還存在於中國北方。[23] 不過，大夏和莎車的名稱終於在北方遊牧部族中消失，不妨認爲當時西遷者是其大部，留者僅爲羸弱，終爲它族所幷。

三

約公元前177/前176年，Asii、Tochari等四部被西遷的大月氏逐出伊犂河、楚河流域，除一部份經帕米爾南下外，其餘側趣於錫爾河北岸原Massagetae人的居地，復於公元前140年左右，越過錫爾河，經由Sogdiana，侵入巴克特里亞，推翻了該地的希臘人政權。約十年後，在巴克特里亞的Asii、Tochari等四部，又被來自伊犂河、楚河流域的大月氏人征服。

1. 《漢書·西域傳下》載："大月氏西破走塞王，塞王南越縣度，大月氏居其地。"可知塞人卽Asii、Tochari等四部放棄塞地，並有部份"南越縣度"。大月氏西遷是受匈奴的迫逐，時在公元前177/前176年，故Asii、Tochari等四部放棄伊犂河、楚河流域應在此時。[24]

2. 據Strabo，來自錫爾河北岸的Asii、Tochari等四部從希臘人手中奪取了 Bactria。[25] 而按照比較可信的說法，希臘巴克特里亞王國亡於公元前 140 年左右。[26] 由此可知，Asii、Tochari 等四部被迫放棄其東部領土伊犁河、楚河流域約三十五年之後，另有一部份從錫爾河北岸原 Massagetae 人的居地渡河進入巴克特里亞。

3.《漢書·西域傳下》又載："後烏孫昆莫擊破大月氏，大月氏徙，西臣大夏，而烏孫昆莫居之，故烏孫民有塞種、大月氏種云。"由此可知佔領塞地即伊犁河、楚河流域的大月氏人又因被烏孫擊破而西徙，西徙的大月氏人征服了大夏。此處"大夏"應指佔領巴克特里亞的 Asii、Tochari 等四部。大月氏這次西徙時在公元前 130 年左右，故 Asii、Tochari 等四部控制巴克特里亞約十年。[27] 或者由於當時佔有支配地位的是 Tochari，中國史籍稱大月氏入侵前的巴克特里亞爲"大夏"。《新唐書·西域傳》稱："大夏即吐火羅也。"吐火羅即 Tochari 之音譯。

4.Pompeius Trogus 曾載："Scythia 部族 Saraucae（Sacarauli）和 Asiani（Asii）佔領了 Bactra 和 Sogdiana。"（XLI）[28] 在另一處他又含糊地提到"Tochari 的王族 Asiani"和"Saraucae 的殲滅"。（XLII）今案：Asii 等自錫爾河南下時，Sogdiana 是必由之途，因此他們在佔領 Bactra 之外，還佔領 Sogdiana 應在情理之中。[29] 又，如前所述，Asii（Asiani）在伊犁河、楚河流域時已有可能佔支配地位，故希羅多德稱 Asii、Tochari 等四部的聯盟爲 Issedones。按之 Pompeius Trogus，則似乎直至侵入巴克特里亞，Asii 人仍保持著這種支配地位，稱之爲 Tochari 的"王族"，這可能是因爲當時 Sacarauli 由於某種原因已被殲滅殆盡的緣故。至於中國史籍稱被 Asii、Tochari 等佔領的巴克特里亞爲"大夏",如果不是由於 Tochari 終於取得了支配地位,就是因爲 Tochari 人在人種上與 Asii 差異不大,在數量上又佔了優勢。[30]

四

大夏被大月氏征服前後的情況,見於《史記·大宛列傳》和《漢書·西域傳》。

1.《史記·大宛列傳》載:"大夏在大宛西南二千餘里媯水南。其俗土著,有城屋,與大宛同俗。無大君長,往往城邑置小長。其兵弱,畏戰。善賈市。及大月氏西徙,攻敗之,皆臣畜大夏。大夏民多,可百餘萬。其都曰藍市城,有市販賣諸物。"這是張騫首次西使瞭解到的情況。時距大夏人進入巴克特里亞已有十餘年,其人已從遊牧走向定居、農耕,成爲所謂"土著"。[31] 由於並沒有"大君長",故所謂"其都曰藍市城"應指當地最大的都市希臘巴克特里亞王國的都城 Bactra。該城位於阿姆河南岸,是當時東西交通的樞紐之一,十分繁榮。"藍市"[lam-zhiə],可能是 Bactra 的別稱 Alexandria 的略譯。[32]

2.《漢書·西域傳上》載:"大夏本無大君長,城邑往往置小長,民弱畏戰,故月氏徙來,皆臣畜之,共稟漢使者。有五翎侯:一曰休密翎侯,治和墨城,去都護二千八百四十一里,去陽關七千八百二里;二曰雙靡翎侯,治雙靡城,去都護三千七百四十一里,去陽關七千七百八十二里;三曰貴霜翖侯,治護澡城,去都護五千九百四十里,去陽關七千九百八十二里;四曰肸頓翖侯,治薄茅城,去都護五千九百六十二里,去陽關八千二百二里;五曰高附翖侯,治高附城,去都護六千四十一里,去陽關九千二百八十三里。凡五翖侯,皆屬大月氏。"據此可知,大月氏征服大夏後,曾根據大夏並無大君長、城邑往往置小長的特點,在大夏扶植五翖侯,通過這些翖侯控制原屬大夏的一些地區。[33] 從他們"共稟漢使者"來看,五翖侯仿佛還有外交方面的自主權;所謂"皆屬大月氏",大概指按時近貢方物、表示臣服。[34] 至於這五翖侯的治地,尚可據《魏書》等有關記載約略考知。

一曰休密翖侯。《魏書·西域傳》:"伽倍國,故休密翕侯,都和墨城,在莎車西,去代一萬三千里。人民居山谷間。""伽倍"即同傳所見"鉢和",同書本紀作"胡密",亦即《梁書·諸夷傳》的"胡蜜丹",《大唐西域記》的"達摩悉鐵帝",《新唐書·西域傳下》的"護蜜"。休密、伽倍、胡密、胡蜜丹、護蜜等均爲 Kumidae 之對譯,其地在今 Wakhan 谷地 Sarik-Čaupan 一帶;鉢和應即 Wakhan 之對譯。[35]《大唐西域記》卷一二載:"達摩悉鐵帝(Dharmasthiti)國,在兩山間,覩貨邏(Tukhāra)國故地也。"《新唐書·西域傳下》也稱:"護蜜者,或曰達摩悉鐵帝,曰鑊侃,元魏所謂鉢和者,亦吐火羅故地。"

二曰雙靡翖侯。《魏書·西域傳》:"折薛莫孫國,故雙靡翕侯,都雙靡城,在伽倍西,去代一萬三千五百里。人居山谷間。""折薛莫孫",同書本紀作"舍彌",《洛陽伽藍記》卷五引宋雲等"行記"作"睒彌",《新唐書·西域傳下》同,《大唐西域記》作"商彌"。䚈麢、舍彌、睒彌、商彌等均爲 Śyāmāka 的對譯,其地在今 Chitral 和 Mastuj 之間。"折薛莫孫",一說即 Sad-i Mastuj 之對譯。[36]《大唐西域記》卷一二載:商彌國,"文字同覩貨邏國,語言別異"。

三曰貴霜翎侯。《魏書·西域傳》:"鉗敦國,故貴霜翎侯,都護澡城,在折薛莫孫西,去代一萬三千五百六十里。人居山谷間。""鉗敦",即《大唐西域記》卷一二所載達摩悉鐵帝之都城"昏馱多"。鉗敦、昏馱多均爲 Kandūd 之對譯,地在 Wakhan 西部 Āb-i Panja 河左岸,唐時爲達摩悉鐵帝之一部。《魏書·西域傳》稱其地"在折薛莫孫西","西"或係"北"之誤。"護澡"或即"貴霜"(Kushan)之異譯。[37]

四曰胅頓翎侯。《魏書·西域傳》:"弗敵沙國,故胅頓翎侯,都薄茅城,在鉗敦西,去代一萬三千六百六十里。居山谷間。""弗敵沙",即《大唐西域記》的"鉢鐸創那",《慧超往五天竺國傳》的"蒲特山",《新唐書·地理志七下》作"拔特山"。胅頓、薄茅("茅"應爲"第"之訛)、鉢鐸創那、蒲特山等均爲 Badakhshān 之對譯。[38]《大唐西域記》卷一二稱:"鉢鐸創那國,覩貨邏國故地也。"

五曰高附翎侯。《魏書·西域傳》:"閻浮謁國,故高附翎侯,都高附城,在弗敵沙南,去代一萬三千七百六十里。居山谷間。""閻浮謁",即《大唐西域記》的"淫薄健",《大慈恩寺三藏法師傳》作"佉薄健"。高附、閻浮謁、淫薄健、佉薄健均爲 Yamgān 或 Hamakān 之對譯;其地在今 Kokcha 河流域。[39]《大唐西域記》

卷一二稱："淫薄健國，靚貨邐國故地也。"

從《漢書·西域傳上》載五翕侯治地均位於原大夏所領東部山區這一點來看，不妨認爲大月氏入侵巴克特里亞後，將西部特別是 Bactra 周圍地區置於自己直接控制之下，而通過五翕侯對東部山區實行間接統治。

3. 據《後漢書·西域傳》五翕侯名稱爲休密、雙靡、貴霜、肹（應爲"肸"之訛）頓、都密，而無高附；並稱："高附國，在大月氏西南，亦大國也。其俗似天竺，而弱，易服。善賈販，內富於財。所屬無常。天竺、罽賓、安息三國強則得之，弱則失之，而未嘗屬月氏。《漢書》以爲五翕侯數，非其實也。後屬安息。及月氏破安息，始得高附。"今案：此處所謂"高附"應指 Kabul，與《漢書》的高附並非一地，前者在西漢時曾屬罽賓。[40] "五翕侯數"應從《漢書》。至於《後漢書》的"都密"，我認爲很可能即《大唐西域記》的"呾蜜"（Tirmidh）。[41] 大月氏征服大夏之初，或者設王庭於該處；後來月氏移都嬀水之南，或於該處另置翕侯。《後漢書》既以爲高附不在五翕侯數內，便以都密補足之。[42]

五

《漢書·西域傳上》所見五翕侯究竟是大月氏人還是大夏人，在學術界曾引起長期爭論。爭論的焦點集中在五翕侯之一的貴霜翕侯究竟是大月氏人還是大夏人，因爲中亞史上盛極一時的貴霜王朝的前身正是這貴霜翎侯。[43]蓋據《後漢書・西域傳》記載：

> 初，月氏爲匈奴所滅，遂遷於大夏，分其國爲休密、雙靡、貴霜、肸頓、都密，凡五部翎侯。後百餘歲，貴霜翎侯丘就卻攻滅四翎侯，自立爲王，國號貴霜王。侵安息，取高附地。又滅濮達、罽賓，悉有其國。丘就卻年八十餘死，子閻膏珍代爲王。復滅天竺，置將一人監領之。月氏自此之後，最爲富盛，諸國稱之皆曰貴霜王。漢本其故號，言大月氏云。

凡堅持貴霜王朝係大月氏人所建的學者，都強調《後漢書》這則記載，認爲傳文明言貴霜等五翎侯係大月氏人所置，故應爲大月氏人。[44]而主張貴霜王朝係大夏人所建的學者，多強調前引《漢書・西域傳上》的一段文字，認爲其中"有五翎侯"一句，祇能讀作"[大夏]有五翎侯"，不能讀作"[大月氏]有五翎侯"；否則，末句"凡五翎侯，皆屬大月氏"便成了疣贅。[45]質言之，《漢書》所載表明五翎侯應爲大夏人，《後漢書》晚出，不可信從。

今案：上引《漢書・西域傳》關於五翎侯一段文字中，"有五翎侯"一句，顯然應該讀作"大夏有五翎侯"。因爲傳文自"大夏本無大君長"以下，直至"凡五翎侯，皆屬大月氏"，記述的全是大夏的情況。由於大夏臣服於大月氏，故《漢書》編者取消了《史記・大宛列傳》中大夏的專條，附有關事情於大月氏條之後。[46]如果理解爲"大月氏有五翎侯"，雖然未必使末句成爲疣贅，但畢竟扞格難通。[47]至於《後漢書》的上述記載，所採原始資料，據傳首序語，可知"皆安帝末班勇所記"；而如所週知，班氏父子鎮守西域多年，與包括貴霜在內的西域各國有十分頻繁的接觸，且時值貴霜王朝盛期，很難想像班勇對其淵源缺乏正確瞭解，也不應輕易否定。[48]事實上，祇要仔細推敲便能發現《後漢書》和《漢書》的有關記載其實是一致的。前者不過是說五翖侯分治的局面是大月氏入侵後形成的，並沒有說這五翖侯都是大月氏人。我們知道，遊牧部族往往在佔領區扶植傀儡政權，通過這些傀儡進行統治。大月氏採取的這種統治方式，和後來統治吐火羅斯坦的嚈噠人採取的方式相同，後者亦可作爲五翖侯是大夏人的旁證。又，張騫西使時，瞭解到大夏"無大君長，往往城邑置小長"。(《史記·大宛列傳》) 五翖侯固然未必是原來的"小長"，但也不能完全排除其中有若干設於原"小長"的城邑、起用原"小長"後裔或親族的可能性。即使大月氏征服大夏後，另立五個翖侯，也必須承認這些翖侯完全有可能是親大月氏的大夏人。大月氏人顯然是利用大夏國"小長"林立的局面因地制宜地進行統治的。

包括貴霜翖侯在內的五翖侯既是大夏國人，由貴霜翖侯建立的貴霜王朝也就應該是大夏國人建立的。或以爲大夏係土著，兵弱，畏戰，善賈市，與四出征略、顯然是騎馬遊牧部族建立的貴霜王朝殊不相類，因而懷疑貴霜係大夏國人所建。[49]今案：其說未安。主要因爲大夏國人（Asii、Tochari、Gasiani 和 Sacarauli）原來也是騎馬遊牧部族，祇是在進入巴克特里亞後纔逐步轉向農耕和定居，其上層貴族無疑會在相當長的時期內頑固地保持著舊習俗，下層牧民"土著"化的過程祇要條件具備也不是不可以逆轉的。至於張騫所見畏戰、善賈市的土著，當然包括若干已經定居的 Asii、Tochari 人，但絕大部份應該是原希臘巴克特里亞王國的居民，須知張騫所傳大夏國已是被大月氏征服了的大夏國。

有學者列舉八項證據，試圖反證貴霜王朝的創建者是大月氏人。[50]但在我看來，這些證據都是經不起推敲的。

1. 翖侯卽葉護，亦見於後世突厥等族，受封者均爲可汗子弟，幾乎沒有被統治者受封的例子。因此五翖侯及其中之一的貴霜翖侯應爲大月氏人。今案：翖侯（葉護）一號，雖見於後世突厥語族，但指大月氏人爲突厥語族尚無確證，何況卽使能證明大月氏是突厥語族，翖侯又是該語族固有的稱號，同時也排除了大夏是突厥語族的可能性，也還是不能用來證明貴霜翖侯非大夏國人，因爲非突厥語族也完全可能借用這一稱號。大夏人遷自河西，完全有可能同使用該稱號的其他部族接觸。也許張騫所謂"小長"就是"翖侯"的義譯，而大月氏扶植五翖侯不過是因地制宜而已。

2. 假如貴霜出自大夏，則當貴霜翖侯統一大夏全土時，除了發生諸小邑之間的兼幷戰爭外，還應繼之以打倒大月氏的民族戰爭，但現有資料完全不足以說明曾經發生過這樣的戰爭。今案：指出沒有史料可以證明貴霜王朝建立前夕發生過大夏人和大月氏人之間的戰爭，並不等於否定了發生這種戰爭的客觀可能性。事實上，卽使貴霜翖侯確係大月氏人，在他起而攻滅其餘四翖侯，並進一步統一吐火羅斯坦全境時，也勢必和舊日的宗主大月氏王發生衝突。我認爲，貴霜翖侯丘就卻攻滅四翖侯以後，確實發動了對大月氏王的戰爭；這就是《後漢書・西域傳》所載"又滅濮達"。"濮達"即 Bactria 的對譯。[51] 這裏指原希臘巴克特里亞王國的中心地區，如前所述，應爲大月氏王直接統治的地區。顯然，丘就卻是在攻滅四翖侯，又佔有高附，擁有雄厚的實力以後纔發動對 Bactra 及其周圍地區的進攻的。《後漢書·西域傳》既稱貴霜王朝爲"大月氏國"，自然衹能稱控制 Bactra 周圍地區的原大月氏爲"濮達"了。

3. 貴霜取代大月氏應看作大月氏內部的政權交替，因爲東漢以後各朝的中國人依然稱之爲"大月氏國"。今案：貴霜翖侯原來役屬於大月氏，其治地在某種意義上也是大月氏國的一部份，將貴霜取代大月氏看作大月氏國內部的政權交替也未尚不可。事實上，貴霜翖侯在"攻滅四翖侯"時，很可能一直是打著"大月氏"的旗號進行的。應該指出，《後漢書·西域傳》所謂"本其故號"者，乃本貴霜之故號也。

4. 如果貴霜出自大夏，東漢自然應稱之爲大夏，何故用業已滅亡的大夏讎敵的名稱"大月氏"來稱呼貴霜王朝。今案：東漢稱貴霜爲"大月氏國"並非自作主張。貴霜王朝的前身貴霜翖侯和大月氏的關係未必是讎敵關係。該翖侯的自治權畢竟是得到大月氏王承認的，其後裔打著"大月氏"的旗號攻滅其餘四翖侯，也不是不可以理解的。

5.《三國志·魏明帝紀》：太和三年（229 年）十二月，"癸卯，大月氏王波調（Vāsudeva）遣使奉獻，以調爲親魏大月氏王"。如果貴霜出自大夏，其王怎能甘心接受這類稱號。今案：所謂大夏國人至少包括四種：Asii, Tochari, Gasiani, Sacarauli，貴霜翖侯應該是其中之一的 Gasiani 人，蓋"貴霜"可視爲 Gasiani 的對譯。而如前述，Gasiani 人和大月氏人同出一源，"月氏"和"貴霜"客觀上是同名異譯，故授予波調的"大月氏王"與"大貴霜王"無異，波調又何樂不爲！

6.《史記》"正義"引康泰《外國傳》："外國稱天下有三衆，中國爲人衆，大秦爲寶衆，月氏爲馬衆也。"此處月氏無疑指貴霜，如果貴霜是由大夏人建立的，怎能稱爲"馬衆"？今案：大夏與大月氏同爲遊牧部族，如果後者所建立的王朝能稱爲"馬衆"，那末前者所建也一樣能稱爲"馬衆"。問題在於遊牧人建立的貴霜王朝，降至三世紀時，是否還能稱爲"馬衆"？其實，康泰所謂"月氏"，並不是指貴霜，而是指"瞻部洲"四主之一"馬主"(Ašva-pati)。同一"馬主"，在道宣《釋迦方誌》中或以"獫狁"或以"突厥"當之。[52] 可知決不能以康泰所傳爲貴霜王朝係大月氏人所建之依據。

7.《魏略·西戎傳》稱："罽賓國、大夏國、高附國、天竺國，皆并屬大月氏。"此處大月氏亦卽貴霜。如果貴霜是大月氏人建立的，則上引《魏略》豈不等於說貴霜旣是征服者，又是被征服者？今案：此處大月氏確指貴霜，而大夏應指吐火羅斯坦，故所謂大夏國屬大月氏，不過是說吐火羅斯坦（原大夏地）是貴霜帝國的一部份。須知貴霜帝國的前身貴霜翎侯雖係大夏國人所爲，但和大夏國卻不能劃等號，而貴霜帝國的疆域也遠遠超出了原大夏國的範圍。

8.《魏書·西域傳》分別稱寄多羅貴霜和寄多羅之子分領的富

樓沙地區爲"大月氏國"和"小月氏國",亦見貴霜王朝出自大月氏。今案:《魏書》稱寄多羅貴霜爲"大月氏國",不過是承襲前史,完全不足以證明寄多羅王是大月氏人的後裔。又,寄多羅王爲嚈噠人所逐西徙,令其子守富樓沙,這情形在《魏書》編者看來頗有點類似《漢書·西域傳上》所載大月氏爲匈奴所逐遠去,"其餘小衆不能去者,保南山羌,號小月氏",因而稱盤踞富樓沙的寄多羅貴霜殘餘勢力爲"小月氏國",[53]同樣不足以證明其父寄多羅是公元前130年左右遷入吐火羅斯坦的大月氏人的後裔;當然更不能由此推論貴霜王朝的創始人丘就卻是大月氏人。

六

塞人(即Tochari等四部)被西遷的大月氏人逐出塞地(伊犂河、楚河流域)後,一部份侷趣於錫爾河北岸,嗣後入侵巴克特里亞,其情況已如上述。而在這部份塞人侷趣於錫爾河北岸的同時,另一部份塞人則南下帕米爾地區,其中除一支終於越過縣度侵入罽賓外,其餘則散處帕米爾各地,並東向蔓延至塔里木盆地諸綠洲。[54]

1.《漢書·西域傳上》載:"昔匈奴破大月氏,大月氏西君大夏,而塞王南君罽賓。塞種分散,往往爲數國。自疏勒以西北,休循、捐毒之屬,皆故塞種也。"據此,可知位於Alai高原的休循和位於Irkeštam的捐毒,[55]均係塞人所建小國;兩地是塞人南下罽賓必由之途，爲塞人所佔應在理中。同傳載休循國"民俗衣服類烏孫，因畜隨水草"，載捐毒國"衣服類烏孫，隨水草，依葱嶺"；可知直至傳文所描述的時代，這兩處塞人遊牧之習未改。又，休循 [xiu-ziuən] 應即 Gasiani 之對譯。

2.《漢書·西域傳》所見南北道諸綠洲的名稱中，焉耆 [ian-tjiei]、伊循 [iei-ziuən]、烏壘 [a-liuəi] 等可視作 Asii（Issedones）的對譯；[56] 龜茲 [khiuə-tziə]、姑師 [ka-shei]、車師 [kia-shei] 等可視作 Gasiani 的對譯；[57] 莎車等可視作 Sacarauli 的對譯；[58] 渠勒、渠犂可視作 Tochari 的對譯。[59] 質言之，這些名稱都是進入塔里木盆地的塞人留下的痕蹟。

3.《水經注·河水二》："大河又東，右會敦薨之水，其水出焉耆之北、敦薨之山，在匈奴之西、烏孫之東。《山海經》曰：敦薨之山，敦薨之水出焉，而西流注于泑澤，出于昆侖之東北隅，實惟河源者也。二源俱道，西源東流，分爲二水，左水西南流，出于焉耆之西，逕流焉耆之野。屈而東南流，注于敦薨之渚。右水東南流，又分爲二，左右焉耆之國，城居四水之中，在河水之洲，治員渠城，西去烏壘四百里，南會兩水，同注敦薨之浦。"此處山、水與渚（或浦）分別指天山、開都河與博斯騰湖，均經前人考定，殆無疑義。[60] "敦薨"既得爲 Tochari 之對譯，焉耆周遭山水皆以"敦薨"爲名，說明該地曾有 Tochari 人居住。蓋酈道元但聞其音，不知其實，比附於《山經》所載，無意中説對了一半。

4.《大唐西域記》卷一二載：自于闐東境，"行四百餘里，至覩貨邏故國。國久空曠，城皆荒蕪。從此東行六百餘里，至折摩駄那故國，即沮末地也"。則說明 Tochari 人亦曾居住在于闐與且末之間地區。[61]

5. 托勒密《地理志》[62] 所載 Sacara（VI, 13）可以同《漢書·西域傳》有關塞種分散於帕米爾地區的記載參證。而同書所載 Casia（Gasiani）區、Issedon Scythia 城（VI, 15）以及 Casius（Gasiani）山、Issedonnes 人、Issedon Serica 城（VI, 16）則亦可視爲塞人即 Asii 等四部進入塔里木盆地的證據。[63]

以下是幾點補充：

1. 既然塞人即 Asii、Tochari 等四部原居河西等地，那末它們也就有可能取道"西域南道"和"西域北道"西遷。換言之，何以見得上述塔里木盆地諸綠洲的各種痕跡一定是自伊犁河、楚河流域南下的塞人向東蔓延留下的呢？[64] 對此，我的看法是：Asii、Tochari 等四部自河西直接進入塔里木盆地的可能性當然不能完全排除，之所以強調南北道諸綠洲的塞人來自塞地即伊犁河、楚河流域僅僅是因爲現有的證據有利於說明這一點。蓋公元前二世紀以前，東西交通主要是通過所謂"草原之路"實現的，不僅希羅多德《歷史》和《穆天子傳》的有關記載可以說明這一點，而且俄羅斯阿勒泰省巴澤雷克盆地公元前五世紀墓葬中出土的精緻絲織品、繡有鳳凰的繭綢、漆器、"山"字紋青銅器等也提供了實物證據。與此相對，由於自然環境造成的封閉性，當時塔里木盆地似乎尚未處在主要交通線上。[65] 除非將來考古學的材料能夠證明塞人於公元前七世紀末西遷時曾有一部份人留在天山北麓，正是這些餘種後來進入了南北道諸綠洲，否則便應該承認塔里木盆地的塞人很可能是從帕米爾東來。如前所述，文獻記載有利於證明塔里木盆地的塞人來自伊犂河、楚河流域。

2. 既然"龜茲"、"車師"等都是 Gasiani（Kushan）的對譯，客觀上也可以看作"月氏"的異譯，可以見得這些名稱不是公元前 177/前 176 年被匈奴所逐西遷的大月氏人留下的痕蹟。[66] 對此，我是這樣考慮的：大月氏人西遷時留下的"小衆"，《漢書·西域傳》稱之爲"小月氏"，對其活動範圍有明確記載，即所謂"保南山羌"。固然不能因此否定另有部份月氏人留在車師、龜茲等地，因爲大月氏人畢竟是取道天山北麓西遷的；然而車師、龜茲國卻不太可能是這些留在天山北麓的月氏餘種所建，否則漢人也應該有明確的記載，因爲大月氏西遷下距張騫西使不過三四十年。而來自伊犂河、楚河流域的 Gasiani 人，由於早在公元前七世紀末已離開故地，它們和大（小）月氏人雖同出一源，事實上在各方面已有很大差別，漢人自然也不致於將他們稱爲月氏或小月氏。

3. "焉耆"得名於 Asii，但其周遭山水皆以"敦薨"（Tochari）爲名，說明該地區除了有 Asii 人之外，還有 Tochari 人居住，而更可能是 Asii、Tochari、Gasiani 和 Sacarauli 四種雜居之地，而以 Asii、Tochari 人佔優勢。[67] 其他如伊循、車師、龜茲以及玄奘所載"覩貨邏故國"的情況也應該是這樣。因此，《西天路竟》（S. 0383）又稱焉耆爲"月氏"，[68] 可以認爲是該地亦有 Gasiani 人居住的緣故；而《一切經音義》卷八二所載，屈支國"古名月支，或名月氏，或曰屈茨，或名烏孫，或名烏纍"，[69] 以及《續一切經音義》卷一○所載，龜茲"或云屈支，亦云月支，或云鳩茨，或名烏孫"。[70] 則表明該地除了有 Gasiani 人之外，也有 Asii 人居住，蓋"烏孫"、"烏纍"皆得爲 Asii 之對譯，至少這種可能性不能排除。[71] 同理，莎車，《魏書·西域傳》稱爲"渠莎"，而《大唐西域記》卷一二稱爲"烏鎩"，歷來不得確解，也不妨認爲這是該地區既有 Sacarauli 又有 Gasiani（渠莎）和 Asii（烏鎩）的緣故。

4."大夏"係 Tochari 之對譯。但是《史記·大宛列傳》和《漢書·西域傳》所見"大夏"，同先秦典籍所見"大夏"有異。後者僅指 Tochari 人，前者事實上包括 Asii、Gasiani 和 Sacarauli 三部在內。而且，就 Tochari 人而言，由於早在公元前七世紀末已經西遷伊犁河、楚河流域，後來又移徙吐火羅斯坦，從而受到上述兩地周鄰各族的影響，故亦應與居於河西時有異。具體地說，可能在語言、習俗乃至體貌特徵上存在一定的差別。另外，自伊犁河、楚河流域南下帕米爾、東向蔓延至塔里木盆地的 Tochari 人，同渡錫爾河南下、進入吐火羅斯坦的 Tochari 人也會存在各種差異。

同理，"月氏"、"貴霜"、"車師"和"龜茲"等，雖就名稱而言，都是 Gasiani 的異譯，但也不能簡單地將它們等同起來。公元前七世紀末西遷者，與公元前 177/ 前 176 年西遷者之間應該存在差異；前者在公元前 177/ 前 176 年之後又分道揚鑣，一部份進入吐火羅斯坦，一部份進入塔里木盆地，這兩部份人之間也應該存在差異。其餘 Asii、Sacarauli 的情況可以類推，茲不一一。

七

最後，略述大夏人的族屬和語言繫屬。

1.《史記·大宛列傳》載："自大宛以西至安息，國雖頗異言，然大同俗，相知言。其人皆深眼，多鬚顏，善市賈，爭分銖。"所謂"自大宛以西至安息"，當然包括被大月氏征服的大夏在內。張騫首次西使已取道大宛，親臨大夏地。嗣後，據同傳，"西北外國使更來更去"，漢使又遠抵安息。《漢書·西域傳》且載大夏五翎侯曾"共秉漢使者"。可知漢人對大夏以西的情況是比較熟悉的。大宛的人種姑置勿論，安息人係 West-Eurasianoid 是毋庸置疑的，可見"深眼、多鬚顏"所概括的正是歐羅巴人的體貌特徵。[72]因此，大夏人（包括 Asii、Tochari 等四部）應該是 West-Eurasianoid。

2.《史記·大宛列傳》"正義"引萬震《南州志》稱大月氏國（即貴霜）"人民赤白色"，顯然也應該理解爲當時貴霜帝國的居民應以 West-Eurasianoid 爲主體。[73]而如前所述，貴霜帝國之前身貴霜翎侯是大夏五翎侯之一，其人很可能是 Gasiani 人。

3.從上引《史記·大宛列傳》可知大夏人的語言應和安息人一樣，同屬印歐語系，但未必屬於同一語族或語支。或以爲"翎侯"應即後來見於突厥語族的"葉護"。大夏人既有"翎侯"一號，應爲阿爾泰語系突厥語族。[74]今案：其說非是。一則無從排除後世突厥語族"葉護"一號源自"翎侯"的可能性。二則"翎侯"完全可以用印歐語詮釋。[75]

4.在龜茲、焉耆和車師等地發現的、用回鶻人稱之爲 Toχrï

語書寫的文書，[76] 似可證明大夏人（Asii、Tochari、Gasiani 和 Sacarauli）的原始語言屬於 Centum 語。

一則，龜茲、焉耆和車師等地較早的居民很可能也是 Asii、Tochari、Gasiani 和 Sacarauli。證據是焉耆周遭山水均以"敦薨"（Tochari）爲名，"龜茲"和"車師"可以視作 Gasiani 的對譯，"焉耆"可以視作 Asii 的對譯。

二則，Toχrï 可以視作 Tochari 的對譯。[77] 焉耆周遭山水用"敦薨"（Tochari）命名，當地人的語言被稱爲 Toχrï 語自不足爲怪。

三則，唯獨龜茲、焉耆和車師等地的 Asii、Tochari、Gasiani 和 Sacarauli 人操 Centum 語可以這樣解釋：由於地理環境閉塞等原因，祇有進入龜茲等地的 Asii、Tochari 和 Gasiani 等部纔保持了自己的原始語言，[78] 後來並以婆羅謎文爲載體形成了書面語。至於所謂 A、B 兩種方言的區別，則既可能産生於進入塔里木盆地之後，也可能早在進入塔里木盆地之前已經形成。

四則，進入其他地區（例如吐火羅斯坦）的 Asii、Tochari 等部，和進入龜茲、焉耆等地者是同源異流的關係，由於各自的際遇不同，所受周鄰諸族的影響也不同；它們終於沒有保持其原始語言，爲伊朗語族所同化，亦在情理之中。[79] 而淫薄健、鉢鐸創那和商彌三處的居民若係同時進入吐火羅斯坦的大夏人後裔，則據《大唐西域記》卷一二，可知彼此間語言也頗不一致。[80] 當然，不能排除這樣一種可能性：Asii 等四部中亦有原始語言爲伊朗語者，唯獨進入龜茲、焉耆等地者纔統一爲 Centum 語。

5. 既然 Toχrï 語是大夏人卽 Asii、Tochari 等部的原始語言，

"大夏"、"龜茲"、"焉耆"等在許多場合又並非分別單指 Tochari、Gasiani 和 Asii，往往包涵其他幾種在內，那末 Toχrï 語無妨譯作吐火羅語，其 A、B 方言無妨稱爲焉耆語和龜茲語。[81]

■ 注釋

[1] 參見小川琢治"北支那の先秦蕃族"，《支那歷史地理研究續集》，東京：弘文堂，1939 年，pp. 25-163, esp. 102-107；黃文弼"中國古代大夏位置考"，《黃文弼歷史考古論集》，文物出版社，1989 年，pp. 76-80。

[2] 孫培良"斯基泰貿易之路和古代中亞的傳說"，《中外關係史論叢》第 1 輯，世界知識出版社，1985 年，pp. 3-25；馬雍、王炳華"公元前七至二世紀的中國新疆地區"，《中亞學刊》第 3 輯，中華書局，1990 年，pp. 1-16。

[3] 參見注 1 所引小川氏文，esp. 111。

[4] 參見陳奇猷《呂氏春秋校釋》，學林出版社，1984 年，pp. 291-292。

[5] 參見楊伯峻《春秋左傳注》，中華書局，1983 年，p. 1218。

[6] 《逸周書·史記解》："文武不行者亡。昔者西夏性仁非兵，城廓不脩，武士無位，惠而好賞，屈而無以賞，唐氏伐之，城郭不守，武士不用，西夏以亡。"注 1 所引小川氏文，pp. 111-112，據以爲大夏原名"西夏"，以區別於夏后氏之夏；春秋以後，遷至西北廣大地區，始名"大夏"。今案：其說欠安。唐氏所伐，應即《左傳》所載"大夏"，《逸周書》當爲後人追述前事，故以大夏遷至河西後纔得到的別稱"西夏"稱之。

[7] 黃文弼說，見注 1 所引文。

[8] 其下"出於昆侖之東北隅,實惟河源"二句,並非《山海經·北山經》原文,係漢代竄入者,說見章巽"《五藏山經》和河水重源說——兼論《五藏山經》的編寫過程",《章巽文集》,海洋出版社,1986年,pp. 187-200。

[9] 小川琢治"戰國以前の地理上智識の限界",《支那歷史地理研究》,東京:弘文堂,1939年,pp. 217-238, esp. 231-234。又,"泑","西山經"郭注:"水色黑也"。據《括地志》,羅布淖爾"一名泑澤"。可能也是由於水色黑的緣故,否則便是古人誤以爲哈拉湖與羅布淖爾直接相通,本乃一湖。

[10] 注9所引小川氏文, esp. 233-234。

[11]《山海經·海內東經》稱:"國在流沙外者,大夏、豎沙、居繇、月支之國。"王國維"西胡考",《觀堂集林》(卷一三),中華書局,1959年,pp. 606-616,以爲是漢通西域後所附益,並非原文。今案:類似記載亦見《魏略·西戎傳》:"流沙西有大夏國、堅沙國、屬繇國、月氏國"。可知"豎沙"、"居繇"實係"堅沙"、"屬繇"之訛,而"堅沙"、"屬繇"應爲"貴霜"、"粟弋"之異譯。貴霜國、粟弋國始見《後漢書·西域傳》,疑"海內東經"此條乃東漢人所附益。又,《魏略》並列大夏、月氏、堅沙三者,雖無視時代差,然亦曲折地反映出大夏亡於月氏,月氏又亡於貴霜(堅沙)這一歷史過程。

[12] 希羅多德《歷史》,王以鑄漢譯本,商務印書館,1985年。據希羅多德, Issedones 人應在 Argippaei 人以東,和 Araxes(錫爾河)北岸的 Massagetae 人毗鄰,而自最東端的 Scythia 居地往東,首先遇到的是 Argippaei 人, Scythia 人的地區是一片平原,而 Argippaei 人則居住在崎嶇不平的山地,卽哈薩克丘陵地帶,可見 Issedones 人祇可能居住在伊犁河、楚河流域。見注2所引馬雍、王炳華文。

[13] H. L. Jones, tr. *The Geography of Strabo, with an English translation*. 8 vols.

London, 1916-1936. 參見本書第一篇。

[14] 見本書第一、三、七篇。

[15]《大正新修大藏經》T52, No. 2103, p. 129。

[16] 桑原隲藏"張騫の遠征",《東西交通史論叢》,東京:弘文堂,1944年,pp. 1-117, 以爲荀濟所引不足爲憑,"塞種本允姓之戎"云云,不過是混淆了《漢書》關於月氏爲匈奴所敗,自敦煌遷至塞地,迫使塞人南奔,和《水經注》(卷四〇)關於"春秋傳曰:允姓之姦,居于瓜州……杜林曰:敦煌,古瓜州也……瓜州之戎,并于月氏者也"之類記載的結果。否則,便是荀濟出於排佛的目的,牽強附會所致。今案:荀濟所引不見今本《漢書》,桑原氏表示懷疑,不無理由。但荀濟上表,旨在排佛,若無依據,何以服人?故所引若非別有出典(誤作《漢書》之文),必爲《漢書·西域傳》佚文。循其文理,似可插入"罽賓傳",起承上啓下作用:"昔匈奴破大月氏,大月氏西君大夏,而塞王南君罽賓。塞種[本允姓之戎,世居敦煌;爲(大)月氏迫逐,遂往葱嶺南奔],分散,往往爲數國;自疏勒以西北,休循、捐毒之屬皆故塞種也。"又,杜林所謂"并于月氏"的"瓜州之戎"果爲允姓之戎,則應是公元前七世紀末西遷塞地後留在河西的餘衆,與"往葱嶺南奔"者無涉。又,"瓜州",舊注皆以爲即今甘肅敦煌一帶。顧頡剛以爲在今秦嶺高峰之南北兩坡,說見所著《史林雜識》"瓜州"條(中華書局,1963年, pp. 46-53);黃文弼也以爲瓜州不在敦煌,應在甘肅之臨潭、岷縣一帶,說見"河西古地新證",載注1所引書, pp. 63-67。今案:瓜州地望果如兩氏所指,則允姓之戎應自敦煌以東地區西遷,亦許曾一度留駐敦煌。

[17] J. Marquart, *Ērānšahr nach der Geographie des Ps. Moses Xorenaci*. Berlin,

1901, p. 206，以爲 Asii 卽 Pasiani（Gasiani），亦卽"月氏"；似誤。Strabo 並舉 Asii、Pasiani（Gasiani），知應爲兩部。

[18] 注 17 所引 J. Marquart 書，p. 206，以爲 Tochari 應卽"大夏"，希臘巴克特里亞王國亡於大夏（Tochari），後者又亡於月氏。今案：說甚是。又，G. Haloun, *Seit wann kannten die Chinesen die Tocharer oder Indogermanen überhaupt*, Pt. I: Ta hia in den chinsischen Quellen vor 126 B.C. seul paru; Leipzig, 1926, pp. 192-202，以爲"大夏"一名得自夏朝，後被用來指傳說中極遠的地方，故張騫稱巴克特里亞爲"大夏"。今案：先秦典籍中的"大夏"顯與夏朝無關。張騫西使親臨巴克特里亞，且知其西尙有安息、條枝，可見在張騫心目中巴克特里亞並非傳說中極遠的地方。

[19] 白鳥庫吉"西域史上の新研究・大月氏考"，《白鳥庫吉全集・西域史研究（上）》（第 6 卷），東京：岩波，1970 年，pp. 97-227，認爲 Tochari 應卽月氏，玄奘有關西域南道"覩貨邏故國"的記載完全不足憑信，但他並未舉出任何積極的證據，僅僅說：Ptolemy 所載 Thaguri（Tochari）居地應在河西，與中國史籍關於月氏故地的記載相符。W. W. Tarn, *The Greek in Bactria and India*, London: Cambridge, 1951, pp. 283-287，亦有類似說法：西史有關 Tochari 的記載每每與中史有關月氏的記載趨於一致。今案：Ptolemy《地理志》（VI, 16）所載 Thaguri 人、Thaguri 山和 Thogara 城應在河西地區，業已由於對藏語文書與和闐語文書的研究得到進一步證實。參見 F. W. Thomas, "Tibetan Documents Concerning Chinese Turkestan." *Journal of the Royal Asiatic Society* 1931, pp. 807-836; H. W. Bailey, "Ttaugara." *Bulletin of the School of Oriental Studies* 8 (1937): pp. 883-921。但是，並不能因此認爲 Thaguri 人便是月氏人。因爲河西居民並非月氏一種，大夏人的故地也

在河西。又，白鳥氏後來放棄前說，以爲Tochari人係吐火羅斯坦原始居民，後被月氏征服。說見"中亞史上の人種問題"，《白鳥庫吉全集・西域史研究（上）》（第6卷），東京：岩波，1970年，pp. 524-526。岑仲勉亦以爲大夏（Tochari）爲中亞土著，先爲希臘人所征服，後起而推翻希臘人政權，適逢月氏西遷，遂内應外合云云；見所著《漢書西域傳地里校釋》，中華書局，1981年，pp. 230-232。今案：白鳥氏後說和岑氏此說均不妥，蓋與Strabo關於Tochari人遷自錫爾河北的記載相牴牾。又，椎尾辨匡"覩貨邏の民族地理年代"，《史學雜誌》23～6（1912年），pp. 681-694，支援白鳥氏關於Tochari即月氏之說，認爲：鳩摩羅什於402—406年所譯《大智度論》卷二五列舉的國名"兜呿羅"（Tukhāra）下注云："小月氏"（《大正新修大藏經》T25, No. 1509, p. 243），以見Tochari即月氏。但是，這裏的"小月氏"應指當時盤踞吐火羅斯坦的寄多羅貴霜人，由於種種原因，貴霜一直被稱作"月氏"，不能用來證明月氏即Tochari；參見榎一雄"キダーラ王朝の年代について"，《東洋學報》40～3（1958年），pp. 1-52。

[20] 注17所引J. Marquart書，pp. 206-207，認爲大夏故地在玄奘所指西域南道的"覩貨邏故國"，其人乃自該處遷入巴克特里亞，又被遷自塞地的大月氏人征服。今案：此說未安。蓋Strabo明載Tochari（大夏）人乃遷自錫爾河北，而且是和被J. Marquart指爲月氏的Asii（Pasiani）一起遷入巴克特里亞的。又，O. Franke, *Beiträge aus chinesischen Quellen zur Kenntnis der Thrkvöker und Skythen Zentralasiens*. Berlin, 1904, pp. 21-45，認爲：大月氏西遷時曾途經玄奘所指西域南道的"覩貨邏故國"，該地居民即Tochari人隨同遷往塞地，後受烏孫攻擊，乃自錫爾河北岸南下巴克特里亞。今案：此說亦不妥。《漢書・西域傳》明載大夏爲大月氏征服，

足見兩者並非同時自塞地南下巴克特里亞；且大月氏西遷取道且末、于闐亦無從證明。

[21] 說見注 2 所引馬雍、王炳華文。

[22] 說見注 17 所引 J. Marquart 書，pp. 206-207。但他認爲 Gasiani 卽 Asii，亦卽征服大夏的大月氏；則非是。白鳥庫吉"塞民族考"（載注 19 所引書，pp. 463-628）認爲 Pasiani 亦見於 Ptolemy，作 Pasicae（VI, 12）；J. Marquart 說不足憑信。今案：Pasicae 完全可能是 Gasicae 之訛，應爲進入 Sogdiana 的 Gasiani 人；白鳥氏說未安。又，注 19 所引 W. W. Tarn 書，pp. 292-295，認爲：Pasiani 是 Pasii 或 Pasi 的形容詞形式。Parsii（Pasi）應卽 Ptolemy 所見 Pasargadae（VI, 8）或 Pasii、Pasia、Parsiani（VI, 18）。Parsii 卽 Parsua 在古波斯語中指波斯人，Persis 的波斯人自稱 Parsā。Pasiani 應該是波斯人之一支，不過他們一直留在故居 Ērānvēj 卽 Khwārazm，是 Massagetae 聯盟的成員。今案：其說非是。蓋 Strabo 明載，入侵巴克特里亞的 Pasiani（Gasiani）來自錫爾河北岸，係 Sakā 人之一支，顯然不是波斯人。至於 Ptolemy 所見 Carmania 的 Pasargadae、Paropomisades 的 Pasii，Pasia 和 Parsiani 卽使確與波斯人有關，也不能否定 J. Marquart 說。

[23] 注 19 所引岑仲勉書，pp. 332-334，亦指 Sacarauli 爲"莎車"，但他認爲 Strabo 所載 Sacarauli 乃遷自塔里木盆地，其遺衆卽《漢書‧西域傳》所見"莎車"。我則認爲《漢書‧西域傳》所見"莎車"原在中國北方，後遷至塞地，又自塞地南下帕米爾，復東向進入塔里木盆地。另有一部份自塞地西抵錫爾河北岸，卽 Strabo 所載 Sacarauli。

[24]《史記‧秦始皇本紀》載始皇二十八年所作"琅邪臺頌"："六合之內，皇

帝之土。西涉流沙，南盡北戶，東有東海，北過大夏，人迹所至，無不臣者。"此處所謂"大夏"，似乎在北方草原，知大夏人之故地不僅僅是河西。又據 Ptolemy，則直至他的時代（約公元 90—168 年），似乎河西地區還有大夏餘衆。參見注 19。

[25] 見本書第三、八篇。

[26] F. F. Richthofen, *China. Ergebnisse eigener Reisen und darauf gegründeter Studien*, vol. 1. Berlin, 1877, p. 440; G. Haloun, "Zur Üe-tṣĭ-Frage." *Zeitschrift der Deutschen Morgenländischen Gesellschaft* 41 (1937): pp. 243-318; 注 19 所引 W. W. Tarn 書，pp. 283-287; O. Maenchen-Helfen, "The Yüeh-chih Problem Re-Examlined." *Journal of the American Oriental Society* 65 (1945): pp. 71-81, 以及注 19 所引白鳥庫吉文等，均以爲 Strabo 所載 Tochari 應卽中國史籍所載大月氏。因此，他們認爲巴克特里亞衹被征服一次，卽被大月氏（Tochari）征服，而不是先後被 Tochari 和大月氏征服。今案：此說未安。不僅"大夏"不可能是 Bactria 的音譯，"月氏"不可能是 Tochari 的對譯，而且《史記·大宛列傳》、《漢書·西域傳》均載大夏"無大君長，城邑往往置小長"，這同希臘巴克特里亞王國的情況不符，說明大月氏所征服的"大夏"不是希臘巴克特里亞王國。既然"大夏"可以視作 Tochari 的對譯，而 Strabo 又明載希臘巴克特里亞王國亡於 Tochari 等四族，那麼大月氏所征服的"大夏"就衹能是滅亡了的希臘巴克特里亞王國的 Tochari 等四族。參看 K. Enoki, "The Yüeh-shih-Scythians Identity, A Hypothesis." *International Symposium on History of Eastern and Western Cultural Contacts, Collection of Papers Presented*, compiled by the Japanese National Commission for Unesco, 1957. Tokyo, 1959: pp. 227-232。

[27] 注19所引W. W. Tarn書, pp. 283-287, 533; A. K. Narain, *The Indo-Greeks*. Oxford, 1957, p. 141; G. Hamby, *Central Asia*. New York, 1969, p. 40。

[28] 見本書第三、七篇。

[29] J. S. Watson, tr. *Justinus, Epitome of the Philippic History of Pompeius Trogus*, London: Henry G. Bohn, York Street, Convent Garden, 1853. 注19所引W. W. Tarn書, p. 286, 因Pompeius Trogus稱"Reges Thocarorum Asiani", 認爲Asii (Asiani) 應卽Kushan。今案：其說非是。

[30] Ptolemy稱Tochari爲Bactriana一大族 (VI, 11)；又載Sogdiana有Tochari人 (VI, 12), 可以參證。

[31] 注26所引O. Maenchen-Helfen文認爲Strabo所載征服希臘巴克特里亞王國的Tochari卽中國史籍所載月氏卽Kushan人。因此，他解釋Pompeius Trogus的記載說，很可能Tochari在東方時王族是月氏卽Kushan人，而在佔領巴克特里亞後，一度爲Asii所排擠，抑或Asii和Kushan (月氏) 同屬於一個領導集團。今案：其說未安。一則，如前所述，Tochari並非月氏。二則，月氏與貴霜雖然名稱相同，但兩者是同源異流的關係，不能簡單地等同起來，中國史籍明載"貴霜"是大夏五翖侯之一，顯然不屬於征服大夏的大月氏。三則，希羅多德稱伊犂河、楚河流域的部族爲Issedones，則Asii在四部中佔支配地位最早可追溯至公元前七世紀末；而從後來中國人稱被Asii等佔領的巴克特里亞爲"大夏"來看，很可能是因爲當時佔支配地位的是Tochari；至於貴霜卽Gasiani佔支配地位是在大月氏之後，不可混淆起來。

[32] 注19所引W. W. Tarn書, p. 296, 以爲張騫所見大夏人爲土著，顯然不是Tochari。今案：其說不然。張騫首次西使抵達大月氏時，大月氏人剛

佔領吐火羅斯坦不久，但已經出現定居、農耕的端倪。Asii、Tochari 等遷入巴克特里亞近十年，早已定居、農耕，以致兵弱、畏戰，毫不足怪。

[33] 此採 E. Specht, "Les Indo-Scythes et l'époqude du règnde Kanischka, d'aprés les sources chinoises." *Journal Asiatique* IX Serie, 10 (1897): pp. 152-193，之說。注 19 所引 W. W. Tarn 書，p. 115, 亦以爲"藍市"應卽 Alexandria (κατὰ βάκρα)。此外尙有 S. Lévi, "Notes sur les Indo-Scythes." *Journal Asiatique* IX Serie, 9 (1897): pp. 5-26, 的 Puṣkalāvatī, E. Chavannes, "Les pays d'Occident d'après le *Heou Han chou*." *T'oung Pao* 8 (1907): pp. 149-234，的 Badhakhshan 說；以及 E. G. Pulleyblank "The Consonantal System of Old Chinese, I."*Asia Major* 9 (1962): p. 122 的 Khulm 說等等；今均不取。

[34] 五翖侯不見於《史記》，似乎表明大月氏剛進入"大夏地"時尚未出現，但不能因此認爲五翖侯不是大夏國人或原"小長"。蓋大月氏很可能在佔領巴克特里亞及其周圍地區後，再逐步向東部發展，並扶植大夏國人或原"小長"進行統治。質言之，《史記》不載至多表明臣服大月氏的五翖侯當時尚未出現。又，E. G. Pulleyblank, "Chinese Evidence for the Date of Kaniṣka." In A. L. Basham, ed, *Papers on the Date of Kaniska*. Leiden, 1969, pp. 247-258, 以爲《漢書·西域傳》有關五翖侯一段是傳文完成後增添的，所據乃 74/75 年以後班超提供的情報。今案：論者懷疑《漢書》中混入後漢時代的具體信息，殊難令人首肯。

[35] 遊牧部族進入農耕區後，往往利用當地土著進行統治，這種方式屢見於匈奴、嚈噠、突厥等。參看余太山《嚈噠史研究》，齊魯書社，1986 年，pp. 129-142。

[36] 參見注 17 所引 J. Marquart 書，pp. 223-225, 242-243；注 19 所引白鳥庫

吉文。J. Marquart 以"伽倍"爲"休密"之異譯；白鳥氏表示懷疑，認爲"伽倍"應爲"倍伽"之倒置，即"鉢和"之異譯。今案：兩説皆可通。又，《魏書》"本紀"有"居密"和"久末陁"，疑卽《大唐西域記》的"拘謎陁"，與"胡蜜"、"胡蜜丹"、"鉢和"等並非一地。内田吟風"魏書西域傳原文考釋(3)"，《東洋史研究》，31～3（1972年），pp. 58-72，以爲"伽倍"即"拘謎陁"，應是 Darwāz 地區中心都市 Kala-i-khum 的訛譯。今案：内田氏説似誤。

[37] 參見注 19 所引白鳥庫吉文；注 17 所引 J. Marquart 書，pp. 225, 243-244。又，岑仲勉"羯師與賒彌今地詳考"，《西突厥史料補闕及考證》，中華書局，1958 年，pp. 208-214，以爲賒彌或商彌爲今 Chitral。今案：如信《魏書》之説，則雙彌翎侯治地應在 Mastuj；而北魏的舍彌、賒彌，唐代的商彌可能包括 Chitral 在内；故《魏書·西域傳》單稱折薛莫孫爲雙彌翎侯，而"本紀"另有舍彌國。又，注 36 所引内田氏文以爲"折薛莫孫"既在伽倍西，其地當在 Wakhsh ab 流域（Kurghan Tiube），應即《大唐西域記》之鑊沙（Wakhsh），阿拉伯地理書的 Baχšu。"莫孫"即 Wakhsh ab 的對音，"折薛"係《羅摩衍那》所見 Sučaksu 的音寫。今案：《魏書·西域傳》方位詞往往不確，"伽倍西"可讀作"伽倍西南"，内田氏説未必是。

[38] 參見注 19 所引白鳥庫吉文；注 17 所引 J. Marquart 書，pp. 245-246。後者認爲鉗敦位於今 Kunar 與 Panǧsir 河之間；似誤。又，注 19 所引岑仲勉書，pp. 223-224，以爲"護澡"應卽 Kunduz。今案：Kunduz 不在"山谷間"；岑氏設置《魏書·西域傳》不顧，似欠妥。又，注 31 所引 E. G. Pulleyblank 文，II，p. 222，以爲"護澡"係 Waxšab 之對譯。今案：其説非是。

[39] 參見注 19 所引白鳥庫吉文；注 17 所引 J. Marquart 書，p. 279。後者指"薄茅"爲 Bšāmijān；似誤。蓋五翕侯名稱與其都城名稱均相一致，未見例外。又，注 19 所引岑仲勉書，p. 224，以爲"薄（茅）[第]"應即 Baχδī 之音譯；亦未安。Baχδī 後爲大月氏王都，肸頓翕侯置於該處的可能性不大，其地也不如《魏書》所說"在山谷間"。另外，《梁書·西北諸戎傳》："白題國，王姓支，名史稽毅……今在滑國東，去滑六日行，西極波斯。"岑仲勉"嚈噠國都考"，《西突厥史料補闕及考證》，中華書局，1958 年，pp. 202-207，校改作："今在滑國 [西]，東去滑六日行，西極波斯。"以爲該國在滑國（Hephthalites）之西，即 Baχδī；今案：指白題爲 Baχδī 不誤，但所謂"西極波斯"很可能是說復自滑國西行，可抵波斯；並不是說白題國西與波斯相接，當時嚈噠王駐蹕之地或在 Balkh 之西。

[40] 參見注 19 所引白鳥庫吉文；注 17 所引 J. Marquart 書，pp. 246-248。後者以爲"閻浮謁"乃 Gandhāra 之對譯，而高附即 Kabul，漢代 Gandhāra 包括在高附國之內。今案：其說不妥，白鳥氏已指正。又，注 19 所引岑仲勉書，pp. 224-225，亦指高附之地爲 Kabul，認爲月氏乘戰勝之威，一度佔有之，旋即失守，故《後漢書》失載。今案：岑說置《魏書·西域傳》關於"居山谷間"的記載於不顧，又勉強調和兩《漢書》，今不取。

[41] 說見白鳥庫吉"罽賓國考"，注 19 所引書，pp. 372-462。

[42] 注 33 所引 E. G. Pulleyblank 文，p. 124，以爲"都密"是 Tarmita（Termes）之對譯。

[43] 注 19 所引岑仲勉書，pp. 220 以"都密"爲鐵門。今案：鐵門係關隘，似乎不能成爲翕侯治地，岑說未安。

[44] 西方學者中最早指出貴霜王朝是由月氏人建立者，似爲 J. Deguignes,

Histoire générale des Huns, des Turcs, des Mogols et des autres Tartares occidentaux, etc, I. Paris, 1756, p. 96，然而這位學者並未鑽研過中國的原始史料，依據的不過是《文獻通考》等，因而他的結論在很大程度上帶有直感的色彩。西方史學界直至十九世紀八十年代纔開始研究《史記》、《漢書》等，而對於貴霜帝國的建立者，一般逕信從《後漢書・西域傳》似乎較爲明確的記載，未嘗結合《漢書・西域傳》作過深入的探討。直至二十世紀初，纔有日本學者桑原隲藏（見注16所引文）表示異議。該學者主要從檢討《漢書・西域傳》的有關記載入手，提出了貴霜帝國是由大夏人建立的這一新說。此後，雖然信從新說者不乏其人，例如：羽田亨 "大月氏及び貴霜"，《史學雜誌》41～9（1930年），pp. 1-30；S. Konow, "Notes on Indo-Scythian Chronology." *Journal of Indian History* (1933): pp. 1-46; P. Pelliot, "Tokharien et Koutchéen." *Journal Asiatique* 1 (1934): pp. 23-106,等；但仍不斷有人爲舊說辯護，例如 O. Maenchen-Helfen（注26所引文）、內田吟風 "吐火羅（Tukhāra）國史考"，《東方學會創立25周年記念東方學論集》，東京：東方學會，1972年，pp. 91-110，等，最近則有江上波夫在所編《中央アジア史》（東京：山川出版社，1987年）第三章中從新的角度重申舊說。

[45] 例如注26所引 O. Maenchen-Helfen 文認爲，《後漢書》雖晚出，但可靠程度未必低於《漢書》，前者曾糾正後者關於高附翖侯記載的錯誤，便可見一斑。

[46] 說見注16所引桑原隲藏文。今案：《漢書・西域傳上》載："康居有小王五：一曰蘇䚟王，治蘇䚟城⋯⋯二曰附墨王⋯⋯三曰窳匿王⋯⋯四曰罽王⋯⋯五曰奧鞬王⋯⋯凡五王，屬康居。"文例相同，知桑原氏說未安。

[47] 注26所引O. Maenchen-Helfen文認爲,《漢書·西域傳》:"大夏本無大君長",著一"本"字,說明所指乃大夏被大月氏征服前的情況,亦即五翕侯是被大月氏征服後纔出現的。今案:其說未安,因爲不能視五翕侯爲大君長。《漢書》著一"本"字,旨在表示它所描述的時代大夏地已有大君長——大月氏王。

[48] 注44所引江上波夫書,pp. 242-243,以爲:《漢書·西域傳》在援引和插入《史記·大宛列傳》有關大夏的記載時漫不經心,中斷了有關大月氏的記述。"共秉漢使者有五翕侯"之前應是大月氏和漢朝使節往來的記述,然而並沒有這類記述,以致"共秉"云云同援引的"大夏本無大君長……皆臣畜之"一段聯繫不上。今案:江上氏此說,表明他業已發現,如果將"五翕侯"理解爲"[大月氏]有五翕侯",則"共秉"以下同前文互不相屬。這正從反面證明,"有五翕侯"祇能理解爲"[大夏]有五翕侯"。蓋《漢書》所引"大夏本無大君長"一段雖錄自《史記》,但一旦引入,便成爲傳文有機組成部份,不能仍視爲《史記》之文、且割裂開來理解。至於"皆屬大月氏"一句,恰恰是爲了強調這五翕侯並非大月氏人,即使原文應爲"屬大月氏[王]"也罷。

[49] 例如:注16所引桑原隲藏文以爲《後漢書》在節略《漢書》時無意識地變更了原意,且舉《漢紀》"大夏本無大君長,往往置小君長,有五禽侯"云云爲證。今案:《後漢書》編者並沒有誤會《漢書》,桑原氏說未安。

[50] 注44所引江上波夫書,pp. 244-245。

[51] 注44所引內田吟風文。

[52] "濮達",應即《漢書·西域傳上》的"撲挑"。據載,烏弋山離國"東與罽賓、北與撲挑、西與犂靬、條支接";可證"撲挑"即Bactria。又,

"濮達"即 Bactria 說，首見 E. Chavannes, "Les pays d'occident d'après le *Wei-lio*." *T'oung Pao* 6 (1905): pp. 519-571；注 41 所引白鳥庫吉文以爲決不可信；其理由無非是傳文並舉"大月氏"、"撲挑"。今案：白鳥氏說非是。《漢書・西域傳》中，大月氏表示政治實體，撲挑表示地名，兩者不能劃等號，何況大月氏國所領有的地區，不止撲挑一處。白鳥氏在否定濮達的對譯是 Bactria 的同時，又指濮達爲 Kabul。今案：Kabul 在《後漢書・西域傳》中作"高附"，傳文稱貴霜翎侯邱就卻"取高附地"，"又滅濮達"，可見"濮達"並非 Kabul。白鳥氏曲爲之解，似不可取。另外，J. Marquart, *Untersuchungen zur Geschchite von Eran*, II. Göttingen, 1905, p. 175, 指"濮達"爲希羅多德《歷史》所見 Paktues（VII, 67）；注 19 所引 E. G. Pulleyblank 文，p. 101, 指"濮達"爲 Puṣkalāvatī；均無充分依據，亦不取。

[53] 參見注 35 所引余太山書，pp. 230-233。

[54] 參見注 35 所引余太山書，pp. 66-75。

[55] Asii、Tochari 等四部似乎並未完全離開塞地即伊犂河、楚河流域。Ptolemy（VI, 14）所載 Tagurei 可以爲證。參見注 19 所引 W. W. Tarn 書，pp. 516-517。

[56] 見本書第四篇。

[57] 焉耆即 Asii（Asiani），說本 F. W. K. Müller, "Toχrï und Kuišan (Küšän)." *Sitzungsberichte der Preussischen Akademie der Wissenschaften, Phil. -hist. Klasse*. Berlin, 1918, pp. 566-586. 焉耆，佉盧文作 Argi，中古波斯語作 Ark（參見 W. B. Henning, "Argi and the 'Tokharians'." *Bulletin of the School of Oriental Studies* 9 (1938): pp. 545-571.）。Argi（Ark）即 Arsi（Asii），蓋 gi

（ki）可齶化爲 si。《漢書·西域傳》所見焉耆都城之名稱"員渠"[hiuən-gia]當爲 Argi（Ark）之對譯；參見 Wang Ching-ju, "Arśi and Yen-ch'i, Tokhri and Yüeh-shih." *Monumenta Serica* 9 (1944): pp. 81-91. 又，Issedones 即伊循，參見榎一雄"プトレマイオスに見えるイセドーネスについて"，《山本博士還曆記念東洋史論叢》，東京：山川出版社，1972 年，pp. 69-80；但榎氏將托勒密和希羅多德所載 Issedones 混爲一談，無視兩者所描述時代之不同，則非是。注 19 所引岑仲勉書，pp. 12-13，以爲伊循在春秋時已傳名西方，卽希羅多德所載 Issedones；亦誤。

[58] 注 26 所引 O. Maenchen-Helfen 文亦認爲"龜玆"等係 Kushan 卽"月氏"之異譯。他的錯誤在於將龜玆和貴霜、月氏等同起來。

[59] 參見注 23。

[60] 注 19 所引岑仲勉書，p. 65，指出，"渠勒"應卽托勒密所載 Thogara（VI, 16）之對譯，可謂似是而非。又，黃文弼"重論古代大夏之位置與移徙"（載注 1 所引書，pp. 81-84）認爲：《漢書·西域傳》稱婼羌國王"號去胡來王"，"去胡來"得爲 Tochari 之對音。今案：其說甚是，但不能據此推論 Tochari 爲羌人，蓋不能排除婼羌國王爲 Tochari 人，臣民爲羌人的可能性。

[61] 見徐松《漢書西域傳補注》。

[62] 注 11 所引王國維文認爲《舊唐書·吐谷渾傳》稱于闐以東大沙磧爲"圖倫磧"，"圖倫"亦得視爲 Tochari 之訛變。

[63] E. L. Stevenson, tr. & ed. *Geography of Claudius Ptolemy*. New York, 1932.

[64] 參見本書第一篇。

[65] 注 11 所引王國維文、注 59 所引黃文弼文等皆以爲大夏卽覩貨邏是經由西域南道西遷的。

[66] 參見注 2 所引馬雍、王炳華文。又，關於巴澤雷克墓葬見魯金科"論中國與阿爾泰部落的古代關係"，潘孟陶譯，《考古學報》1957 年第 2 期，pp. 37-48。

[67] 例如注 26 所引 O. Maenchen-Helfen 文，黃文弼"漢西域諸國之分佈及種族問題"（注 1 所引書，pp. 22-36）、"大月氏故地及西徙"（注 1 所引書，pp. 74-75）等均持此說。又如注 26 所引 G. Haloun 文以爲：焉耆、龜茲人均是月氏（即吐火羅人）的後裔，月氏人西遷時將餘衆留在上述兩處。

[68] 在 Karabalgasun 碑的粟特語銘文中，焉耆被稱爲"四 Toχrï"，亦堪佐證。參見黃盛璋"試論所謂'吐火羅語'及其有關的歷史地理和民族問題"，《西域史論叢》第 2 輯，新疆人民出版社，1985 年，pp. 228-268。

[69] 參見黃盛璋"敦煌寫本《西天路竟》歷史地理研究"，《歷史地理》創刊號，上海人民出版社，1981 年，pp. 10-20。

[70] 《大正新修大藏經》T54, No. 2128, p. 837。

[71] 《大正新修大藏經》T54, No. 2129, p. 979。

[72] 見本書第七篇。

[73] 黃文弼"漢西域諸國之分佈及種族問題"（注 1 所引書，pp. 22-36）以爲"深目多鬚髯是突厥種型的顯著特徵"。今案：此說未安。

[74] J. Kennedy, "The Secret of Kanishka." *Journal of the Royal Asiatic Society* 1912, pp. 665-688, 等以爲貴霜錢幣所見王者肖像帶有"East-Eurasianoid"的特徵，因而指貴霜人乃至大夏人（或大月氏人）爲"East-Eurasianoid"。今案：論者對遺存的貴霜王者容貌的印象即使不誤，亦不足以據以否定大夏人（或大月氏人）爲 West-Eurasianoid，因爲在體貌特徵方面，純粹的類型並不多見，不同程度的變種卻不時出現。

[75] 例如注 20 所引 O. Franke 書，p. 44。

[76] H. W. Bailey, *Indo-Scythian Studies, being Khotanese Texts*, vol. 7. Cambridge, 1985, p. 130.

[77] 回鶻文譯本《玄奘傳》第五卷將玄奘自南道歸國時所經 "覩貨邏故國" 譯作 Toχrï。參見黃盛璋 "回鶻譯本《玄奘傳》殘卷卷五玄奘回程之地望與對音研究"，《西北史地》1984 年第 3 期，pp. 9-32。

[78] 注 57 所引 W. B. Henning 文認爲，在綴字法嚴格遵照粟特語的回鶻語中，指稱 Bactria 的名稱應作 'tγω'ry 或 tγω'ry，而在 Karabalgasun 碑的粟特語銘文中，與回鶻語 tωγry（Toχrï）對應的粟特語形式作 tωγr'k；後者與粟特語用來指稱 Bactria 的 'tγω'r'k 決不可能是同一個詞。今案：其說未安。蓋回鶻語譯稱 tωγry 應係回鶻人得自塔里木盆地土著，他們雖然知道 tωγry 與玄奘所指 "覩貨邏故國" 係同一名稱，但很可能與粟特人一樣，並不知道 tωγry 與 Bactria 的關係；質言之，即使採用了不同的譯名，亦不足爲奇。而如前述 Bactria 和塔里木盆地的 Tochari 人同源異流，對 Tochari 這一名稱的讀音也很可能產生差別。

[79] 沒有證據表明 Asii、Tochari 等四部的原始語言均屬 Centum 語，亦即不能排除其中有屬 Satem 語者。各地 Sakā 人語言不同，也許有其内因，不僅僅受外部影響。

[80] 參見 A. Maricq, "La grande inscription der Kanïska et L'étéo-tokharien, L'ancienne Langue de la Bactriane." *Journal Asiatique* 246 (1958): pp. 345-440; "Bactrien ou êtéo-tokharien." *Journal Asiatique* 248 (1960): pp. 161-166; W. B. Henning, "The Bactrian Inscription." *Bulletin of the School of Oriental and African Studies* 23 (1960): pp. 47-55，等。

[81] 參見季羨林等《大唐西域記校注》，中華書局，1985年，pp. 972，981。

[82] 關於"吐火羅語"命名問題的討論，參見 W. Krause, "Tocharisch." *Handbuch der Orientalistik*. Abteilung I, Band IV, Iranistik, Abschnitt 3, Leiden, 1971, pp. 5-8；季羨林"吐火羅語的發現與考釋及其在中印文化交流中的作用"，《中印文化關係史論集》，三聯書店，1982年，pp. 97-112；耿世民、張廣達"唆里迷考"，《歷史研究》1980年第2期，pp. 147-159，以及注68所引黃盛璋文。

三　大月氏

一

大月氏的前身——月氏，在先秦典籍中，也寫作"禺知"[ngio-tie]、"禺氏"[ngio-tjie]、"牛氏"[niuə-tjie]等。這些名稱和"月氏（支）"[njiuk-tjie]顯係同名異譯。[1]

《穆天子傳》卷一："甲午，天子西征，乃絕隃之關隥。己亥至於焉居、禺知之平。"郭注："隥，阪也；疑此爲北陵西隃。西隃，鴈門山也。"果然，則五日後所抵"焉居、禺知之平"（《爾雅·釋地》："大野曰平"）或在今河套以北。這則記載描述者不妨認爲是公元前七世紀末以前的月氏。[2]

又，《逸周書·王會篇》附"伊尹朝獻篇"列"月氏"於"正北"。或以爲是篇係戰國時所作，故所説"月氏"當在黄河之東、雁門西北。[3] 今案："伊尹朝獻篇"所指果爲戰國時的月氏，則毋寧説居地在黄河以西；當時黄河之東、鴈門西北已屬匈奴，這從《史記》等所載月氏與匈奴的關係可以明瞭這一點。蓋"伊尹朝獻篇"列於當時中國"正北"的遊牧部族包括月氏、匈奴在内凡一十三種，不可能都位置於黄河之東、雁門西北；也就是説不能僅僅根據"正北"二字判定其位置。"正北"云云不過籠統地說在中國北方而已。另外,"伊尹朝獻篇"即使成於戰國,也不排除所據資料屬於春秋時期的可能性;換言之,所指"月氏"完全可能是春秋時期的月氏。果然,則其位置當與《穆天子傳》所載相同。

又,《管子·輕重乙》稱:"玉出於禺氏之旁山,此皆距周七千八百餘里。其涂遠,其至阨。""國畜"、"地數"、"揆度"諸篇所載略同("地數篇""禺氏"作"牛氏"、"旁山"作"邊山")。"輕重甲"且說:"懷而不見於抱,挾而不見於掖,而辟千金者,白璧也,然後八千里之禺氏可得而朝也。簪珥而辟千金者璆琳、琅玕也。然後八千里之崑崙之虛可得而朝也。"由此可見,"禺氏"(即月氏)之"旁山"(或"邊山")產玉,此山即"崑崙之虛";是虛和月氏去周都距離大致相等,所產璆琳、琅玕皆美玉。或因月氏一度壟斷玉石貿易,故所產之玉稱"禺氏之玉"(《管子·揆度》)。[4] 此處"崑崙"也可以認爲是阿爾泰山,故在《管子》所描述的時代,月氏人已西向伸張其勢力至阿爾泰山東麓。[5]

要之,從以上先秦典籍,可以看到月氏人的活動範圍,東面曾達河套北部,西面曾達阿爾泰山東端。

二

《史記·大宛列傳》載:"始月氏居敦煌、祁連間。"《漢書·西域傳》所載略同。

"敦煌"，一般認爲指漢敦煌郡，治今敦煌西。[6]但是，必須指出：上述有關月氏故地的記載出自張騫西使大月氏國歸國（前126年）[7]後向武帝所作的報告，而由於其時敦煌郡尚未設置，[8]顯然張騫不可能用敦煌郡或其郡治來標誌月氏故地的位置。又，"敦煌"作爲地名，漢以前未見著錄，故很可能是武帝元鼎六年（前111年）分酒泉地置新郡時纔出現的。換言之，張騫向武帝報告月氏故地時，並沒有使用"敦煌"這一名稱，而是使用了一個地望與後來所置敦煌郡大致相當的古地名，而在今天所見張騫關於月氏故地的報告中出現"敦煌"一名，應該是司馬遷用新名取代舊稱的緣故。

至於張騫原始報告中所用的古地名，我認爲應該是《山海經·北山經》所見"敦薨"；因此，所謂"敦煌、祁連閒"的"敦煌"應指"敦薨之山"即今祁連山。[9]

"祁連"的地望，歷來有二說，一指漢祁連爲今祁連山，[10]一指漢祁連爲今天山。[11]今案：張騫用來標誌月氏故地的"敦煌"即"敦薨之山"既爲今祁連山，則用來標誌月氏故地的"祁連"就不可能是今祁連山，而漢祁連應即今天山的證據如下：

1.《史記·匈奴列傳》載：元狩二年（前121年）夏，"驃騎將軍復與合騎侯數萬騎出隴西[12]、北地二千里，擊匈奴。過居延，攻祁連山，得胡首虜三萬餘人，裨小王以下七十餘人"。"居延"，澤名；同傳："使彊弩都尉路博德築居延澤上"；可證。[13]澤在今內蒙古額濟納旗北境。由此可見，霍去病進軍的目標是今天山東端。如果所攻祁連山即今祁連山，似無必要繞道居延澤。[14]

2.《漢書·霍去病傳》載元狩二年武帝詔："票騎將軍涉鈞者，濟居延，遂臻小月氏，攻祁連山，揚武乎鱳得，得單于單桓、酋涂王……益封去病五千四百戶。賜校尉從至小月氏者爵左庶長。""小月氏"，據《漢書·西域傳上》，月氏爲匈奴所破，遠去，"其餘小衆不能去者，保南山羌，號小月氏"。此處所謂"南山"，包括今喀喇昆侖、昆侖、阿爾金山。《漢書·張騫傳》載，騫自西域還，"並南山，欲從羌中歸"；可證。但武帝詔中提到的小月氏，應是大月氏西遷時留在天山東端的餘衆，或正處在去病攻"祁連山"必經途中，故漢軍先"臻小月氏"。或以爲小月氏所保"南山"應爲今祁連山，故去病抵小月氏後所攻應爲今祁連山。[15]今案：今祁連山在漢代雖亦被稱爲"南山"（《史記·大宛列傳》："渾邪王率其民降漢，而金城、河西西並南山至鹽澤空無匈奴"），但小月氏所保"南山"似應爲西域之南山，蓋今祁連山一帶當時已在匈奴的直接控制之下，小月氏頗難存身其間。《漢書·趙充國傳》載："狼何，小月氏種，在陽關西南"；《魏略·西戎傳下》載："燉煌西域之南山中，從婼羌西至葱領數千里，有月氏餘種"；均可以爲證。又，小月氏果在今祁連山，則校尉從至者得爵左庶長無乃太易。另外，"單桓"，西域國名，據《漢書·西域傳下》，位於天山東端；去病所得單于單桓王，應爲匈奴置於單桓國之小王。此亦可證去病所攻祁連山即今天山。[16]又，"鱳得"，鄭氏曰："張掖縣也"。顏注："鄭說非也。此鱳得，匈奴中地名，而張掖縣轉取其名耳。"今案：顏說是；其時張掖尚未置郡，何來鱳得縣？去病揚武之地必不在今祁連山一帶，亦當求諸天山附近。

3.《史記·李將軍列傳》："天漢二年（前99年）秋，貳師將軍李廣利將三萬騎擊匈奴右賢王於祁連天山。"《漢書·匈奴傳》作"其明年，漢使貳師將軍將三萬騎出酒泉，擊右賢王於天山。"可知漢天山又稱"祁連天山"。[17] 又，《鹽鐵論·誅秦》："故先帝興義兵以征厥罪，遂破祁連天山……渾耶率其衆以降。"所述即元狩二年去病擊匈奴事，可知漢祁連山亦稱"祁連天山"。既然漢天山和漢祁連山都有"祁連天山"之稱，可知漢天山應即漢祁連山。貳師將軍既出酒泉，則所擊爲今天山無疑；[18] 可知漢天山和漢祁連山均指今天山。[19]

4.《漢書·宣帝紀》載：本始二年（前72年），以"御史大夫田廣明爲祁連將軍，後將軍趙充國爲蒲類將軍……凡五將軍，兵十五萬騎，校尉常惠持節護烏孫兵，咸擊匈奴"。此處"祁連"也指今天山。蓋"蒲類"、"祁連"之類名號，猶如"浚稽"、"貳師"等，均因攻擊目標而設；宣帝時，今祁連山地區早已置郡，如果漢祁連即今祁連山，則毋須以田廣明爲"祁連將軍"了。[20]

5.《漢書·敍傳下》："飲馬翰海，封狼居山，西規大河，列郡祁連，述衞青、霍去病傳第二十五"。所謂"列郡祁連"應指河西諸郡的西境直逼今天山東端。如果漢祁連即今天山，似乎貶低了衞、霍的功勳。[21]

要之，《史記》、《漢書》所見月氏故地，或者確切些說，在西遷塞地以前月氏人的活動中心，乃東起今祁連山以北，西抵今天山、阿爾泰山東麓。結合以上有關先秦典籍所見月氏人活動範圍的探索，以及《史記·匈奴列傳》關於冒頓單于"西擊走月氏，南并樓煩、白羊河南王"以後，匈奴"右方王將居西方，直上郡以西，接月氏、氐、羌"的記載，可知月氏人的勢力曾一度東向伸展至河套內外。

三

月氏後爲匈奴所敗，放棄上述故地，西遷伊犁河、楚河流域。其年代歷來有二說，一說遷於匈奴冒頓單于時，一說遷於老上單于時，前說又可再分爲公元前三世紀末和公元前 177/ 前 176 年兩種。今案：月氏放棄故地，西遷伊犁河、楚河流域的年代應爲公元前 177/ 前 176 年。[22]

1.《史記·匈奴列傳》載，文帝前元四年（前 176 年）冒頓單于遺漢書：

> 今以小吏之敗約故，罰右賢王，使之西求月氏擊之。以天之福、吏卒良，馬彊力，以夷滅月氏，盡斬殺降下之。定樓蘭、烏孫、呼揭及其旁二十六國，皆以爲匈奴。[23]

《漢書·匈奴傳》所載略同。烏孫故地在今敦煌以西、天山以東，可能在伊吾附近。[24] 呼揭在今阿爾泰山南麓；[25] "二十六國"應爲"三十六國"之誤，即所謂西域三十六國。[26] 上述諸國在此之前皆役屬於月氏無疑，旣爲匈奴所定，月氏在其故土已無容身之處，故必於此時西遷。[27]

2.《漢書·匈奴傳》載，冒頓"西擊走月氏……是時漢方與項羽相距"。或以爲月氏在此時西遷。今案：據《漢書·張騫傳》，烏孫昆莫之父難兜靡爲月氏所殺，時昆莫新生；而同書"西域傳下"載，元封中（前110—前105年）漢以江都王建女細君爲翁主妻昆莫，時"昆莫年老"。七十曰"老"，設元封元年昆莫爲70（±5）歲，可得昆莫生於公元前185—前175年間；[28]也就是說，月氏殺難兜靡一事發生在冒頓"西擊走月氏"之後。由於同書"張騫傳"又稱烏孫"本與大月氏俱在祁連、焞煌間"，故所謂冒頓擊走月氏祗能理解爲擊退月氏東進的勢頭，不能據以爲三世紀末，月氏已放棄故地。

3.《新書·匈奴》載文帝前元八年（前172年）[29]賈誼上表曰："將必以匈奴之衆，爲漢臣民，制之令千家而爲一國，列處之塞外，自隴西延至遼東，各有分地以衛邊，使備月氏、灌窳之變，皆屬之置郡。"或據以爲遲至上表之日，月氏尚未離開故地。換言之，並非遷自冒頓在位時。今案：月氏從未內侵，對於漢廷來說，本無防變之必要；而如果曾經來犯，卽使已經遠走，仍有捲土重來之虞，亦不可不備。其實，表文不過設想匈奴臣服，使之衛邊，纔進而以月氏爲假想敵國的；不足以成爲判斷月氏西遷年代之依據。[30]

四

　　西遷伊犁河、楚河流域的大月氏人，又爲烏孫所逐，西遷阿姆河流域。其年代歷來也有二説，一説在老上單于時（前174—前161年），一説在軍臣單于時（前161—前126年）。[31] 今案：應以後説爲是。

　　1. 據《漢書·張騫傳》，大月氏爲烏孫昆莫所逐，時昆莫已"壯"。三十曰"壯"，設昆莫逐走大月氏時爲30—50歲，按之昆莫生年（前185—前175年），可得大月氏放棄伊犁河、楚河流域年代之上限爲公元前155年、下限爲公元前125年，這正是軍臣單于在位時期。[32]

　　2.《史記·大宛列傳》載："張騫，漢中人。建元中爲郎。是時天子問匈奴降者，皆言匈奴破月氏王，以其頭爲飲器，月氏遁逃而常怨仇匈奴，無與共擊之。漢方欲事滅胡，聞此言，因欲通使。道必更匈奴中，乃募能使者。騫以郎應募，使月氏，與堂邑氏故胡奴甘父俱出隴西。經匈奴，匈奴得之，傳詣單于。單于留之，曰：月氏在吾北，漢何以得往使？吾欲使越，漢肯聽我乎？留騫十餘歲。"據此，張騫西使，旨在聯月氏滅匈奴，可知使出之日，"怨仇匈奴"的大月氏尚在伊犁河、楚河流域。又，單于稱"月氏在吾北"，也可證明這一點。[33] 一般認爲，張騫首次西使，啓程於武帝建元二年（前139年），歸國於元朔三年（前126年），則自匈奴中得脱赴大月氏在公元前129年。同傳載張騫"亡鄉月氏，西走數十日至大宛"。大宛位於今費爾幹納盆地，張騫取道該處,說明當時他已知月氏放棄伊犂河、楚河流域之事。因此,其年代可斷在公元前139—前129年。[34]

3.《漢書·韓安國傳》載武帝元光二年(前133年)大行王恢之言曰:"今以中國之盛,萬倍之資,遣百分之一以攻匈奴,譬猶以彊弩射且潰之癰也,必不留行矣。若是,則北發月氏可得而臣也。"同傳稱王恢"燕人,數爲邊吏,習胡事",故其言必有根據,知公元前133年大月氏尚在伊犂河、楚河流域。因此,大月氏放棄上述地區的年代可精確爲公元前133—前129年。[35]

4. 據西史,約公元前129年,安息王弗拉特二世(Phraates II,前139/8—前128年)西征塞琉古朝敍利亞王國;然因Sakā人衝破其東北邊境大舉入侵,不得已掉過頭來同Sakā人作戰,並於翌年陣亡。[36]今案:這些入侵安息的Sakā人,應即盤踞索格底亞那、巴克特里亞等地的Asii、Tochari等,它們由於受西遷的大月氏人衝擊,一部份被迫闖入安息境內。因此,大月氏人放棄楚河、伊犂河流域的年代還可進一步精確爲公元前130年。[37]

5.《漢書·西域傳上》載:月氏"本居敦煌、祁連間,至冒頓單于攻破月氏,而老上單于殺月氏,以其頭爲飲器,月氏乃遠去,過大宛,西擊大夏而臣之,都嬀水北爲王庭"。乍讀似乎月氏放棄伊犂河、楚河流域應在老上單于時。[38]然而,《漢書》此處全本《史記·大宛列傳》,卻有失原意;蓋《史記》"及冒頓立,攻破月氏,至匈奴老上單于,殺月氏王,以其頭爲飲器。始月氏居敦煌、祁連閒,及爲匈奴所敗,乃遠去,過宛,西擊大夏而臣之,遂都嬀水北,爲王庭"一段,敍事至"以其頭爲飲器"句時,文勢頓挫；以下始言及月氏放棄故地遠走嬀水流域事。可見太史公僅將月氏遠走嬀水北籠統地歸因於匈奴，未嘗說其事發生在老上單于時。班固於此失察，將"居敦煌、祁連間"一句提前，又刪去"及爲匈奴所敗"一句，以照應《漢書·西域傳下》關於"烏孫昆莫擊破大月氏，大月氏徙，西臣大夏"的記述，以致令人誤解月氏遠去嬀水北是由於其王爲老上所殺，並陷於自相矛盾。其實，大月氏放棄伊犂河、楚河流域，直接原因固然是爲烏孫昆莫擊破，但根本原因在於前此爲老上重創。再說，昆莫之攻大月氏，本係匈奴所指遣。因此，《史記》"及爲匈奴所敗，乃遠去"一句，儘管籠統，還是道出了事情本質的一面。

五

大月氏西徙嬀水北、征服大夏的過程，《史記·大宛列傳》僅載："及爲匈奴所敗，乃遠去，過宛，西擊大夏而臣之，遂都嬀水北，爲王庭。"《漢書·西域傳》所載略同。[39]

大月氏自伊犂河、楚河流域經由大宛即今費爾幹納地區，西赴嬀水即阿姆河流域，勢必取道索格底亞那。論者或因此以爲大月氏這次西徙首先佔領的便是索格底亞那。[40] 今案：此說未安。大月氏雖曾經由索格底亞那，但並未佔領該地，猶如並未佔領大宛一樣，而是直接南渡嬀水，征服大夏，設王庭於水北，統治跨有嬀水兩岸的大夏地即吐火羅斯坦。

1. 大月氏放棄伊犂河、楚河流域時在公元前 130 年，而當張騫於公元前 129 年從匈奴中得脫經大宛赴嬀水北岸的大月氏王庭時，[41] 索格底亞那是康居的屬土，[42] 可知大月氏並未在索格底亞那停留。

2. 前引《史記·大宛列傳》既稱大夏在嬀水之南，又稱大月氏"攻敗之"，可見兵弱畏戰的大夏也不是不戰而降，而大月氏顯然是南渡嬀水，纔"臣畜大夏"的。按之年代，更可知大月氏自伊犂河、楚河流域遷來，直接到達主要位於水南的大夏地。[43]

3.《史記·大宛列傳》載：大月氏"既臣大夏而居，地肥饒，少寇，志安樂"。《漢書·張騫傳》亦稱："大月氏復西走，徙大夏地。"可見大月氏征服大夏的同時，舉族遷至大夏地。

4. "大夏"即 Tochari（Tukhāra）的音寫，而據《大唐西域記》卷一所載"覩貨邏"的範圍：

> 南北千餘里，東西三千餘里。東阨蔥嶺，西接波剌斯，南大雪山，北據鐵門，縛芻大河（即阿姆河）中境西流。

可知"大夏地"跨有嬀水兩岸，北岸以鐵門與索格底亞那爲界；故大月氏西徙，都嬀水北爲王庭，其位置應在鐵門以南。如前篇所述，該王庭或在"呾蜜"（Tirmidh）。

5.《史記·大宛列傳》載，張騫使大月氏，"從月氏至大夏，竟不能得月氏要領"。可見大月氏設王庭於嬀水北的同時，確已佔有水南之地。張騫爲"得月氏要領"而"至大夏"，顯然是爲了會晤當時正在水南原大夏都城的大月氏王。[44]所謂"從月氏至大夏"，祇能讀作從大月氏王庭至原大夏國都城。

6.《史記·大宛列傳》載大月氏"控弦者可一二十萬"，載大夏"民多，可百餘萬"。而《漢書·西域傳上》僅載大月氏國"戶十萬，口四十萬，勝兵十萬人"。或以爲《漢書》所載大月氏國總人口數不過五十萬（口四十萬；兵十萬），不到《史記》所載大夏國人口數的一半，可見大月氏並未遷往大夏地、以大夏國藍市城爲都城。[45]今案：此說未安。蓋《漢書》與《史記》所載大月氏人口總數並無太大的差別。所謂"勝兵十萬"，乃指"口四十萬"中能控弦者有十萬；不能認爲《史記》描述的時代大月氏總人口數僅一二十萬，而到了《漢書》描述的時代，大月氏國的總人口數一躍而爲五十萬。而《史記》的"一二十萬"不過是估計數，《漢書》的"十萬"應爲較精確的數字。由此可見，《漢書》編者心目中，大月氏是行國，大夏是土著，不能混爲一談。之所以略去大夏的人口數，很可能是因爲在這位編者看來大夏國已不復存在的緣故。

7.《史記·大宛列傳》稱，大月氏"南則大夏"；又稱"大月氏在大宛西"，"大夏在大宛西南"。皆就大月氏王庭和原大夏國都城的相對方位而言。不能據以爲張騫西使時，大夏還是一獨立國。同傳又稱："大宛及大夏、安息之屬皆大國，多奇物，土著，頗與中國同業，而兵弱，貴漢財物；其北有大月氏、康居之屬，兵彊，可以賂遺設利朝也。"又稱張騫出使烏孫時，曾"分遣副使使大宛、康居、大月氏、大夏、安息、身毒、于窴、扞罙及諸旁國"。皆並舉大月氏、大夏，似乎其時大月氏、大夏還是二國。其實，這說明大月氏雖然征服了大夏，但並未完全消滅當地的土著政權，而所謂"五翖侯"是大夏國城邑小長的可能性不能排除。這些翖侯都有一定的自主權，大月氏人不過徵其賦稅而已。同傳稱張騫使烏孫時所"遣使通大夏之屬者，皆頗與其人俱來"，俱來者果有大夏人，則可能是這些役屬大月氏的大夏土著政權的代表。

六

大月氏王治，據《史記·大宛列傳》，在媯水北。《漢書·西域傳上》則稱："大月氏國治監氏城。"此"監氏城"或以爲應卽媯水北之王庭；[46] 或以爲應卽《史記·大宛列傳》所載原大夏國的都城"藍市城"，蓋大月氏在張騫西使歸國後某時，移水北之王庭於水南。[47] 今案：應以後說爲是。

1. 《史記·大宛列傳》旣稱大月氏在大宛西，又稱大夏在大宛西南；而《漢書·西域傳上》僅稱大月氏在大宛西南，[48] 可見後者在表示大月氏方位時，確已改用原大夏國都城藍市城爲基準了。

2. 《漢書·西域傳上》"大月氏本行國也"直至"號小月氏"一段是追述大月氏國前史，其中"都媯水北爲王庭"一句，顯然說的"治監氏城"之前的情況，不能認爲此處《漢書》自相矛盾，也不能認爲"監氏城"就是媯水北的王庭。[49]

3. "監氏"[heam-tjie] 和"藍市"行近音似，當係一地；"藍市"旣爲希臘巴克特里亞王國的首府，"監氏"也應爲 Bactra 無疑。

4. 或以爲《漢書・西域傳上》載大宛國王治貴山城（Khojend）"西南至大月氏六百九十里","監氏"果在嬀水之南,這里距就未免太短了。[50] 其實,《史記》、《漢書》所載大月氏的領土均等於原大夏國的領土,故"監氏"即便如論者所言,應卽水北之王庭,也祇能位於鐵門之南;換言之,上述里距依然太短了。《漢書・西域傳上》載休循國"王治鳥飛谷……西北至大宛國九百二十里,西至大月氏千六百一十里"。傳文一曰"西北至",一曰"西至",可見自休循至大月氏,旣可西北向繞道大宛,亦可西向直達,此處"千六百一十里"應爲自休循西向直達大月氏的里程,而被《漢書》編者誤以爲繞道大宛赴大月氏的里程,並據以推算出大宛至大月氏的里程：1610−920 ＝ 690（里）。由此可見,不能憑據《漢書》所傳大宛至大月氏的里距來判定監氏城的位置。[51]

5. 大月氏本遊牧部族,從伊犂河、楚河流域遷至嬀水流域時,習俗未改,故其王巡歷嬀水南北。但遊牧部族進入農耕區後,逐步走向定居,終於建都,也是勢在必然。張騫西使抵大月氏國時,發現大月氏人因"地肥饒"而"志安樂",可以說這種傾向已見端倪。又,張騫西使時,大月氏雖已征服大夏全土,其王也常巡歷水南,但王庭畢竟尚在水南,水南原大夏國都城藍市城可能仍是大夏人的活動中心,故《史記・大宛列傳》仍爲大夏立有專條。到了《漢書・西域傳》描述的時代,大月氏已定都水南,不僅國土與原大夏國土相同,國都也和原大夏國都相同;因此,《漢書・西域傳》編者取消了大夏國專條,附其事情於大月氏國條之後。[52]

七

　　大月氏國疆域的四至，可據《史記·大宛列傳》和《漢書·西域傳》約略考知。

　　1.《史記·大宛列傳》載：大月氏國"北則康居"。康居其時領有索格底亞那，故大月氏國應以阿姆河北的鐵門與康居爲界。

　　2.《漢書·西域傳上》載：大宛"南與大月氏接"。大宛即今費爾幹納盆地。時大月氏東部領土包括 Badakhshān 和 Wakhan 等地，故大宛和大月氏兩國似應以 Karategin 爲接觸點。[53]

　　3.《史記·大宛列傳》稱，大月氏"西則安息"。《漢書·西域傳上》亦稱"安息東則大月氏"。安息國東界應在木鹿城（Mōuru，今 Merv 東），[54] 木鹿以東是沙漠地帶，故大月氏國在西方可能達到 Ab-i Maimana 河流域。

　　4.《漢書·西域傳上》載：大月氏"南與罽賓接"。《漢書》的罽賓應指興都庫什山以南，Kabul 河中下游地區，[55] 故兩國大致以興都庫什山爲界。不過，如前所考，雙靡翎侯治地已在山南。

　　5.《漢書·西域傳上》載，無雷國和難兜國皆"西與大月氏接"。無雷在今小帕米爾（Little Pamir），即 Murg-āb 上游東北流的 Aksu 河，與 Āb-i Panja 河上游西流的 Aksu 河兩河河谷之間。[56] 難兜在今 Gilgit 河下游。[57] 故無雷和難兜應分別與役屬大月氏的貴霜翎侯和雙靡翎侯治地相接。

八

大月氏人應和大夏人一樣，屬於 West-Eurasianoid，操一種印歐語。

1.《史記·大宛列傳》載："自大宛以西至安息，國雖頗異言，然大同俗，相知言。其人皆深眼，多鬚䫇"。所謂"大宛以西至安息"自然包括大月氏在內。因此，這則記載表明大月氏人和安息人同爲 West-Eurasianoid，同屬印歐語系。[58]

2.《史記·大宛列傳》"正義"引萬震《南州志》稱大月氏國"人民赤白色"。這表明貴霜帝國人民是 West-Eurasianoid，其中無疑包括被貴霜征服的大月氏人，故卽使不考慮月氏和貴霜同出一源，也不能懷疑月氏是 West-Eurasianoid。[59]

3. 或以爲月氏有"翖侯"稱號，可斷爲突厥語族；這顯然是錯誤的。[60] 又有人以爲"月氏"這一族名可用突厥語解釋，意爲"玉"（qāsch）；故月氏人應爲突厥語族。[61] 今案："月氏"的發音與 qāsch 接近，若非巧合，便是因爲月氏曾壟斷玉石貿易的緣故；以其族名稱號玉石，猶如藉"渠搜"這一族名，稱毛織品爲"氍毹"一樣。[62] 換言之，突厥語 qāsch 完全可能得自"月氏"這一族名，而未必是月氏人自稱爲"玉"（qāsch）。顯然不能因爲"渠搜"這一族名發音與漢語"氍毹"接近，指"渠搜"之意爲"一種毛織品"，並斷其人爲漢人。

4. 儘管沒有足夠的資料表明月氏人在故地時說的是吐火羅語，甚至不能充分證實他們在西遷以前說的語言屬於印歐語系；學者們在這方面作了很多努力，迄今尚未能得出令人滿意的結論；[63] 但在我看來，如果從月氏和貴霜同源異流的觀點去看，月氏人的原始語言屬印歐語系的可能性是很大的。

■ 注釋

[1]《禹貢》："織皮崑崙、析支、渠搜，西戎即敘"。其中"渠搜"應即《穆天子傳》卷四所見"巨蒐氏"、《逸周書·王會解》所見"渠叟"。《漢書·地理志下》載朔方郡有渠搜縣，《水經注》卷三亦稱："河水自朔方東轉，逕渠搜縣故城北"。"渠叟"[kia-su]發音與月氏接近，白鳥庫吉"西域史上の新研究·大月氏考"，《白鳥庫吉全集·西域史研究（上）》（第6卷），東京：岩波，1970年，pp. 97-227，以爲其故地應在河西，其名乃"月氏"之異譯。今案：《穆天子傳》、《逸周書》皆並舉禺氏、渠叟（巨蒐），既指禺氏爲月氏，則渠叟（巨蒐）似非月氏。至於裴矩《西域圖記》和《隋書·西域傳》均稱鏺汗爲"古渠搜國"，似乎是因爲大宛國都之名"貴山"與"渠叟"音近而附會所致，未必意味著《逸周書》等所載渠叟人遷往費爾幹納。

[2] 何秋濤《王會篇箋釋》卷下："禺、月一聲之轉，禺氏蓋即月氏也"。今案："王會"稱："禺氏騊駼"。"騊駼"，馬名，禺氏以此進貢，知其人游牧爲生，亦禺氏即月氏之佐證。

[3] 王國維"月氏未西徙大夏時故地考"，《觀堂集林》（別集一），中華書局，1959年，pp. 1156-1158。

[4] 參見馬雍、王炳華"公元前七至二世紀的中國新疆地區"，《中亞學刊》第3輯，

中華書局，1990年，pp. 1-16。又，榎一雄"禺氏邊山の玉"，《東洋學報》66～1（1985年），pp. 109-132，認爲：歷來指《管子·輕重篇》所見"禺氏"爲月氏之説不足憑信。蓋是篇有關禺氏的記載乃據漢武帝直至王莽時代的知識寫成，而漢族自古以來得玉於塔里木盆地南緣之于闐，故"禺氏"與其説是壟斷玉石貿易的月氏，毋寧説是Khotan本地。Khotan在漢武帝開西域後始爲漢人所知，《史記》舊刊本多作"于寘"[yú-zhì]，"于寘"與"禺氏"音同，而"輕重篇"作者所見《史記》正作"于寘"，且誤以"于寘"爲"月氏"，逐改爲"禺氏"，以便託僞管子。今案：榎氏説不可從。一則，《管子·輕重篇》（包括其中有關禺氏的記載）未必成於漢代。榎氏所據馬非百《管子輕重篇新詮》（中華書局，1979年）之考證遠非定論；參見容肇祖"駁馬非百'關於管子輕重篇的著作年代問題'"，《歷史研究》1958年第1期，pp. 29-40；胡家聰"《管子·輕重》作於戰國考"，《中國史研究》1981年第1期，pp. 124-133。二則，即使《管子·輕重篇》成於漢代，亦未必有關禺氏的記載都依據漢代的資料，作者既要託古，就很可能利用先秦的材料。三則，"于寘"[hiua-dyen]或"于寘"[hiua-tjiek]不僅均可視作"禺氏"，也均可視作"月氏"的異譯。祇是"禺氏"應即"月氏"，其地理位置與于寘相去甚遠，故指爲月氏比較貼切。又，小川琢治"周穆王の西征"，《支那歷史地理研究續集》，東京：弘文堂，1939年，pp. 165-408，esp. 377，早已指出"于闐"與"月氏"爲同名異譯；果然，則兩者同源也未可知。

[5] 參見注4所引馬雍、王炳華文。K. Enoki, "The Yüeh-shih-Scythians Identity, A Hypothesis." *International Symposium on History of Eastern and Western Cultural Contacts, Collection of Papers Presented*, compiled by the Japanese National Commission for Unesco, 1957. Tokyo, 1959: pp. 227-232，亦以爲月

氏故地西邊抵阿爾泰山地區。這是榎氏作爲其"月氏卽 Scythians 說"的一個組分提出來的。據云："月氏"（古音可擬構爲 zgudscha）應卽 Skuja (Scythia) 之對譯。希羅多德曾載，原來活動於遠東的 Scythians，在公元前七世紀末被 Issedones 人逐至南俄羅斯，其中一部份卽所謂 Detached Scythians（斯基泰別部）未隨王族西去，留在阿爾泰山地區，是爲月氏之祖。今案：其說欠妥。希羅多德載"斯基泰別部"的居地應在哈薩克丘陵地帶以西，故很難把它和月氏人聯繫起來。

[6] 《史記·大宛列傳》"正義"："初，月氏居敦煌以東、祁連山以西。敦煌郡今沙州，祁連山在甘州西南。"以月氏所居敦煌爲漢敦煌郡者本此。

[7] 桑原隲藏"張騫の遠征"，《東西交通史論叢》，弘文堂，1944 年，pp. 1-117。

[8] 關於漢置敦煌郡年代的討論，見周振鶴《西漢政區地理》，人民出版社，1987 年，pp. 157-171。

[9] 參見本書第二篇。

[10] 《史記·大宛列傳》"正義"（注 6 所引）爲後世漢祁連卽今祁連山說之本。白鳥庫吉"烏孫に就いての考"，注 1 所引書，pp. 1-55，一文可爲代表。

[11] 《漢書·衛青霍去病傳》顏注："祁連山卽天山也，匈奴呼天爲祁連。"近世諸家中，從顏注立說者有內田吟風"月氏のバクトリア遷移に關する地理的年代的考證（上）"，《東洋史研究》3～4（1938 年）pp. 29-56；岑仲勉《漢書西域傳地里校釋》，中華書局，1981 年，pp. 518-535，等。今案：內田氏、岑氏說是。然兩氏均以"敦煌"爲漢敦煌郡，則欠妥。又，藤田豐八"月氏の故地とその西移の年代"，《東西交涉史の研究·西域篇》，東京：荻原星文館，1943 年，pp. 45-96，一度以爲《漢書》之祁連指今天山，《史記》之祁連指今祁連山。今案：藤田氏此說未安。

[12] 注 10 所引白鳥氏文指出:"隴西"二字乃涉上文而衍。

[13] 居延澤,又見《漢書·地理志下》。注 10 所引白鳥氏文以"居延"爲水名,卽今額濟納河。今案:其說無據。

[14] 此採內田氏、岑氏說,出處見注 11。注 11 所引藤田氏文以爲去病乃自北地出發,沿小戈壁之邊緣西向迂迴,過居延澤畔,溯額濟納河南行,至小月氏,始攻"祁連山"(今祁連山)。今案:其說未安。

[15] 注 12 所引白鳥氏文。又,《後漢書·西羌傳》:"湟中月氏胡,其先大月氏之別也。舊在張掖、酒泉地。月氏王爲匈奴冒頓所殺,餘種分散,西踰蔥領,其羸弱者南入山阻,依諸羌居止,遂與共婚姻。及驃騎將軍霍去病破匈奴,取西河地,開湟中,於是月氏來降,與漢人錯居。"白鳥氏據以爲去病所臻小月氏應在今祁連山。今案:其說未安。一則去病開湟中在元狩二年春,"攻祁連山"在同年夏,不可混爲一談。二則"湟中月氏胡"不過月氏餘種之一支,其居地不可視爲去病所"臻小月氏"之居地。又,白鳥氏以"舊在張掖、酒泉地"一句爲月氏故地僅在河西之證;亦不妥。蓋傳文僅言張掖、酒泉地乃月氏別種之一湟中月氏胡之故地。

[16] 此採岑氏說,出處見注 11。

[17] 《鹽鐵論·西域》述貳師破宛之後,"匈奴失魄,奔走遁逃,雖未盡服,遠處寒苦墝埆之地,壯者死於祁連天山,其孤未復"。亦漢天山稱祁連天山之一證。

[18] 此採內田氏、岑氏說,出處見注 11。又,注 12 所引白鳥氏文亦以爲貳師所征"祁連山"應爲今天山無疑。

[19] 注 12 所引白鳥氏文以爲《漢書》旣見"天山"又見"祁連山",明兩者所指非同一座山。今案:"天山"者,義譯;"祁連山"者,音譯;作"祁

連天山"者,或衍"祁連"或重"天"字耳;白鳥氏說未安。

[20] 此採內田氏說,出處見注 11。

[21] 注 11 所引岑仲勉書,p. 526,以爲"列郡祁連"云云,不過"詞藻鋪張,重在取韻"。

[22] 大月氏西遷伊犂河、楚河流域的年代,注 12 所引白鳥氏文以爲在公元前 174—前 158 年間;注 7 所引桑原氏文以爲在公元前 172—前 161/前 160 年間;注 11 所引藤田氏文以爲在公元前 177—前 176 年間;安馬彌一郎"月氏の西方移動に就て",《史學雜誌》43～5(1932 年),pp. 101-113,以爲在公元前 168—前 161 年間;注 11 所引內田氏文說同藤田氏。又,駒井義明"前漢に於ける匈奴と西域との關係",《歷史と地理》31～2(1933 年),pp. 16-23;31～3(1933 年),pp. 30-37,以爲在公元前三世紀末。

[23] 注 12 所引白鳥氏文指出:據《漢書·匈奴傳》,文帝三年時,左賢王曾侵河南地,故擊月氏應在三至四年間。

[24] 見本書第七篇。

[25] 說見護雅夫"いわゆる'北丁零'、'西丁零'について",《瀧川博士還曆記念論文集·東洋史篇》,東京:長野中澤印刷,1957 年,pp. 57-71。

[26] 松田壽男《古代天山の歷史地理學的研究》,東京:早稻田大學出版部,1970 年,p. 37。

[27] 見注 11 所引藤田氏、內田氏文。

[28] 同注 24。

[29] 賈誼上表之年代,據《資治通鑒》爲文帝前元六年(前 174 年);此從荀悅《漢紀》;說見注 7 所引桑原氏文。又,桑原氏據此以爲月氏遷於公元前 172 年以後;非是。

[30] 注 11 所引內田氏文以爲，賈誼列舉月氏、灌窳不過雕飾文字而已。

[31] 大月氏放棄伊犂河、楚河流域的年代，注 12 所引白鳥氏文以爲約在公元前 158 年，注 7 所引桑原氏文以爲在公元前 139—前 129 年間；注 11 所引藤田氏文以爲在公元前 162／前 161 年，注 22 所引安馬氏文以爲在公元前 138—前 130 年間；注 11 所引內田氏文以爲在公元前 133—前 129 年間。

[32] 同注 24。

[33] 注 11 所引藤田氏文以爲，所謂"匈奴降者"，有可能降於武帝卽位以前，未必知道大月氏已經放棄伊犂。至於單于稱"月氏在吾北"，不過外交辭令。今案：正如注 11 所引內田氏文指出，月氏放棄伊犂果在老上單于時，實難設想二十餘年後，漢廷尚一無所聞。藤田氏說未安。

[34] 此採桑原氏說，出處見注 7。

[35] 此採內田氏說，出處見注 11。

[36] 見本書第九篇。

[37] 說本孫毓棠"安息與烏弋山離"，《文史》第 5 輯（1978 年），pp. 7-21。

[38] 注 26 所引松田壽男書，pp. 29-33，認爲：《史記·大宛列傳》所載"大月氏王已爲胡所殺，立其太子爲王，旣臣大夏而居"云云，足證給予月氏最後打擊的是匈奴老上單于，亦見《漢書》所謂月氏爲烏孫所逐不過是後人附會。今案：張騫西使抵達大月氏時，爲老上所殺月氏王之子（或夫人）依然在位，從時間上來看並非不可能；松田氏說未安。

[39] 注 1 所引白鳥氏文指出：《漢書·西域傳》"大夏本無大君長"至"皆臣畜之"一段無非節略《史記》之文，並無新意。J. Marquart. *Ērānšahr*, Berlin, 1901, pp. 202-203，以爲：《漢書》的記載說明大月氏征服大夏的過程，乃自《史記》所描述的時代開始，直至《漢書》所描述的時代完成。今案：

J. Marquart 說非是。

[40] 見注 7 所引桑原氏文。

[41] 此採桑原氏說，出處見注 7。

[42] 見本書第五篇。

[43] J. Marquart（出處見注 39）等均以爲，張騫首次西使時，大夏雖已臣服大月氏，但還在媯水南自成一國。大月氏渡河南下佔領大夏全土，最早亦在張騫歸國之後。今案：此說未安，參見注 1 所引白鳥氏文。

[44] 說本注 11 所引內田氏文。又，嚈噠人佔有媯水流域後，採取的統治方式和大月氏相仿佛。《魏書‧西域傳》稱："其王巡歷而行，每月一處"。而親臨其境的宋雲等人稱這種統治方式爲"遊軍而治"（《洛陽伽藍記》卷五）；可以參證。

[45] 江上波夫編《中央アジア史》，東京：山川出版社，1987 年，pp. 234-235。

[46] 注 7 所引桑原氏文以爲，大月氏王庭應即 Samarkand，"監氏"即 kand 之音譯。主要根據是《漢書‧西域傳》載大宛、大月氏都城之間相距 690 里。今案：其說非是，詳下文。又，藤田豐八"大宛の貴山城と月氏の王庭"，注 11 所引書，pp. 1-42，認爲，大月氏王庭即"監氏"亦即 Khuttal，在媯水上游。今案：此說亦誤，說見桑原氏"藤田君の貴山城及び監氏城を讀む"，注 7 所引書，pp. 275-342。

[47] J. Marquart（出處見注 39）以爲，大月氏舉族遷至媯水之南，以大夏國王治爲王庭最遲有可能在西漢末。今案：此說未安。大月氏一開始就佔有水南之地，僅王庭設於水北而已。參見注 1 所引白鳥庫吉文。

[48] 注 46 所引桑原氏文以爲，《史記‧大宛列傳》"大月氏在大宛西"一句，可證大月氏當時都於 Samarkand。今案：其說非是。所謂"大宛西"，不

過是相對於大夏都城"藍市"而言,其實也是西南,理解不可執著。

[49] 注 7 所引桑原氏文以爲:"監氏"果卽"藍市",則《漢書·西域傳》稱"大月氏國治監氏城"一句當非事實,蓋與同傳"都嬀水北王庭"一句相悖。可見這是班固囿於傳文體例而添加的;大月氏旣無都城,便祇能以其屬國的都城爲都城了。又說,如果"大月氏治監氏城"句不誤,則監氏必非藍市。今案:其說非是。

[50] 桑原氏說,見注 7 所引文。

[51] 見本書第四篇。

[52] 注 46 所引桑原氏文以爲,直至公元前 150 年左右希臘巴克特里亞王國滅亡前夕,索格底亞那仍在該王國版圖之內。因此,可以認爲,大月氏西遷以前,索格底亞那屬大夏,故《史記·大宛列傳》所謂大月氏"過宛,西擊大夏而臣之",表明大月氏首先征服的是當時屬於大夏的索格底亞那。至於《漢書·西域傳》的"大月氏國",應包括《史記·大宛列傳》的大月氏國和大夏國。今案:希臘巴克特里亞王國亡於大夏,被大月氏征服的是大夏而非希臘巴克特里亞王國。大夏滅亡希臘巴克特里亞王國的情況不知其詳,但可以肯定大月氏征服的大夏不包括索格底亞那在內,卽使希臘巴克特里亞王國滅亡前夕尚領有索格底亞那。因爲《大唐西域記》所載覩貨邏故地卽大夏故地並不包括索格底亞那。雖然資料似乎表明,Asii、Tochari 等四部從錫爾河北岸南下時,也佔有了索格底亞那,但很可能是由於索格底亞那的 Tochari 人從未佔有統治地位,所以索格底亞那向無"大夏地"之稱,後來所謂"吐火羅斯坦"限於鐵門以南正說明了這一點。質言之,《史記·大宛列傳》所謂"西擊大夏"不能認爲是大月氏西擊索格底亞那。

[53] 白鳥庫吉"大宛國考",載注 1 所引書,pp. 229-294。

[54] 參見注 37 所引孫毓棠文。

[55] 見本書第八篇。

[56] 此採松田氏說,見"イラン南道論",《東西文化交流史》,東京:雄山閣,1975 年,pp. 217-251。

[57] 此採榎一雄說,見"難兜國に就いての考",《加藤博士還曆記念東洋史集說》,東京:富山房,1941 年,pp. 179-199。又,注 56 所引松田氏文指難兜爲 Kara Penja;似誤。《漢書·西域傳》明載烏秅"西與難兜接",而正如松田氏所知,烏秅應即 Hunza。

[58] 參見本書第二篇。又,《通典·邊防八》:"《元中記》:瑪瑙出大月氏,又有牛名日及,今日取其肉,明日瘡愈。"注 1 所引白鳥氏文以爲,Wakhan 語稱牝牛爲 čat-ghü,"日及"或其對音;但不能據以指大月氏爲伊朗語族,而應視爲大月氏所屬伊朗族之語彙。今案:《元中記》所謂"大月氏",究竟是指征服大夏的大月氏,還是貴霜,無從區分;若指後者,按照白鳥氏的邏輯,大月氏是伊朗語族的可能性依然存在。

[59] 西方史籍不見與中國史籍中大月氏相對應的部族,中國史籍又稱貴霜爲"大月氏",這都是月氏和貴霜同源異流的絕好證明。蓋大月氏征服大夏,復爲原屬大夏的 Gasiani(Kushan)征服,兩者同種,語言相同,實難區分,故西史混淆於前,中史模糊於後也。

[60] 參見本書第二篇。

[61] 江上波夫"月氏の民族名について",《和田博士還曆記念東洋史論叢》,東京:講談社,1951 年,pp. 123-131。江上氏還認爲:"禺氏"即月氏,其邊山即今昆侖山,月氏自于闐等地輸入玉石,轉售於中原,故有"禺

氏之玉"這一稱呼。Ptolemy 稱今昆侖山爲 Casius 山，Casius 山應以月氏得名。今案：其說亦未安。一則，先秦時，于闐玉果然輸入中原，經禺氏轉手是完全可能的。但是，西域産玉未必于闐一地，故"禺氏之玉"未必于闐玉。二則，認爲先秦時月氏的勢力已達到今昆侖山，證據似嫌不足。但以爲 Ptolemy 所載 Casius 山得名於月氏，卻不失爲一說，蓋月氏西遷時，有餘種留居西域之南山。祇是 Casius 山得名於自塞地南下帕米爾、復東向進入塔里木盆地的 Gasiani 人的可能性也不能排除。

[62] 馬雍 "新疆佉盧文書中的 kośava 卽氍毹考──兼論'渠搜'古地名",《西域史地文物叢考》，文物出版社，1990 年，pp. 112-115。

[63] 參看 H. W. Bailey, *Indo-Scythian Studies, being Khotanese Texts*, vol. 7. Combridge, 1985, pp. 129-137; E. G. Pulleyblank, "Chinese and Indo-Europeans." *Journal of the Royal Asiatic Society* 1966, pp. 9-39; 以及榎一雄 "小月氏と尉遲氏"，末松保和博士古稀記念會編《古代東アジア史論集下卷》，東京：吉川弘文館，1978 年，pp. 389-418。

四 大宛

一

　　大宛的位置，歷來雖有若干異說，但多數學者認爲應在今費爾幹納（Ferghāna）。[1] 今案：此說可信。蓋據《史記·大宛列傳》和《漢書·西域傳》，大宛位於烏孫西南、康居東南、大夏（大月氏）東北、捐毒與休循西北，而烏孫在伊犁河、楚河流域，[2] 康居在錫爾河、塔拉斯河流域，[3] 大夏（大月氏）在吐火羅斯坦，[4] 捐毒和休循分別在 Kizil Su 河源頭和 Alai 高原，[5] 可斷大宛的統治中心確爲費爾幹納盆地。不僅如此，大宛疆域的四至也可大致判定。

　　1.《漢書·西域傳下》載："烏孫國……西與大宛〔相接〕。"又，同書"陳湯傳"載，匈奴郅支單于西奔康居，"數借兵擊烏孫，深入至赤谷城，殺略民人，敺畜産，烏孫不敢追，西邊空虛，不居者且千里"，知烏孫王治赤谷城（在納倫河上游）至其西境約有千里。由此可見，烏孫與大宛應以 Kagart 山脈和 Yasii

山脈爲天然界限。

2.《漢書·西域傳上》載："大宛國……北與康居［接］。"康居的本土在錫爾河北，其東境應在塔拉斯河以東，故兩國似以 Chatkal-tau 和 Urtak-tau 爲天然界限。

3.《漢書·西域傳上》載："大宛國……南與大月氏接。"時大月氏已佔領大夏地，其東部領土包括 Badakhshan 和 Wakhān 等地，故兩國似應以 Alai 高原西部的 Karategin 爲接觸點。[6]

4.《漢書·西域傳上》載："休循國……［東］至捐毒衍敦谷二百六十里，西北至大宛國九百二十里。"又載："捐毒國……西北至大宛千三十里。"知自捐毒赴大宛乃穿越 Terek 山隘，而非經由休循、穿越 Talduk 山隘，故大宛似分別以 Terek 山隘和 Talduk 山隘與捐毒和休循爲界。[7]

5. 大宛的西界，《史記》、《漢書》無據可徵。然據《通典·邊防九》："石國……都柘折城（Chaj, Tashkend），方十餘里，本漢大宛北鄙之地。"以及《史記·大宛列傳》"正義"引《括地志》所載"率都沙邢國亦名蘇對沙邢國（Sutrūshana, Ura-tübe），本漢大宛國"；則似乎可以認爲自 Tashkend 至 Ura-tübe 一帶曾在大宛勢力範圍之内。[8]

二

"大宛"一名的語源，歷來衆說紛紜，但多不得要領，蓋論者僅憑對音立說，雖亦有試圖從歷史背景給予說明者，然證據均嫌不足。[9]還應該指出的是，論者在對音時往往祇考慮"宛"字，而無視"大"字。這顯然是因爲《漢書·西域傳》另有"小宛"一名，以爲"大宛"乃相對於"小宛"而言，猶如"大月氏"乃相對於"小月氏"而言，"大"皆係大小之"大"，[10]其實這也是錯誤的。蓋據《漢書·西域傳上》：

小宛國，王治扜零城，去長安七千二百一十里。戶百五十，口千五十，勝兵二百人。輔國侯、左右都尉各一人。西北至都護治所二千五百五十八里，東與婼羌接，辟南不當道。

所謂"小宛國"人口不過千餘人，位於婼羌之西，又"辟南不當道"，故張騫首次西使雖取南道歸國，未聞其名；此國爲漢人所知，當在漢與西域交往日益頻繁之後。而據《史記·大宛列傳》，"大宛之跡，見自張騫"，知"大宛"一名之傳入，始於張騫西使；也就是說，頗難認爲張騫起名之時，已有意與"小宛"相對。要之，"大宛"應該和"大夏"一樣，兩字均係音譯。

有鑒於此，"大宛"[dat-iuan]最可能是 Taχuār（Tochari）的音譯。[11]蓋 Tochari 與 Asii、Gasiani、Sacarauli 等組成的部落聯盟很早就居住在東起伊犁河、西抵錫爾河的廣大地區。公元前177/前176年，由於受西遷大月氏人的衝擊，他們放棄了伊犁河、楚河流域，一部份自該處南下帕米爾。約公元前140年左右，又有一部份渡錫爾河南下，進入索格底亞那和巴克特里亞，主要位於錫爾河南岸的費爾幹納盆地，在 Asii、Tochari 等部這兩次大規模的遷徙中被這些遺民佔領是勢在必然。從此，正如巴克特里亞被稱爲"大夏"一樣，費爾幹納便被稱爲"大宛"。兩者均是 Tochari 的異譯。大宛國王治"貴山"城，和大夏翖侯"貴霜"一樣，均得名於四部之一的 Gasiani。大宛國東邊屬邑"郁成"則很可能得名於 Asii。[12]

至於"小宛"之得名，則很可能是因爲後來發現該處居民與大宛有某種淵源（小宛國居民可能是從帕米爾東進塔里木盆地的 Tochari 人），既有"大宛"命名於前，稱之爲"小宛"也就是十分自然的了。

三

大宛王治貴山城的地望，主要有五說：一、Kokand 說；[13] 二、Ura-tübe 說；[14] 三、Akhsīkath 說；[15] 四、Kāsān 說；[16] 五、Khojend 說。[17] 迄今前三說已無人信從，[18] 後兩說尚未分高低。今案：Khojend 較 Kāsān 說爲勝。

1.《史記·大宛列傳》載："烏孫在大宛東北可二千里。"這距離與烏孫王治赤谷城至 Khojend 的距離大致相符。[19]

2.《史記·大宛列傳》載："大夏在大宛西南二千餘里嬀水南。"這距離與大夏國都藍市城（Bactra）至 Khojend 的距離大致相符。[20]

3.《漢書·西域傳》載："休循國……西北至大宛國九百二十

里。"又載:"捐毒國……西北至大宛千三十里。"這兩個距離分別與 Alai 高原和 Kizil Su 河上游至 Khojend 的距離大致相符。[21]

4.《史記·大宛列傳》載,張騫"居匈奴中,益寬,騫因與其屬亡鄉月氏,西走數十日至大宛。大宛聞漢之饒財,欲通不得,見騫,喜,問曰:若欲何至?騫曰:爲漢使月氏,而爲匈奴所閉道。今亡,唯王使人導送我。誠得至,反漢,漢之賂遺王財物不可勝言。大宛以爲然,遣騫,爲發導繹,抵康居,康居傳致大月氏"。《漢書·張騫傳》所載略同。由此可知張騫當日所至,應是大宛王治卽貴山城。而張騫被拘留十餘歲,終於得脫,覓途往赴當時已遷往媯水流域之大月氏國,並無必要專程訪問大宛國王治,故抵達貴山定係順道,Khojend 正是必由之途。

以下是幾點補充說明:

1.《史記·大宛列傳》載:"康居在大宛西北可二千里。"而《漢書·西域傳上》載:"大宛國……北至康居卑闐城千五百一十里。"由此可知康居王治在貴山城西北一千五百里至二千里。主貴山卽 Kāsān 說者以爲,Kāsān 西北一千五百里至二千里應爲 Chemkent 至 Turkestan 一帶,康居王治置於該處極爲適宜;若貴山爲 Khojend,則應求王治於 Kizil Kum 沙漠之中。[22]

今案:其說未安。所謂"西北",未必正西北。Chemkent 至 Turkestan 一帶也可以說在 Khojend 西北一千五百里至二千里;故《史記》、《漢書》關於康居王治去大宛王治里距的記載無妨貴山城卽 Khojend 說成立。

2.《史記·大宛列傳》載:貳師將軍李廣利伐宛,"凡五十餘校尉。宛王城中無井，皆汲城外流水，於是乃遣水工徙其城下水空以空其城。……〔貳師〕乃先至宛，決其水源，移之，則宛固已憂困"。[23]《漢書·李廣利傳》所載略同。主貴山卽 Kāsān 說者以爲，Khojend 位於錫爾河畔，既面臨如許大河，固無法"決其水源"以憂困之；而 Kāsān 僅一同名小河流經其旁，所謂"徙其城下水"始能行之有效。[24]

今案：此說未安。"皆汲城外流水"者，未必居民直接至城外汲水，極可能是從引入城外流水的溝渠中汲水，所決移之水源，應是溝渠之水源。類似的形勢在中亞當不止一處，[25] 阿里安《亞歷山大遠征記》[26] 所載亞歷山大圍攻 Cyropolis 城的情況可資參照：

> 亞歷山大忽然親眼發現引河水入城的渠道。因爲當時正值冬天枯水季節。渠裏的水很淺。入城處，水面並未挨著上面的城牆，而是有相當寬的空隙，足以容得下士兵從渠道鑽入城內。於是他就帶著近衛隊、持盾牌的衛兵、弓箭手和阿格瑞安部隊，趁守敵正忙於對付攻城部隊和擂石器之際，親自帶頭從渠道鑽進城裏去。起初祇帶了幾個人進去。進去之後，立卽從裏面把城牆那一面的幾個門都打開，很容易地把其餘部隊接應進去。（IV, 3）

兩者不同之處在於，亞歷山大是乘冬季水淺之便，利用引水入城的渠道攻城，李廣利是決移這類渠道的水源，造成城中缺水，以利圍困。要之，不能因爲 Khojend 面臨錫爾河而認爲李廣利不能斷其水源，而斷貴山城非 Khojend。

3. 主貴山卽 Kāsān 說者還有一條理由：當時索格底亞那應屬康居，而自康居本土至索格底亞那勢必經過 Khojend。這種形勢說明自 Tashkend 至 Zamin 一帶，包括 Khojend 在內應該是康居所領；卽使 Khojend 一地爲大宛所有，由於曝露於康居侵寇之前，大宛置都城於該處也不堪設想。[27]

今案：此說亦不妥。一則，自 Tashkend（至少其南部）至 Ura-tübe 一帶應是大宛的領土。二則，索格底亞那不過役屬康居，不等於化爲康居領土，役屬的主要內容是貢獻方物。因此，兩者土地不相鄰接無妨於保持這種關係。三則，據《史記·大宛列傳》和《漢書·張騫傳》記載，康居"兵強"，而大宛"兵弱"，大宛很可能在某種程度上也是康居的屬國。李廣利兵困貴山城，康居遣軍救援；郁成王逃亡也往奔康居等情況也表明兩國關係至爲密切，故康居假途大宛或經由其西部邊境前去索格底亞那當無障礙。

4.《隋書·西域傳》："鏺汗國，都葱嶺之西五百餘里，古渠搜國也。王姓昭武，字阿利柒。都城方四里。……東去疏勒千里，西去蘇對沙那國五百里，西北去石國五百里……" 鏺汗即 Ferghāna，主貴山卽 Kāsān 說者以爲，按之該國都城去蘇對沙那和石國之里距，知此城應爲 Kāsān；稱鏺汗爲"古渠搜國"，顯然是應爲"渠搜"與 Kāsān 音近。[28]

今案：此說果然，不過證明隋代鏺汗國都於 Kāsān，未必漢代大宛國亦都於該處。何況"渠搜"與 Khojend 讀音也相去不遠。很可能"古渠搜國"乃指以 Khojend 爲都城的大宛國。鏺汗與大宛都在 Ferghāna，不過都城不同。

5.《漢書・西域傳》載："大宛國……西南至大月氏六百九十里。"又載休循去大宛和大月氏分別爲九百二十里和千六百一十里，後者恰爲前二者之和。主貴山卽 Khojend 說者或據此以爲，自休循赴大月氏乃經由大宛都城，時大月氏都城在 Samarkand，去 Khojend 約七百里，Khojend 又正處在自 Alai 高原赴 Samarkand 的必由之途上，可證貴山卽 Khojend。[29]

今案：其說非是。主要問題在於《漢書・西域傳》所載大月氏國的都城並非 Samarkand，而是 Bactra，自 Alai 高原赴 Bactra 未必經由 Khojend，例如沿 Surkh-āb 河西南行、經 Karategin 亦可抵達。[30] 故很可能上述千六百一十里乃指休循直接去大月氏的距離，《漢書》編者卻誤以爲是從休循經貴山城去 Bactra 的距離，遂據以推算出自貴山至大月氏都城的距離爲六百九十里。[31] 要之，《漢書・西域傳》關於大宛去大月氏的里距有誤，不能作爲貴山卽 Khojend 的證據。

6. 主貴山卽 Khojend 說者以爲，"貴山"雖可視作 Kāsān 的對音，但不如 Khojend（Khujond）貼切。[32]

今案：Khojend、Kāsān 可能均得名於 Gasiani，似無必要憑漢譯名"貴山"去判斷大宛都城是 Khojend 還是 Kāsān 的對譯。

7. Khojend 一說卽阿喀美尼朝波斯居魯士二世（Cyrus II，前 558—前 529 年）所建 Cyropolis 城，一說卽馬其頓亞歷山大（前 336—前 323 年）所建 Alexandria Eschata 城。主貴山卽 Khojend 說者以爲，不管怎樣，該城在公元前二世紀以前已經存在似無可疑。

而當時 Kāsān 是否已經建成則無法肯定。[33]

今案：原居伊犁河、楚河流域的塞人部落（Gasiani 即其中之一）最早可能在阿喀美尼朝波斯大流士一世（前521—前486年）卽位之前，已經伸張其勢力於錫爾河北岸；[34] 因此，不能排除這樣一種可能性，Kāsān 由於 Gasiani 得名早於 Khojend。

四

貳師城的地望，歷來主要有四說：一、Ura-tübe 說；[35] 二、Margilan 說；[36] 三、Kāsān 說；[37] 四、Jizak 說。[38] 今案：第一說近是。

1.《史記・大宛列傳》："貳師馬，宛寶馬也。"《漢書・李廣利傳》同。"貳師馬"（Nesaean horse），古良馬名，首見於希羅多德《歷史》[39]，據載，原產 Media "一個稱爲 Nesaean 的大平原"。（VII, 40）按之西史，在阿姆河南北，自 Media 西南，經呼羅珊至費爾幹納，均有以 Nisā、Nisaya 命名的地方，且多爲良馬產地。[40] 由此可見，"貳師城"亦得名於 Nesaean 馬之一地。

2.《史記・大宛列傳》載："拜李廣利爲貳師將軍，發屬國六千騎，及郡國惡少年數萬人，以往伐宛。期至貳師城取善馬，故號'貳師將軍'"。《漢書・李廣利傳》同。可知李廣利西征的目的地是貳師城，但傳文以下僅載李廣利郁成及宛都之戰，並無隻字提到貳師。[41] 這可能是因爲貳師城在宛都之西，不破宛都則不能至貳師城。蓋李廣利西征目的雖然不全在於貳師城善馬，而如果貳師城在宛都之東，"貳師將軍"全然置之不顧，於理未安。另一方面，宛都既破，貳師馬已獲，顯然再往貳師城也就沒有必要了。[42]

3.《史記·大宛列傳》又載："貳師將軍軍既西過鹽水，當道小國恐，各堅城守，不肯給食。攻之不能下。下者得食，不下者數日則去。比至郁成，士至者不過數千，皆飢罷。攻郁成，郁成大破之，所殺傷甚眾。貳師將軍與哆、始成等計：至郁成尚不能舉，況至其王都乎？引兵而還。"《漢書·李廣利傳》略同。結合上引"期至貳師城取善馬"云云來看，似乎李廣利"期至"的貳師城便是宛都。同傳所載宛都破後，"宛乃出其善馬，令漢自擇之，乃多出食食給漢軍。漢軍取其善馬數十匹，中馬以下牡牝三千餘匹"云云，仿佛也證明了這一點。因此，或指貳師即貴山城，[43] 或以爲宛初都貳師，後遷至貴山。[44]

今案：兩說均欠妥。一則，《漢書·西域傳》明載"大宛國，王治貴山城"，又未嘗提及遷都，故李廣利所破宛都應爲貴山城無疑。二則，《史記·大宛列傳》載："而漢使者往既多，其少從率多進熟於天子，言曰：宛有善馬在貳師城，匿不肯予漢使。天子既好宛馬，聞之甘心，使壯士車令等持千金及金馬以請宛王貳師城善馬。"《漢書·張騫傳》略同。當時宛都果即貳師城，前面既已點明"宛有善馬在貳師城"，後面祇須說"以請宛王善馬"，語意已臻完足，不然便有累贅之嫌。三則，"至郁成尚不能舉，況至其王都乎"句，可以這樣理解：李廣利的目標依次爲王都（貴山城）和貳師城，郁成不舉，王都且不能舉，更何論貳師城。

4.《新唐書·西域傳》載:"東曹,或曰率都沙那、蘇對沙那、劫布呾那、蘇都識匿,凡四名。居波悉山之陰,漢貳師城地也。"由此可知唐人以爲貳師城應在 Ura-tübe 一帶。Ura-tübe 位於宛都貴山城（Khojend）西,故漢兵未能到達,當時該地可能因牧養 Nesaean 馬而得名"貳師"。唐人之言,或有所據。

五

郁成的地望,歷來主要有三說:一、Ush 說;[45] 二、Uzgent 說;[46] 三、Akhsīkath 說。[47] 今案:第三說非是,前兩說優劣難判。

1. "郁成"一名,既可能是 Ush,又可能是 Uz[gent] 的音譯。

2.《史記·大宛列傳》載,武帝遣使請宛王貳師城善馬,宛王不肯予,"漢使怒,妄言,椎金馬而去。宛貴人怒曰:漢使至輕我! 遣漢使去,令其東邊郁成遮攻殺漢使,取其財物"。《漢書·李廣利傳》同。知郁成位於大宛國即費爾幹納盆地的東邊。Ush 和 Uzgent 均符合條件。

3. 史記·大宛列傳》載,李廣利初征,因攻郁成不克,反爲所敗,未能至宛都。同傳又載,李廣利再次西征時,欲"行攻郁成",因"恐留行而令宛益生詐,乃先至宛",然其校尉王申生等又"別到郁成"。結合前引請馬漢使於歸途被郁成遮殺的記載,可知郁成雖非赴宛都（Khojend）所必由,但經郁成前往應是當時正道。祇是無從知道此道究竟通過 Ush,還是通過 Uzgent。

4.《史記·大宛列傳》載:"初,貳師起敦煌西,以爲人多,道上國不能食,乃分爲數軍,從南北道。校尉王申生、故鴻臚壺充國等千餘人,別到郁成。郁成城守,不肯給食其軍。王申生去大軍二百里,倨而輕之,責郁成。郁成食不肯出,窺知申生軍日少,晨用三千人攻,戮殺申生等,軍破,數人脱亡,走貳師。貳師令搜粟都尉上官桀往攻破郁成。郁成王亡走康居,桀追至康居。康居聞漢已破宛,乃出郁成王予桀,桀令四騎士縛守詣大將軍。"《漢書·李廣利傳》同。據此,論者或以爲申生等後至,其軍"別到郁成"時,李廣利圍攻宛都的戰鬪已經開始,所謂"王申生去大軍二百里",亦即郁成至宛都的距離,並進而判定兩者的位置。[48]

今案:其說未安。李廣利再次征宛,分爲數軍,申生等很可能是其中一軍,因不是同時出發,而與廣利大軍相去二百里。質言之,申生等抵郁成時,廣利尚在赴宛都途中。不能認爲郁成去宛都僅二百里。

六

李廣利初征大宛,據《漢書·武帝紀》,在太初元年(前104年)秋。敗歸,《資治通鑒·漢紀一三》繫於太初二年,列在"秋蝗"後,"冬十二月,兒寬卒"之前。故當在是年秋。又據《漢書·李廣利傳》,"……乃案言伐宛尤不便者鄧光等,赦囚徒扞寇盜,發惡少年及邊騎,歲餘而出敦煌六萬人,負私從者不與",知李廣利自二年秋,經"歲餘"而再出敦煌,時當爲三年秋。破宛得馬,《資治通鑑·漢紀一三》繫於太初三年;又據《漢書·武帝紀》,"[太初]四年春,貳師將軍廣利斬宛王首,獲汗血馬來,作西極天馬之歌"。漢天子作歌當在李廣利班師之後,故城下之盟當在三年冬。[49] 冬季水淺,貳師令水工徙其城下水,可謂得天時。

李廣利第二次西征所從"南北道",歷來有二說。一說即《漢書·西域傳上》序所載西域南北道:[50]

> 自玉門、陽關出西域有兩道。從鄯善傍南山北,波河西行至莎車,爲南道;南道西踰葱嶺則出大月氏、安息。自車師前王廷隨北山,波河西行至疏勒,爲北道;北道西踰葱嶺則出大宛、康居、奄蔡焉。

一說李廣利取道應與後來陳湯伐郅支相同。[51] 蓋據《漢書·陳湯傳》:

> 其三校從南道踰葱領徑大宛,其三校都護自將,發溫宿國,從北道入赤谷,過烏孫,涉康居界,至闐池西。

李廣利所從南道與陳湯等所從南道同,應即《漢書·西域傳》的北道;李廣利所從南道,略同陳湯等所從北道,乃度拔達嶺,沿納倫河行赴宛都。《漢書·張騫傳》有載:

> 宛國饒漢物,相與謀曰:漢去我遠,而鹽水中數有敗,

> 出其北有胡寇，出其南乏水草。又且往往而絕邑，乏食者多。

李廣利分軍旨在求食，故不可能取西域南道。而同書"李廣利傳"所載武帝詔：

> 貳師將軍廣利征討厥罪，伐勝大宛。賴天之靈，從泝河山，涉流沙，通西海，山雪不積，士大夫徑度，獲王首虜，珍怪之物畢陳於闕。

其中"西海"應即鹹池，亦可爲證。今案：後說未安。

1.西域南道乏食與水草爲實情，但未必大軍不能通行。據《漢書·西域傳下》，李廣利班師，正是走的西域南道：

> 初，貳師將軍李廣利擊大宛，還過扜彌，扜彌遣太子賴丹爲質於龜茲。廣利責龜茲曰：外國皆臣屬於漢，龜茲何以得受扜彌質？即將賴丹入至京師。

所謂"廣利責龜茲"，當是遣使相責。何況果如宛貴人所謀，北有胡寇，南道難行，豈非伐宛之舉完全不能實現。

2.武帝詔所謂"西海"，亦見於同書"西域傳上"："[條支]國臨西海。"《史記·大宛列傳》同，應指地中海，乃當時漢人所知西域之極界。[52]"通西海"等於說"通西域"。若"西海"指鹹池，則"通西海"毫無意義。《漢書·禮樂志》載太初四年誅宛王獲宛馬時所作"天馬歌":"天馬徠,從西極,涉流沙,九夷服。"其中"西極"義同"西海";可以參證。

3.《漢書·李廣利傳》載:"初,貳師後行,天子使使告烏孫大發兵擊宛。烏孫發二千騎往,持兩端,不肯前。"貳師所從"北道"果與陳湯同,則必經由烏孫王治,烏孫豈敢持兩端,逡巡不前。

要之,李廣利再征大宛,乃取《漢書·西域傳》所載"南北道"。同書"李廣利傳"載:"於是貳師後復行,兵多,所至小國莫不迎,出食給軍。至輪臺,輪臺不下,攻數日,屠之。"或者進軍時,李廣利親率大軍走北道。又,還軍時,李廣利乃親率大軍走南道,當亦分軍走北道。

七

漢伐大宛,起因於武帝"好宛馬",《史記·大宛列傳》載:

> 及漢使烏孫,若出其南,抵大宛、大月氏相屬,烏孫乃恐,使使獻馬,願得尚漢女翁主,爲昆弟。……得烏孫馬好,名曰"天馬"。及得大宛汗血馬,益壯,更名烏孫馬曰"西極",名大宛馬曰"天馬"云。……而天子好宛馬,使者相望於道。

導火線是求貳師馬不得，使者被殺。同傳又載，武帝聞使者進言，"宛有善馬在貳師城，匿不肯與漢使"，乃遣使持千金及金馬以請，宛貴人不肯予，且下令"遮攻殺漢使，取其財物，於是天子大怒"，拜李廣利爲貳師將軍，期至貳師城取善馬。蓋如《漢書·蘇武傳》所謂"南越殺漢使者，屠爲九郡；宛王殺漢使者，頭縣北闕；朝鮮殺漢使者，即時誅滅"。顯然，在武帝看來，恥莫甚於斯，是無法片刻容忍的。

然而，應該看到，伐宛事件爆發的根本原因在於當時大宛已成爲漢王朝西域經營的巨大障礙。據《史記·大宛列傳》，漢自元封元年（前 110 年）虜樓蘭王、擊破姑師以後，雖已列亭障至玉門關，但"宛以西，皆自以遠，尚驕恣晏然，未可詘以禮羈縻而使也"。這和武帝原來的企圖大相逕庭。同傳載，早在張騫首次西使歸國時：

> 天子既聞大宛及大夏、安息之屬皆大國，多奇物，土著，頗與中國同業，而兵弱，貴漢財物；其北有大月氏、康居之屬，兵彊，可以賂遺設利朝也。且誠得而以義屬之，則廣地萬里，重九譯，致殊俗，威德徧於四海。

而武帝用兵樓蘭、姑師，本來也有"舉兵威以困烏孫、大宛之屬"的打算，但結果未能奏效，大宛並不就範。更有甚者，據《漢書·李廣利傳》：

> 危須以西及大宛皆合約殺期門車令、中郎將朝及身毒國使,隔東西道。

可知車令被殺並不完全是他"妄言"的結果,大宛與危須以西諸國合約隔東西道可能是主要原因。因此,武帝伐宛是勢在必行。

總之,大宛不附,不僅如《史記‧大宛列傳》所言:"大夏之屬輕漢,而宛善馬絕不來,烏孫、侖頭易苦漢使矣,爲外國笑",東西道被隔,國威掃地;而且由於西域經營將不得不中止,匈奴右臂無從切斷。因此,同傳記載,李廣利初征敗歸,"天子聞之,大怒,而使使遮玉門,曰軍有敢入者輒斬之",且"案言伐宛尤不便者鄧光等",不惜"天下騷動",再次大舉伐宛,顯然是不達目的決不罷休。而當貳師班師歸來,"天子爲萬里而伐宛,不錄過,封廣利爲海西侯"。其餘論功行賞,規模空前。

論者或以爲大宛一役是由於武帝"好宛馬",並進而探索其動機,有改良馬政、乘天馬昇天諸說,爭論由來已久。[53]

今案:無論武帝出於什麼動機而"好宛馬","好宛馬"以及由此導致的漢使臣被殺事件不過是伐宛戰爭爆發的直接原因。設宛無貳師馬,祇要它嚴重妨礙武帝的西域經營,同樣可能遭伐。蓋西域經營,猶如征朝鮮、平兩越、通西南夷一樣,都是武帝爲實現其大一統的政治理想而必然採取的步驟。宛有善馬,不過適逢其會,使伐宛在表面上不同於征朝、平越而已。

伐宛的功過得失,歷來評價不一。《漢書‧陳湯傳》載劉向之言曰:

貳師將軍李廣利捐五萬之衆,靡億萬之費,經四年之勞,而僅獲駿馬三十匹,雖斬宛王毋鼓之首,猶不足以復費,其私罪惡甚多。孝武以爲萬里征伐,不錄其過,遂封拜兩侯、三卿、二千石百有餘人。今康居國彊於大宛,郅支之號重於宛王,殺使者罪甚於留馬。而延壽、湯不煩漢士,不費斗糧,比於貳師,功德百之。

藉李廣利陪襯陳湯,等於指責武帝伐宛得不償失、功不抵過。他的看法很有代表性。

伐宛戰爭耗費巨大,使"天下奉其役連年"(《漢書·五行志中之下》),以致"海內虛耗"(《漢書·西域傳下》),加劇了由於元狩、元鼎以來開邊、興利引起的政局動盪,自不容諱言。然而其積極的一面也應該看到。據《史記·大宛列傳》,"貳師將軍之東,諸所過小國聞宛破,皆使其子弟從軍入獻,見天子,因以爲質焉"。又載:"漢已伐宛,立昧蔡爲宛王而去。歲餘,宛貴人以爲昧蔡善諛,使我國遇屠,乃相與殺昧蔡,立毋寡昆弟曰蟬封爲宛王,而遣其子入質於漢。"可知伐宛的勝利,造成了西域"外國皆臣屬於漢"(《漢書·西域傳下》)的局面。《漢書·西域傳上》在總結武帝的西域經營時指出:

漢興至于孝武,事征四夷,廣威德,而張騫始開西域之迹。其後驃騎將軍擊破匈奴右地,降渾邪、休屠王,遂空其地,始築令居以西,初置酒泉郡,後稍發徙民充實之,分置武威、張掖、敦煌，列四郡，據兩關焉。自貳師將軍伐大宛之後，西域震懼，多遣使來貢獻，漢使西域者益得職。於是自敦煌西至鹽澤，往往起亭，而輪臺、渠犂皆有田卒數百人，置使者校尉領護，以給使外國者。

所謂"使者校尉"，無疑是後來西域都護的雛形。可以說，由於大宛臣服，漢在西域的威望大大提高，對匈奴作戰的勝利得到了有力的保證，西域和中原的聯繫正式建立，東西經濟、文化交流從此進入一個新的階段。

八

王莽時，西域怨叛，役屬匈奴。據《後漢書·西域傳》："匈奴斂稅重刻，諸國不堪命，建武中，皆遣使求內屬，願請都護。光武以天下初定，未遑外事，竟不許之。會匈奴衰弱，莎車王賢誅滅諸國"，西域一度處於莎車的控制之下，大宛亦曾役屬之。據同傳：

賢以大宛貢稅減少，自將諸國兵數萬人攻大宛，大宛王延留迎降，賢因將還國，徙拘彌王橋塞提爲大宛王。而康居數攻之，橋塞提在國歲餘，亡歸，賢復以爲拘彌王，而遣延留還大宛，使貢獻如常。

這種情況大概一直繼續到莎車王賢去世。同傳載，西域諸國在"賢死之後，遂更相攻伐"。其間大宛的情況不得而知。同傳又載：明帝"永平中，北虜乃脅諸國共寇河西郡縣，城門晝閉。十六年，明帝乃命將帥，北征匈奴，取伊吾盧地，置宜禾都尉以屯田，遂通西域。于寘諸國皆遣子入侍。西域自絕六十五載，乃復通焉。明年，始置都護、戊己校尉"。西域復通之後，大宛與東漢的交往，明確的記載衹有《後漢書·順帝紀》一條："[永建] 五年（130 年）……大宛、莎車王皆奉使貢獻。"史籍記事容有疏漏，但徵之《後漢書·西域傳》：

　　　　自建武至于延光，西域三絕三通。順帝永建二年，勇復擊降焉耆。於是龜茲、疏勒、于寘、莎車等十七國皆來服從，而烏孫、葱領已西遂絕。

則至少班勇以後，大宛正式遣使東漢，永建五年是唯一的一次，也不是不可能的。

　　應該指出的是，雖然東漢一代，大宛來朝見諸記載的僅有一次，但大宛的特產汗血馬，卻屢見傳入。例如：《後漢書·東平憲王蒼傳》：

　　　　[建初三年（78 年）]，[帝] 特賜蒼及琅邪王京書曰："……并遺宛馬一匹，血從前髆上小孔中出。常聞武帝歌天馬，霑赤汗，今親見其然也。"

又同書"李恂傳"：

  後復徵拜謁者，使持節領西域副校尉。西域殷富，多珍寶，諸國侍子及督使、賈胡數遺恂奴婢、宛馬、金銀、香罽之屬，一無所受。

又同書"段熲傳"：

  [建寧]三年（170年）春，徵還京師，將秦胡步騎五萬餘人，及汗血千里馬，生口萬餘人。

又同書"梁冀傳"述冀窮極奢侈，"遠致汗血名馬"。又同書"班固傳上"載固"兩都賦"亦提到"大宛之馬"。可知當時大宛地區和中國內地交往的渠道是暢通的。

九

《史記·大宛列傳》載："自大宛以西至安息，國雖頗異言，然大同俗，相知言。其人皆深眼，多鬚頿，善市賈，爭分銖。"《漢書·西域傳》同。可知大宛人的族屬與安息人相近，皆係West-Eurasianoid。又如前述，"大宛"應該是Tochari之對譯，大宛人可能是來自錫爾河北岸的塞人。因此，大宛人所說的語言應該和大夏人一樣，都屬於印歐語系，而且至少有一部份居民的原始語言是吐火羅語。[54]《史記·大宛列傳》載：

> [大]宛左右以蒲陶爲酒，富人藏酒至萬餘石，久者數十歲不敗。俗嗜酒，馬嗜苜蓿。

或以爲"蒲陶"、"苜蓿"相當於伊朗語的 budāwa 和 buksuk；[55] 果然，可以作爲大宛人和安息人"相知言"的證據。

有人以爲《史記·大宛列傳》載李廣利曾"虜宛貴人勇將煎靡"，其名可用突厥語解釋，尤其是末字"靡"，應即突厥語 bag、bi 之音譯，並由此推論當時大宛國上層統治者（君主和貴族）應爲突厥語族。[56]

今案：此說未安。一則，"靡"等也可以用印歐語詮釋；[57] 二則，不能排除突厥語的某些詞彙，尤其是官號，得自上古印歐語諸族的可能性。

十

帕米爾地區由塞人建立的國家，《漢書·西域傳》明確記載的有捐毒和休循。這兩國的地望與以上所考大宛國的不少問題關係密切，故附考於篇末。

《漢書·西域傳上》載："捐毒國，王治衍敦谷，去長安九千八百六十里。戶三百八十，口千一百，勝兵五百人。東至都護治所二千八百六十一里。至疏勒。南與葱領屬，無人民。西上葱領，則休循也。西北至大宛千三十里，北與烏孫接。衣服類烏孫，隨水草，依葱領，本塞種也。"捐毒的地望歷來有種種異說，[58]但自從有學者指出應在 Irkeshtam 以後，[59] 漸爲多數人接受，祇有個別人不以爲然，指捐毒爲身毒。[60] 今案：Irkeshtam 說是可取的。理由如下：

1.《水經注·河水二》："河水重源有三，非惟二也。一源西出身毒之國，葱嶺之上，西去休循二百餘里，皆故塞種也，南屬葱嶺，高千里。……河源潛發其嶺，分爲二水，一水西逕休循國南，在葱嶺西。"持前說者以爲此處"身毒"應爲"捐毒"之誤。河水三源乃指于闐河與葱嶺南北二河，發自捐毒者應是葱嶺北河卽 Kashghar 河，故捐毒應在該河源頭卽 Kizil Su 河流域。持後說者則認爲，酈道元首解捐毒卽身毒，甚是；河源指新頭河源卽 Hindu 河；葱嶺指興都庫什山，自此而南便入印度，"捐毒"乃 Hindu 之音譯，捐毒國位在 Taghadum bash 附近山谷。

今案：此處"身毒"一本逕作"捐毒"，[61] 故未必酈道元解"捐毒"爲"身毒"。《漢書·西域傳上》顏注："捐毒卽身毒、天篤也，本皆一名，語有輕重耳。"不過說"捐毒"與"身毒"等同一語源，不能據以釋地。又，酈道元注稱"河水重源有三"，其二源應卽葱嶺河與于闐河，第三源乃指自葱嶺（Pamir）西流之水。[62] 既稱"重源"，可知在酈道元心目中，三源同在一處，故捐毒所在河源，卽使如持後說者所指，係新頭河源，其位置也應與葱嶺河、于闐河同。

2.《漢書·西域傳上》載："自車師前王廷隨北山，波河西行至疏勒，爲北道；北道西踰葱嶺則出大宛、康居、奄蔡焉。"結合同傳所載捐毒"西北至大宛千三十里"，持前説者指出，捐毒應位於自疏勒赴大宛山道之要衝，即 Irkeshtam，經該處越 Terek 山隘可至費爾幹納。而持後説則斷傳文"至疏勒南與葱嶺屬"爲"至疏勒南，與葱嶺屬"；並以爲原文應作"北至疏勒"，乃因上文訛"南與烏秅接"爲"北與烏孫接"而妄改爲"南至疏勒"，復倒作"至疏勒南"。

今案：持後説者爲證成己説，任意更動原文，頗難令人首肯。其實，今傳文應以"至疏勒"三字爲句。"至"字前因承上"東至都護治所二千八百六十一里"而省"東"字，"疏勒"下奪捐毒至疏勒里數，如此而已。[63]

3. 傳文稱捐毒"北與烏孫接"。持後説則以爲應改爲"南與烏秅接"。蓋既指"捐毒"爲"身毒"，烏孫遠在天山，勢不能相接。同傳"衣服類烏孫"句，"烏孫"疑亦"烏秅"之誤。

今案：《漢書·西域傳下》稱"烏孫民有塞種、大月氏云"，捐毒本塞種，其人又遊牧爲生，故衣服相類。而《漢書·西域傳上》載烏秅人"山居，田石間"，顯然已非行國，衣服安能相類。又如前述，烏孫西境直至 Kagart 山和 Yassi 山，捐毒係行國，活動範圍當不限於 Irkeshtam 一地，其北境於烏孫接觸，亦完全可能。

4.《漢書·西域傳上》稱："昔匈奴破大月氏，大月氏西君大夏，而塞王南君罽賓。塞種分散，往往爲數國。自疏勒以西北，休循、捐毒之屬，皆故塞種也。"明言捐毒在疏勒西北。持後說者又改"西北"爲"西南"；亦誤。

5. 據顏注，"捐毒"與"身毒"音同，故"捐毒"很可能得名於 Hindu；所治"衍敦谷"，其名或與"捐毒"同出一源。[64] 或者捐毒一地的塞種，並非直接自塞地南下，而是先南度興都庫什山，復自身毒北上而至 Irkeshtam 的。

《漢書·西域傳上》載："休循國，王治鳥飛谷，在葱嶺西，去長安萬二百一十里。戶三百五十八，口千三十，勝兵四百八十人。東至都護治所三千一百二十一里，至捐毒衍敦谷二百六十里，西北至大宛國九百二十里，西至大月氏千六百一十里。民俗衣服類烏孫，因畜隨水草，本故塞種也。"休循的地望，歷來也有種種異說，[65] 但旣考定捐毒在 Irkeshtam，休循便應在 Alai 高原無疑。[66]

1. "捐毒條"稱，自捐毒"西上葱領，則休循也"。又，"休循條"稱，休循東"至捐毒衍敦谷二百六十里"。捐毒旣爲 Irkeshtam，則休循應在 Alai 高原東部，以 Taum Murun 山隘與捐毒相接。自休循越過 Talduk 山隘，西北向經 Gulcha 可至費爾幹納的 Ush，沿 Surkh-āb 河西行，經 Karategin 可抵 Bactra。與本傳關於西北至大宛、西至大月氏的記載亦無不合。

2. 或以爲捐毒應在 Irkeshtam，休循應在 Gulcha。[67] 其說主要立足於斷大月氏王庭在 Khuttal。

今案：此立足點無疑是錯誤的。何況 Gulcha 位於 Irkeshtam 西北，不在其西；且自 Irkeshtam 赴費爾幹納必須經過 Gulcha，而按之捐毒、休循彼此的距離，以及兩者去大宛的距離，可知自捐毒赴大宛未必經過休循。Gulcha 說不可從。[68]

3. 或以爲捐毒應在興都庫什山以南，故指休循爲 Hunza，且舉《漢書·西域傳上》難兜"北與休循［接］"一句爲證。[69]

今案：位於 Alai 高原的休循國，僅有"戶三百五十八，口千三十"，是一個小國，和位於興都庫什山南的難兜國，確實不可能境界相接，但不能僅僅據此將休循移置興都庫什山以南。上引《漢書·西域傳上》明載休循位於疏勒西北，稱難兜北接休循，很可能是因爲難兜之北，一度爲漢人所知者僅休循一地。[70] 要之，捐毒既爲 Irkeshtam，則休循必非 Hunza。

4. "休循條"載，休循"西北至大宛國九百二十里"。或以爲這並不是兩者的實際距離，而是《漢書·西域傳》編者從休循至大月氏的距離（1610 里）中減去大宛至大月氏的距離（690 里）而得到的結果。[71]

今案：其說非是。蓋自 Alai 高原（休循）至宛都貴山城（Khojend）的距離和 920 里正相符合，而"大宛條"和"休循條"載兩者東至都護治所的距離分別爲 4031 里和 3121 里，兩者之差爲 910 里，亦可見"休循條"所載休循至大宛的距離不誤。[72]

又，《漢書·西域傳上》載休循和大宛去長安的距離分別爲 10210 里和 12550 里，兩者之差爲 2340 里；說者又持此證明"休循條"所載休循去大宛距離有誤，並指休循爲南道之國。今案：此說亦不妥。蓋大宛、康居皆由北道往赴，而同傳"大宛條"載大宛"北至康居卑闐城千五百一十里"，而《漢書·西域傳上》載康居"去長安萬二千三百里"，反較大宛去長安距離短 250 里，知

"大宛條"載大宛去長安距離難以憑信。

5. "休循"[xiu-ziuən] 一名，可能是 Gasiani 之音譯。[73] Gasiani 是公元前 177/ 前 176 年自伊犁河、楚河流域南下帕米爾的塞人之一部。[74]

■ 注释

[1] 最初西方學者都以爲大宛位於費爾幹納，如 F. F. Richthofen, *China. Ergebnisse eigener Reisen und darauf gegründeter Studien*, vol. 1. Berlin, 1877, pp. 449-551, 等均主此說，唯考證有欠精審。如 F. Richthofen 以爲休循佔有費爾幹納東部，大宛則在西部。白鳥庫吉曾指出其致誤原因，說見白鳥庫吉"大宛國考"，《白鳥庫吉全集・西域史研究（上）》（第 6 卷），東京：岩波，1970 年，pp. 229-294。諸異說可參看岑仲勉《漢書西域傳地里校釋》，中華書局，1981 年，pp. 281-307。岑氏沒有提到的主要有以下兩說：一、筒井滿志 "大宛フエルガナ說に對する疑問"，《史淵》58（1953 年），pp. 120-121，指大宛爲 Badakshan；二、E. G. Pulleyblank, "Chinese and Indo-Europeans." *Journal of the Royal Asiatic Society* 1966, pp. 9-39, 認爲：張騫首次西使途經的大宛國和《漢書・西域傳》所載大宛國並非一地，後者指索格底亞那。今案：這一結論是說者將《史記》、《漢書》有關記載作了機械對比而得出的，似不足取。又，以此爲出發點，說者因指宛都貴山城爲貴霜匿，指貳師城爲 Nesef；均誤。

[2] 見本書第七篇。

[3] 見本書第五篇。

[4] 見本書第二、三篇。

[5] 見本篇第十節。

[6] 大宛與烏孫、康居、大月氏的界限，參見注 1 所引白鳥庫吉文。

[7] 參見注 1 所引白鳥庫吉文。

[8] 參見內田吟風"月氏のバクトリア遷移に關する地理的年代的考證（下）"，《東洋史研究》3～5（1938 年），pp. 29-51。注 1 所引白鳥氏文，以及"西域史上の新研究・康居考"（載注 1 所引書，pp. 58-96）以爲：當時索格底亞那應屬康居，而自康居本土即錫爾河北岸至索格底亞那必須自 Tashkend 南行，渡錫爾河抵 Khojend，復沿 Turkestan 山脈北麓西行，經 Nau、Ura-tübe、Zamin 至 Jizak，故自 Tashkend 至 Ura-tübe 一帶不可能是大宛領土。今案：其說未安，詳本篇第三節。又，《新唐書・西域傳下》在指出石國爲"漢大宛北鄙"的同時，又說其王治柘折城係"故康居小王窳匿城地"。知其地在漢代分屬大宛、康居；參見內田氏上引文。又，白鳥氏上引文以爲：唐代在寧遠置休循都督府，表明唐人以爲漢代休循在費爾幹納，因而置大宛國於 Tashkend 和 Ura-tübe。今案：其說亦未安。唐人於寧遠置休循都督府，並不等於唐人認爲漢代休循國在費爾幹納；而稱 Ura-tübe 爲"漢大宛國"，稱石國爲"漢大宛北鄙"，亦不等於唐人認爲漢代大宛國僅包括 Tashkend 南部和 Ura-tübe 之地。

[9] 白鳥庫吉對他之前諸說均有批判，見注 1 所引文。白鳥氏本人以爲費爾幹納居民是托勒密《地理志》所載 Tapurei 人（VI, 14），其名在波斯語中訛爲 Tawar，"大宛"即其對音。今案：Tapurei 應爲 Tagurei 之訛，其人居於伊塞克湖附近；參見 W. W. Tarn, *The Greek in Bactria and India*. London:

Cambridge, 1951, pp. 516-517。今案：Tagurei 是留在塞地的 Tochari 人（見本書第二篇），白鳥氏說未安。又，小川琢治"北支那の先秦蕃族"，《支那歷史地理研究續集》，東京：弘文堂，1939年，pp. 25-163，以爲大宛卽《山海經·海外西經》的"大運"，《穆天子傳》卷三的"弇山"。正如岑仲勉所說，古史荒遠，殊非數言而決。岑氏本人則以爲"大宛"爲 Andijan 之對譯。據云 Andijan 最爲富饒，商賈雲集，乃至費爾幹納商人被稱爲 Andijan，"宛"字發音又與 an 相近。（出處見注1）。今案：其說亦未安。

[10] 岑仲勉（出處見注1）等持此說。

[11] 見注1所引 E. G. Pulleyblank 文。

[12] 參見本書第二篇。

[13] 那珂通世《唐代西域圖》（未定稿），見桑原隲藏"大宛國の貴山城に就て"，《東西交通史論叢》，東京：弘文堂，1944年，pp. 118-142。

[14] 注1所引 F. Richithofen 書，p. 451。

[15] A. Wylie, "Notes on the Western Regions. Translated from the 'Tsëën Han shoo', Book 96, part 1-2", *The Journal of the Anthropological Institute of Great Britain and Ireland* 10 (1881), p. 45.

[16] T. de Lacouperie, *Western Origin of the Early Chinese Civilization*, London, 1894, pp. 220-225；藤田豐八"大宛の貴山城と月氏の王庭"，《東西交涉史の研究·西域篇》，東京：荻原星文館，1943年，pp. 1-43；以及注8所引內田吟風文等。

[17] A. V. Gutschmid, *Geschichte Irans und seiner Nachbarländer: von Alexander dem Grossen bis zum Untergang des Arsaiden*. Tübingen, 1888, p. 63；三宅米吉"古代歐亞大陸交通考"，《地理と歷史》1～2（1900年），pp. 1-4；

白鳥氏一度亦主此說（見"烏孫に就いての考"，載注 1 所引書，pp. 1-55），但後來轉而支援 Kāsān 說。對此說進行全面論證的是桑原氏，見注 13 所引文，以及"再び大宛國の貴山城に就て"（注 13 所引書 pp. 143-274）、"藤田君の貴山城及び監氏城を讀む"（注 13 所引書 pp. 275-342）。

[18] 對三說之批判，可參看注 13、17 所引桑原氏文。

[19] 注 13、17 所引桑原氏文指出：據《大唐西域記》卷一，自淩山經大清池、素葉水城至赭時，約 2100 餘里；其中淩山至大清池爲四百餘里，而赤谷城位於其中途，故自赤谷城至赭時約 1900 里；又據《新唐書·西域傳下》，赭時至俱戰提（Khojend）爲二百里（"二"或係"三"字之誤），故赤谷城抵俱戰提約 2100 里（或 2200 里）。漢唐一里的長度略同，約 400 米。注 16 所引藤田氏文指出：自赤谷城（納倫河上游）至貴山城（Kāsān）應越過拔達嶺，到 Kala 河卽今 Narynsk 處，由此沿納倫河西行，越費爾幹納 Kette 到 Andijan、Namangan，再北上 Kāsān。桑原氏則以爲，此道應關於陳湯征郅支之後，前此並非普通的孔道，且卽使沿藤田氏所說道路西行，自赤谷城至俱戰提實測約 770—780 公里，合漢里 1950 里，而之赤谷城至 Kāsān 僅 1540—1550 漢里。又注 8 所引內田氏文以爲赤谷城位於 Nari kol，故其西南二千里的貴山城應爲 Kāsān。今案：內田氏說未安，說見本書第七篇。

[20] 注 13、17 所引桑原氏文指出：自俱戰提經撒馬爾罕至 Balkh 實測距離爲 580 公里，相當於 2000 漢里弱。若結合阿拉伯地理著作和唐代記錄推算，也可得出大致相倣的結果。他還指出：《史記·大宛列傳》載，漢去大宛"可萬里"、去大夏"萬二千里"，可以參證。注 1 所引白鳥氏文以爲：《史記·大宛列傳》所載大夏至大宛距離不足爲據，同傳稱在媯水北的大月氏

去大宛"二三千里",可證。今案:其說未安。不能因爲所傳大宛至大月氏距離有誤,便否定大宛去大夏距離。

[21] 注13、17所引桑原氏文以爲捐毒和休循分別在 Irkeshtam 和 Dsipptik,並指出兩地去俱戰提的距離,按今天的實測換算,誤差不超過40漢里,若指貴山城爲 Kāsān,則誤差在300漢里左右。注16所引藤田氏文以爲休循在 Gulcha。桑原氏指出:Gulcha 去 Kāsān 的里程合漢里不過530里,故其說不可從。又,注8所引內田氏文亦主貴山卽 Kāsān 說,故指責桑原氏云:休循、捐毒去 Kāsān 多爲崎嶇山路,故實際里程應大於平面距離。今案:內田氏說果然,不過說明《漢書·西域傳》有關休循、捐毒去貴山里程的記載無妨貴山卽 Kāsān 說成立,未能據以否定貴山卽 Khojend 說。

[22] 見注8所引內田氏文。

[23] "徙其城下水空以空其城",《漢書·李廣利傳》作"以穴其城"。注1所引白鳥氏文以後者爲是,蓋水源旣已決移,引水入城之溝渠自成空穴。岑仲勉以爲當從《史記》,意爲"盡徙去其城外之水,使城中日漸空虛也"。(出處同注1)今案:兩說皆可通。

[24] 見注1所引白鳥氏文、注8所引內田氏文。又,注13、17所引桑原氏文指出,錫爾河水渾濁,不堪飲用,居民從其枝流汲水,故李廣利得斷其水源。注8所引內田氏文則以爲,卽使水濁,戰時未必不用。今案:兩說皆未安。

[25] 參見注1所引白鳥氏文。

[26] 阿里安《亞歷山大遠征記》,引自李活漢譯本,商務印書館,1985年。

[27] 見注1所引白鳥氏文。

[28] 見注17所引白鳥氏文;馬雍"新疆佉盧文書中的 kaśava 卽'氍毹'考——

兼論'渠搜'古地名",《西域史地文物叢考》,文物出版社,1990年,pp. 112-115;以及本書第三篇。

[29] 說見注 13、17 所引桑原氏文。桑原氏又指出,大月氏去都護治所 4740 里,大宛去都護治所 4031 里,兩者之差爲 709 里,以證大宛去大月氏 690 里的記載可信。對此,注 16 所引藤田氏文指出:大宛屬北道、大月氏屬南道,故兩者去烏壘里數之差,不能代表大月氏去大宛的距離。桑原氏反駁說,自烏壘至大月氏應取北道,而非南道。若取南道必經莎車,而據載,烏壘至莎車 4746 里,反較烏壘至月氏爲遠,知自烏壘去大月氏不取南道。今案:兩說均未安。自烏壘去大月氏雖如桑原氏所說取北道,但似乎並不經由大宛前往,而是由休循直接前往。大月氏去都護治所的里數(4740里)和休循去都護治所的里數(3121 里)之差(1619 里),與休循去大月氏的里數(1610 里)約略相等,或非偶然。

[30] 參見白鳥庫吉"プトレマイオスに見えたる葱嶺通過路に就いて",《白鳥庫吉全集·西域史研究(下)》(第 7 卷),東京:岩波,1971 年,pp. 1-41。

[31] "六百九十里",注 1 所引白鳥氏文和注 16 所引藤田氏文分別認爲係"一千六百九十里"和"二千六百九十里"之奪誤。今案:兩說均未安。

[32] 見注 13、17 所引桑原氏文。

[33] 見注 13、17 所引桑原氏文。

[34] 參見本書第一篇。

[35] 主此說者有 E. Chavannes, *Les mémoires historiques de Se-ma tśien*, vol. 1. Paris, 1895, pp.75-76, note 1; "Trois Généraux Chinois de la dynastie des Han Orientaux. Pan Tch'ao (32-102 p. C.); – son fils Pan Yong; – Leang K'in (112 p. C.). Chapitre LXXVII du *Heou Han chou.*" *T'oung Pao* 7 (1906): pp. 210-269,

esp. 253, note 2；注 9 所引 W. W. Tarn 書，p. 309，以及注 13 所引桑原氏文、注 8 所引内田氏文等。

[36] 注 1 所引白鳥氏文。據云，李廣利所攻宛都應爲貳師城，該城去郁成（Ush）二百里，其地即今 Margilan，當時或因飼養 Nesaen 馬而得名"貳師城"。桑原氏（注 17 所引文）、藤田氏（注 16 所引文）、岑仲勉（出處見注 1）等對此均有批判，可參看。

[37] 注 16 所引藤田氏文。據稱，李廣利所攻宛都應爲貳師城，故貳師城即貴山城。Kāsān 之北有地名 Gidghil，應即"貳師"之對譯。今案：其說非是。注 17 所引桑原氏文對此亦有批判。

[38] 岑仲勉說（出處同注 1）據稱，Jizak 即"貳師"之對譯。其地在 Turkestan 山脈北麓，水草不惡，又僻處西南，故漢師不到。今案：其說未安。蓋大宛西境抵達 Jizak 未能證明。

[39] 希羅多德《歷史》，引自王以鑄漢譯本，商務印書館，1985 年。

[40] 注 1 所引白鳥氏文。

[41] 參看岑仲勉書（出處同注 1）。

[42] 注 8 所引内田氏文以爲：漢軍入宛，宛屬邑（貳師城即其中之一）集中其人畜於王都以避兵鋒，故李廣利破王都而得善馬。又，李廣利進軍的目的並非貳師城，而是宛都，以正宛王斬漢使之罪。今案：此說未必然，蓋貳師城在宛都之西，似無必要驅人畜至宛都，宛都自有善馬，亦不足爲奇。又，李廣利官號"貳師將軍"，貳師城自然是進軍的目的地之一。唯宛都不破，不得至耳。

[43] 注 16 所引藤田氏文。

[44] 注 1 所引白鳥氏文。又，岑氏以爲宛都初在安集延，後遷至貴山即 Kāsān

（出處同注1）。今案岑氏說亦欠妥。

[45] 注1所引白鳥氏文。

[46] 岑仲勉說（出處同注1）。又，注8所引內田氏文以爲郁成應爲 Terek 或 Uzgent。

[47] 注16所引藤田氏文。據云，按之阿拉伯人的記載，Kāsān 東部最大的城市爲 Akhsīkath，而 Ush、Uzgent 等在漢代是否已經存在，不得而知。今案：Akhsīkath 在漢代是否已經存在，同樣不得而知。

[48] 注1所引白鳥氏文、注16所引藤田氏文以及岑氏書（出處同注1）均以爲李廣利所攻宛都去郁成二百里，故分別斷兩地爲 Margilan 和 Ush，Kāsān 和 Akhsīkath，Andijan 和 Uzgent。

[49] 參看馮沅君"讀《寶馬》"，1937年5月16日《上海大公報·文藝》336期。

[50] 注1所引白鳥氏文。

[51] 注16所引藤田氏文。

[52] 參看本書附卷一。

[53] 余嘉錫"漢武伐大宛爲改良馬政考"，《輔仁學誌》9~1（1940年），pp. 1-6；張維華"漢武帝伐大宛與方士思想"，《中國文化研究彙刊》3（1943年），pp. 1-12；邢義田"漢武帝伐大宛原因之再檢討"，《食貨（復刊）》2~9（1972年），pp. 471-475，及其"補白"，《史繹》10（1973年），pp. 32-37；A. Waley, "Heavenly Horses of Ferghana: A New View." *History Today* 5 (1955): pp. 95-103, 等等。

[54] 參見本書第二篇。

[55] 勞費爾《中國伊朗編》，林筠因漢譯，商務印書館，1964年，pp. 31-70。

[56] 注1所引白鳥氏文。

[57] E. G. Pulleyblank, "The Consonantal System of Old Chinese II." *Asia Major* 9, 1962, pp. 206-265, esp. 227, 以及注 1 所引文。

[58] 諸說的概要和批判見注 1 所引白鳥氏文和注 1 所引岑氏書 pp. 318-322。

[59] 注 1 所引白鳥氏文。

[60] 岑仲勉說（出處同注 58）。

[61] 如柳本《永樂大典》，見王國維《水經注校》，上海人民出版社，1984 年，p. 29。

[62] 參見森鹿三、日比野丈夫等譯注《水經注》，《中國古典文學大系》21，東京：平凡社，1985 年，p. 165。

[63] 參見 A. F. P. Hulsewé & M. A. N. Loewe, *China in Central Asia, the Early Stage: 125 B. C.-A. D. 23*. Leiden: 1979, p. 139, note 360。

[64] 白鳥庫吉"塞民族考"（載注 1 所引書，pp. 361-480）以爲"捐毒"乃突厥語 ändü 之音譯。今案：白鳥氏說非是。又，注 16 所引藤田氏文以爲"衍敦"卽 Irkeshtam 之音譯，自 Irkeshtam 至 Gulcha 有山隘名 Kidshabai，或卽"捐毒"之遺名。

[65] 諸說的概要和批判見注 1 所引白鳥氏文和注 1 所引岑氏書，pp. 310-317。

[66] 注 1 所引白鳥氏文。又，松田壽男"イラン南道論"，《東西文化交流史》，東京：雄山閣，1975 年，pp. 217-251，說同，後者以爲在 Sari-tash。

[67] 注 16 所引藤田氏文。

[68] 參見注 13、17 所引桑原氏文。

[69] 岑仲勉說（出處同注 65）。

[70] 參見榎一雄"難兜國に就いての考"，《加藤博士還曆記念東洋史集說》，東京：富山房，1941 年，pp. 179-199。

[71] 岑仲勉說（出處同注65）。

[72] 松田壽男指出，4,031里應爲4,021里之誤；說見《古代天山の歷史地理學的研究》，東京：早稻田大學出版部，1970年，p. 71。

[73] 注64所引白鳥氏文以爲"休循"乃突厥語 üšün 之音譯。今案：白鳥氏說非是。

[74] 參見本書第二篇。

五　康居

一

康居的位置，根據《史記》、《漢書》等的記載，可約略考知。[1]

1.《史記·大宛列傳》載：康居"與大宛鄰國"。《漢書·西域傳上》載，大宛"北與康居"接。大宛位於費爾幹納盆地，故兩國應以 Chatkal-tau 和 Urtak-tau 爲天然界限。[2]

2.《史記·大宛列傳》載："奄蔡在康居西北可二千里，行國……臨大澤，無崖，蓋乃北海云。"《漢書·西域傳上》所載略同。奄蔡當時遊牧於鹹海、裏海以北，所臨大澤很可能指鹹海，故奄蔡與康居的界限應在錫爾河下游。[3]

3.《漢書·西域傳下》載，烏孫國"西北與康居[相接]"。同書"陳湯傳"載，甘延壽、陳湯征匈奴郅支單于時，"引軍分行，別爲六校，其三校從南道踰葱領徑大宛，其三校都護自將，發溫宿國，從北道入赤谷，過烏孫，涉康居界，至闐池西"。"闐池"卽伊塞克湖，烏孫領土在此湖周圍，西境以 Kagart 山和 Yasii 山與大宛爲界,故其西北似應以 Alexandrovski 山脈和楚河與康居爲界。[4]

4.《漢書·匈奴傳下》載,郅支殺漢使者,又畏呼韓邪之强,欲遠遁,"會康居王數爲烏孫所困,與諸翕侯計,以爲匈奴大國,烏孫素服屬之,今郅支單于困阸在外,可迎置東邊,使合兵取烏孫以立之,長無匈奴憂矣"。同書"陳湯傳"載,郅支西奔康居後,"不爲康居王禮,怒殺康居王女及貴人、人民數百,或支解投都賴水中"。"都賴水"即塔拉斯(Talas)河,此河流域應即康居王迎置郅支之地。同傳又載陳湯之言曰:"今郅支單于威名遠聞,侵陵烏孫、大宛,常爲康居畫計,欲降服之,如得此二國,北擊伊列,西取安息,南排月氏、山離烏弋,數年之間,城郭諸國危矣。""伊列"得名於 Ili,其國應在 Ili 河下游(其上游和中游當屬烏孫)。從郅支欲令康居降服烏孫,然後北擊伊列,以及前引同傳"過烏孫,涉康居界,至闐池西"的記述,可知康居的"東邊"尚在塔拉斯河以東,應延伸至楚河。[5]

5.《魏書·西域傳》載:"者舌國,故康居國,在破洛那西北。"《通典·邊防九》稱:"石國……都柘折城,方十餘里,本漢大宛北鄙之地。""者舌國"應即"石國","者舌"即"柘折"之異譯。由此可見至少 Tashkend 北部也曾一度屬於康居。[6]

二

《漢書·西域傳上》載:"康居國,王冬治樂越匿地。到卑闐城。去長安萬二千三百里。不屬都護。至越匿地馬行七日,至王夏所居蕃內九千一百四里。戶十二萬,口六十萬,勝兵十二萬人。東至都護治所五千五百五十里。與大月氏同俗。東羈事匈奴。"今案:"馬行七日"、"九千一百四里"和"五千五百五十里"應爲卑闐城去越匿地、蕃內和都護治所的距離。[7]

卑闐城,據《漢書·西域傳上》,"大宛國,王治貴山城……北至康居卑闐城千五百一十里"。"貴山城"卽 Khojend,[8] 知康居此城應在 Kara-tau 以南、錫爾河北岸 Turkestan 一帶。[9] "卑闐"一說係 Čagatai 語之 bičin、Osman 語之 bižan, 義爲"城";[10] 一說係突厥語 batar 之轉, 意指"沼澤之地"。[11] 今案: 兩說之基礎在於指康居爲突厥語族, 然指康居爲突厥語族並無充分依據, 故兩說均未安。"卑闐"的語源尚待今後研究。

樂越匿地或越匿地, 爲康居王冬所治, 故應在卑闐城之南馬行七日的距離, 或在 Tashkend 一帶(詳下)。其名稱一說 Ottok(鄂托克)之音譯;[12] 一說原語應爲 lux yañaq, 意爲"蘆葦叢生之邊緣"。[13] 今案: 兩說皆未安, 理由同上。[14]

蕃內, 這一名稱的意義尚無確解。[15] 傳文稱其地去卑闐城"九千一百四里", 數字有誤。蓋據《漢書·西域傳下》, 烏孫王治赤谷城"東至都護治所千七百二十一里, 西至康居蕃內地五千里"。則蕃內地去都護治所應爲六千七百二十一里。此里數減去卑闐城去都護治所五千五百五十里, 得卑闐城去蕃內一千一百七十一里, 故傳文"九千"或係"一千"之誤。[16] 又, 蕃內地爲康居王夏所居, 其地應在 Turkestan 西北一千餘里處。

三

據《史記》、《漢書》等有關記載，可以推知兩漢時索格底亞那爲康居屬土。[17]

1.《史記·大宛列傳》載，張騫使大月氏，經宛都，宛王"爲發導繹，抵康居，康居傳致大月氏"。《漢書·張騫傳》所載略同。今案：其時大月氏王庭在嬀水北岸，張騫自宛都（Khojend）往赴，勢必沿 Turkestan 山脈北麓西行，經撒馬爾罕南下，斷無必要繞道錫爾河北岸的康居本土。因此，所謂"抵康居"祇能認爲是抵達康居的屬土索格底亞那。當時大月氏雖置王庭於嬀水北岸，其領土則主要在嬀水之南卽 Tukhārestān。《史記·大宛列傳》稱大月氏"北則康居"，所謂"康居"，也可以理解爲康居的屬土索格底亞那。[18]

2.《史記·大宛列傳》載，安息國"臨嬀水"。《漢書·西域傳上》在載安息國"臨嬀水"的同時，還載其國"北與康居"接。今案：當時木鹿地區爲安息所佔，故安息所臨嬀水應爲阿姆河中段，而木鹿地區的對面卽 Bukhāra 等綠洲，因此所謂"北與康居"接，也祇能理解爲安息與康居的屬土索格底亞那相接。[19]

3.《漢書·西域傳上》載成帝時，康居遣子侍漢，並貢獻，都護郭舜因上言："其欲賈市。爲好，辭之詐也。"[20] 今案：康居係遊牧部族，雖未必不知賈市之利，但致於"遣子入侍"、詐辭"爲好"，則很可能受其屬下索格底亞那人的影響。這與嚈噠、突厥佔有索格底亞那後的情況頗爲類似，似乎也可以說明當時索格底亞那在康居控制之下。[21]

4.《後漢書・西域傳》載："粟弋國，屬康居。"又載："安息國居和檀城，去洛陽二萬五千里，北與康居接……其東界木鹿城，號爲小安息，去洛陽二萬里。"可知東漢時索格底亞那（粟弋）仍爲康居屬土。

以下是幾點補充說明。

1.或以爲《史記・大宛列傳》明載康居"國小"，似乎不應有如此廣大的勢力範圍。[22]

今案：《史記・大宛列傳》、《漢書・西域傳》和《後漢書・西域傳》載西域諸國事情於戶、口、勝兵數特詳，而於領土範圍多語焉不詳，知兩漢政權重視"民數"甚於田土。因此，所謂國之大小，其實不以地域廣狹而以人戶多寡爲標準。[23]《史記・大宛列傳》載："騫身所至者大宛、大月氏、大夏、康居，而傳聞其旁大國五六。"所謂"其旁大國"，當爲安息、奄蔡、條支、黎軒、身毒、烏孫，而康居本土戶口數僅略多於烏孫；故稱"國小"與其領土及勢力範圍之大小無涉。同傳又稱康居"兵彊"，索格底亞那受它役使是完全可能的。

2.如前所述，Tashkend 南部屬大宛，而據《史記・大宛列傳》"正義"引《括地志》所載："率都沙那國（Sutrūshna, Ura-tübe）……本漢大宛國"，可知自 Tashkend 直至 Ura-tübe 皆屬漢大宛國。或以爲當時自錫爾河北康居本土至索格底亞那必須經由 Tashkend、Ura-tübe 等地，這一帶果屬大宛，則索格底亞那似乎不可能受康居控制。[24]

今案：索格底亞那役屬康居，並不等於完全化爲康居領土。很可能是康居在該處置將監領，甚至不過是索格底亞那向康居表示臣服，歲時進貢而已。再者，正如《史記・大宛列傳》所謂，大宛"兵弱"，而康居"兵彊"；大宛很可能在某種程度上也受康居役屬，故康居往赴索格底亞那完全可以假道大宛。且看康居與匈奴之間隔著伊列、烏孫等國，並沒有使康居擺脫"東羈事匈奴"的命運。何況，Ura-tübe 至 Tashkend 一帶在漢代未必自始至終屬於大宛，其間康居、大宛雙方勢力消長，因資料缺乏，已不得其詳而知。換言之，Tashkend 等地既可能分屬康居、大宛，也可能先後單屬其中一國。總之，理解不能執著。

3.《史記・大宛列傳》載："康居在大宛西北可二千里。"或以爲張騫自大宛赴大月氏如果經過的僅僅是康居的屬土，不會留下這樣的記載。"兵弱"的大宛畏懼"兵彊"的康居，先導送張騫至康居也在情理之中，而張騫西使大月氏旨在抗擊匈奴，如何對待康居，也至關重要，而未必不樂意去其都城。[25] 同傳載"大月氏在大宛西可二三千里"，又載"大夏在大宛西南二千餘里嬀水南"。大月氏在大夏之北，去大宛距離反較大夏爲遠，豈不表明所謂"二三千里"中包含了張騫自大宛至康居王治的里程在內。[26]

今案：所謂"康居在大宛西北可二千里"，乃指大宛王治至康居王治的距離，張騫雖未親至康居王治，但未嘗不可能得自傳聞。張騫既然知道大宛至康居王治的里程，認爲他將這段距離加入大宛王都至大月氏王庭的里程也就不能令人信服。張騫首次西使"身所至"的大宛、大月氏、大夏、康居四國中，有關記載以康居爲最簡略，與奄蔡、烏孫同，似乎也說明了張騫並未親臨其王治。又同傳稱"大月氏、康居之屬兵彊"，又稱康居"南羈事月氏"，知大月氏之兵又強於康居，大宛何獨懼康居而不畏大月氏，以致必先導送張騫至康居王治。何況康居"東羈事匈奴"，張騫當時脫困不久，赴康居王治謁見其王又復何求？至於傳文所載大宛至大月氏"二三千里"，不過是因爲大月氏係"行國"，其王行止無定所而云然。果然這一數字表示大宛經康居王治再至大月氏之距離，大月氏又在大夏之北，按照說者的邏輯，豈非大宛至大夏的距離還應該超過"二三千里"？

4.《史記·大宛列傳》載：大月氏爲匈奴所逐遠遁，"過宛，西擊大夏而臣之"。或以爲旣稱"西擊大夏"，說明當時索格底亞那應在大夏版圖之內，大月氏首先佔有大宛西方的索格底亞那，然後南下征服大夏全土。又，《漢書·西域傳上》載，大宛國"西南至大月氏六百九十里"，說明大月氏擊破大夏後，設王庭於撒馬爾罕；質言之，索格底亞那應屬月氏而不屬康居。[27]

今案：前文所述索格底亞那役屬康居，乃張騫西使當時及其以後的情況，在此之前不得而知。卽使能證明大月氏西遷首先佔領的是當時屬大夏的索格底亞那，也不能排除後來大月氏勢力撤出索格底亞那以及索格底亞那改屬康居的可能性。至於所謂"六百九十里"，乃是《漢書·西域傳》編者根據休循國"西北至大宛國九百二十里，西至大月氏千六百一十里"推算出來的，由於同其他已知事實相悖，不足爲據。[28]

四

《漢書·西域傳上》載:"康居有小王五:一曰蘇𩁹王,治蘇𩁹城,去都護五千七百七十六里,去陽關八千二十五里;二曰附墨王,治附墨城,去都護五千七百六十七里,去陽關八千二十五里;三曰窳匿王,治窳匿城,去都護五千二百六十六里,去陽關七千五百二十五里;四曰罽王,治罽城,去都護六千二百九十六里,去陽關八千五百五十五里;五曰奧鞬王,治奧鞬城,去都護六千九百六里,去陽關八千三百五十五里。凡五王,屬康居。"對此,需要說明的有以下幾點:

1. 在《漢書·西域傳》中,這一段關於康居五小王的記述和康居本傳之間,隔著一段關於奄蔡的記述,這說明五小王的治地不在康居本土,五小王不過是康居的附庸,即所謂"屬康居"。如前所述,索格底亞那是康居的屬土,因此,這五小王的治地很可能在索格底亞那。《漢書·西域傳》的編者列有關五小王的記述於"奄蔡傳"之後,顯然是爲了避免引起誤解,可見這位編者是知道康居本土和屬土的區別的。另外,這五小王雖係康居附庸,畢竟在康居勢力範圍之內,所以同傳纔稱安息國"北與康居接",同書"張騫傳"也把張騫途經的索格底亞那地區稱爲"康居"。《後漢書·西域傳》不見有關五小王的記述,是因爲當時已知這五小王治地主要在"粟弋",遂以"粟弋國屬康居"一句概括之。

2.《史記·大宛列傳》載:"宛西小國驩潛、大益,宛東姑師、扜罙、蘇薤之屬,皆隨漢使獻見天子。"或以爲其中"蘇薤"即

"蘇薤"，可見"蘇薤王"治地應在宛東，確切些說應在大宛東北，五小王治地或均應求諸康居東部領土。[29]

今案：《漢書·西域傳》載大宛王治"東至都護治所四千三十一里"，而蘇薤王治地東去都護"五千七百七十六里"，知該地應在宛西。《史記·大宛列傳》的"蘇薤"果係康居五小王之一，則不能不認爲有關其方位的記載不確，或因該國同姑師等宛東諸國同時朝漢而記錄致誤。[30]

3. 或以爲"窳匿"與"越匿"音同，康居王冬所治應即窳匿王地。[31] 今案：此說或是。然康居王治卑闐城去窳匿王治窳匿城，若按去都護里程計，約三百里；而卑闐城至越匿地"馬行七日"，果然其王冬治窳匿城，則"七日"似乎有誤。又，"越匿"又作"樂越匿"，"越"或"樂"之音注，後混入正文，又被省作"越匿"。

4. 五小王治地去都護里數與去陽關里數之差依次爲：2249、2258、2259、2259 和 1449，知所載里數有誤；若改蘇薤城、附墨城和奧鞬城去都護里數爲五七六六、五七六六和六〇九六里，更動不過三字，則都護與陽關里數之差已歸一致（2259），且去都護里數末位均爲六，而去陽關里數末位均爲五，明去五小王治地里數測定所取基準點相同。[32]

五

《晉書·西戎傳》："康居國在大宛西北可二千里，與粟弋、伊列鄰接。其王居蘇薤城。風俗及人貌、衣服略同大宛。地和暖，饒桐柳蒲陶，多牛羊，出好馬。泰始中，其王那鼻遣使上封事，並獻善馬。"對於這則記載，歷來有種種誤解，在此試予辨析：

1. 或以爲"蘇薤"卽 Soghd（Sogdiana）之音譯，傳文稱康居王居蘇薤城，說明康居王治其時已經南遷。[33]

今案：康居果遷都索格底亞那，則不僅與傳文關於"在大宛西北"的記載相悖，且和下文"與粟弋、伊列鄰接"的記載牴牾；"粟弋"應卽 Sogdiana，說者以爲指克里米亞半島的 Sughdag；[34]實誤。

2. 《史記·大宛列傳》稱"蘇薤"爲宛東小國，或以爲"東"可指東北，知晉代康居王治已經東遷。[35]

今案：《史記》所傳"蘇薤"果在宛東，康居王治旣遷往該處，則傳首不應再稱"在大宛西北"。又，"地和暖"云云，也不是康居東部領土塔拉斯、楚河流域的風貌。[36]

3. 或以爲康國（Samarkand）已脫離康居獨立，使臣自稱其都城爲"蘇薤"（Soghd），因而錯繫於康居條下，可謂誤出有因。[37]

今案：此說似是而非。一則，"蘇薤"有王，並不表明蘇薤已經脫離康居而獨立，《漢書·西域傳》明載康居屬地有五小王。二則，"蘇薤"卽 Soghd，但未必是康國，故與"康居"混淆似乎無從談起。

因此，我認爲："其王居蘇薤城"至"出好馬"凡三十一字，是關於粟弋的記載。試比較《後漢書·西域傳》所載："粟弋國屬康居，出名馬牛羊、蒲陶衆果，其土水美，故蒲陶酒特有名焉"，可知索格底亞那的風情確實如此。"人貌、衣服略同大宛"是因爲兩地居民同係 West-Eurasianoid 且皆爲土著的緣故。故前引《晉書·西戎傳》之文，其實是"康居傳"和"粟弋傳"混合而成：

> 康居國，在大宛西北可二千里，與粟弋、伊列鄰接。泰始中，其王那鼻遣使上封事，並獻善馬。
> [粟弋國，屬康居]，其王居蘇薤城。風俗及人貌、衣服略同大宛。地和暖，饒桐柳蒲陶，多牛羊，出好馬。

至於兩傳相混，固然是由於《晉書·西戎傳》編者所據資料有奪文和錯簡，但究其根本，或者晉時粟弋國依然屬康居，故有關資料將粟弋事情附見於康居傳後，或載康居傳中附帶提及，如此而已。[38]

六

《隋書·西域傳》載："康國者，康居之後也。遷徙無常，不恒故地，然自漢以來相承不絶。其王本姓溫，月氏人也。舊居祁連山北昭武城，因被匈奴所破，西踰葱嶺，遂有其國。支庶各分王，故康國左右諸國，並以昭武爲姓，示不忘本也。"論者多以爲其中"康國"(Samarkand)因與"康居"首字相同，故《隋書·西域傳》編者誤以爲一國；近人以爲康居位於 Sogdiana，則皆承襲《隋書》之誤。傳文既稱康國爲"康居之後"，又稱其王"月氏人也"，亦自相矛盾，至於所述昭武姓之起源，皆係當時人臆測，全不可信。總之，這則記載由一系列的誤解、杜撰構成，並無史料價值。[39] 然而，我認爲其說不然，今試作分析如下：

1. 如前所述，包括 Samarkand 在內的索格底亞那地區至少自張騫首次西使起直至東漢末一直役屬於康居；故傳文稱："康國者，康居之後也"，其實不誤。從政治隸屬關係來看，這種提法卽使不十分確切，也無可厚非。近代學者誤指康居屬土索格底亞那爲康居本土，不應由《隋書·西域傳》編者負責，這位編者其實並沒有說康居本土在索格底亞那。

2. "康國"，一說是 [Samar]kand 之略譯。[40] 之所以選用"康"這個漢字，也可能是因爲隋代人知道該處舊爲康居屬地；換言之，未必譯爲"康"國後再聯想爲"康居之後"。卽使僅僅因爲"康"而誤以爲"康居之後"，仍不失爲歪打正著。

3. 《史記·大宛列傳》載，大月氏西徙，"過宛，西擊大夏而臣之"，很可能經過 Samarkand，因爲該地是自費爾幹納赴吐火羅斯坦的必由之途。因此，大月氏遺民該處，這些遺民後來稱王 Samarkand，成爲昭武姓之祖的可能性也就不能排除。所謂"遷徙無常，不恒故地"，應是最初的情況。故論其地，是"康居之後"；論其王，是月氏之裔。

必須指出：《新唐書·西域傳下》載貞觀年間入貢的安國王珂陵迦，曾炫耀其王統之悠久，"自言一姓相承二十二世"，同時入貢的東安國也有"子姓相承十世"之說，兩國均係康國王支庶，可知康國王統更爲悠久，Samarkand 的昭武姓起源甚古。但是，不能因此認爲 Samarkand 的昭武姓稱王該地最早可以上溯至月氏爲匈奴所逐"西踰葱嶺"之時,"遂有其國"不過籠統而言,理解不可執著。也不能因此遽斷《漢書・西域傳》所載康居五小王均爲 Samarkand 昭武姓之支庶。但從傳文所謂"自漢以來相承不絕"來看,最遲在漢末已立國於 Samarkand 了。

又,Samarkand 的月氏遺民由小到大,自稱王該地到分王各處,應有一個過程,祇是因爲資料保持沈默,連同他們和其南北鄰大月氏、康居的關係都不得而知。另外,康國等昭武姓國家中,王族是月氏人,臣民當係土著;來華的昭武姓中,自然也有冒用王姓的土著,可能由於王族與土著體貌特徵相同或相近,漢土無法甄別。

4.《隋書・西域傳》編者仿佛也想爲康國左右諸國王係月氏人後裔提供證據,還進而指出其姓"昭武"可溯源於"祁連山北昭武城"。此說近人多斥爲無稽之談。[41]

今案:月氏舊居,據《漢書・西域傳上》,在"敦煌、祁連間"。漢"敦煌"指今祁連山,漢"祁連"指今天山;[42]而據同書"地理志下",昭武縣屬張掖郡,在今祁連山北,蓋隋時已稱今祁連山爲祁連山。案之《晉書・地理志》,昭武縣在西晉時避文帝諱已易名"臨澤"。由此可見,隋人不可能也毫無必要把這個久已湮滅無聞的古縣名硬按到索格底亞那諸王頭上。換言之,傳文稱康國等國國王爲月氏人,均姓昭武,並溯源於"昭武城",必有依據,很可能得諸當時來華的昭武姓國人。

5. 傳文所謂"其王本姓溫",後改"昭武"之類記載,則反映了索格底亞那諸國一度淪爲嚈噠屬國這一事實。對此，我已有論考，不贅。[43]

七

《新唐書·西域傳下》有如下記載："安者，一曰布豁，又曰捕喝，元魏謂忸蜜者……即康居小君長闒王故地。……石，或曰柘支，曰柘折，曰赭時……故康居小王窳匿城地。……何，或曰屈霜你迦，曰貴霜匿，即康居小王附墨城故地。……火尋，或曰貨利習彌，曰過利……乃康居小王奧鞬城故地。……史，或曰佉沙，曰羯霜那，居獨莫水南康居小王蘇薤城故地。"據此，則康居五小王中闒、窳匿、附墨、蘇薤四王的治地分別在 Bokhāra、Tashkend、Kashania 和 Kesh，如前所述，諸地在漢代均屬康居。至於傳文所謂奧鞬王治地"火尋"(Khwārazm)，應即《史記·大宛列傳》所見宛西小國"驪靬"，位於阿姆河下游左岸，安息曾一度與之對峙。從地理位置來看，索格底亞那既屬康居，驪靬也屬康居的可能性不能排除。[44]《漢書·西域傳》稱安息"北與康居[接]"，如前所述，應指安息佔有木鹿地區後，在阿姆河中游與康居屬土索格底亞那相接；但似乎也可以認爲這句話乃指安息在阿姆河下游與康居屬土驪靬相接。[45] 既然如此，《新唐書·西域傳》有關記載總的來說是合理的。或以爲這些記述全屬無稽之談，[46] 似未深察。

但是，必須指出：《新唐書·西域傳下》求康居五小王治地於康居屬土雖是正確的，具體比定卻不可全信。按之《漢書·西域傳上》原文，在五小王中奧鞬王治地去都護治所最遠，爲"六千九百六里"，置奧鞬城於 Khwārazm 似無不合，但正如前面所指出的，這一里數其實是錯誤的，應爲"六千九十六里"，可知奧鞬王治地較罽王治地去都護治所爲近，罽王治地果在 Bukhāra，則奧鞬王治地顯然不該在 Khwārazm。《新唐書·西域傳下》作出這一比定，說明《漢書·西域傳上》有關康居五小王去都護治所里數的刊誤由來已久，唐宋人所見與今本相同，也說明《新唐書·西域傳下》編者並沒有發覺《漢書·西域傳上》的刊誤。由此可見，上述對奧鞬王治地的比定並不是根據唐人的實際調查材料，而僅僅是根據刊誤的里數作出的。

當然，我們不能由於奧鞬城方位的比定是錯誤的，也就否定其他諸王治地的具體比定，因爲很難找出這位編者一概作僞的動機。而如所週知，唐代與西域關係的密切程度遠過前代，唐人完全有可能確知五小王中某幾個王故地的所在，並留下了記錄。《新唐書·西域傳》的編者則憑藉《漢書·西域傳》的里數記載作了補充，以求全璧。事實上，《新唐書·西域傳》關於其餘四小王治地的比定還是可以接受的。

1. 按之去都護治所的里數，將康居四小王治地由東而西排列，則次序應爲窳匿、蘇𧁋和附墨、罽；因此，依次比定爲石、史和何、安四國，似無不合。其中，蘇𧁋和附墨去都護里數經校正後同爲五千七百六十六里，若以 Samarkand 爲基準點，則都護去兩地可以認爲是等距的。

2. "窳匿"[jio-niət] 可視作"赭時"[tjya-zjiə] 的異譯。"蘇䛐"或爲Soghd之音譯,"史國"之地在漢代可能是索格底亞那的中心,故有此稱。[47] "安國"旣稱"忸蜜"(Numijkath),"罽"或卽kath之音譯,kath義爲"城"。[48] 指"附墨"爲何國,對音雖無著落,但不妨認爲該地另有一個與"附墨"音近的稱呼。

3. 至於"奧鞬"[uk-gian] 一地,我認爲很可能是"東安國"(Kharghānkath)。《新唐書·西域傳下》載:"東安,或曰小[安]國,曰喝汗,在那密水之陽……治喝汗城,亦曰篗斤"。"奧鞬"或卽"喝汗"[hat-han]、"篗斤"[ho-kiən] 之異譯。《隋書·西域傳》載何國"西去小安國三百里",而《漢書·西域傳》載附墨與奧鞬間相去三百三十里,亦大致相符。

八

本節略述康居與兩漢魏晉以及其周鄰諸國的關係。

1. 康居,首見《史記》。早在張騫西使復命之前,已爲漢人所知。《漢書·司馬相如傳下》載司馬相如告巴蜀民檄曰:"……康居西域,重譯納貢,稽首來享。"《史記·司馬相如列傳》所載略同。又,《漢書·董仲舒傳》載仲舒對策之言曰:"夜郎、康居,殊方萬里,說德歸誼,此太平之致也。"相如諭告巴蜀民在元光末(前130/前129年),[49] 仲舒對策在元光元年(前134年);[50] 而張騫西使大月氏於元朔元年(前126年)纔歸朝復命,知前此漢人已知西方有康居國。又,相如、仲舒所指應爲同一事,康居曾於建元年間致使漢廷,當無疑義。視爲文人誇飾之辭,[51]似欠妥。

2. 據《史記·大宛列傳》可以考知,張騫首次西使,曾途經康居屬土索格底亞那,而同傳所載,張騫使烏孫時(元鼎二年,前115年),曾分遣副使使康居,則爲見諸記載的漢朝首次致使康居。可以說,康居是最早與漢朝交通的西域國家之一。

3. 儘管康居早已同漢廷建立關係,但終兩漢之世,康居幾乎一直是經營西域的阻力。

武帝時,據《史記·大宛列傳》、《漢書·李廣利傳》等記載,李廣利征大宛,康居曾遣兵救宛,僅因漢兵勢盛,纔未敢進軍。李廣利遣上官桀攻破大宛東邊屬邑郁成,郁成王亡走康居,漢兵破宛,康居始出郁成王予桀。

元帝時,據《漢書·匈奴傳下》等記載,匈奴"郅支旣殺漢使者,自知負漢,又聞呼韓邪益彊,恐見襲擊,欲遠去"。康居王"遣貴人,橐它驢馬數千匹,迎郅支",置諸東邊。同書"陳湯傳"載,陳湯征郅支,圍困郅支於都賴水上郅支城,康居又遣"兵萬餘騎,分爲十餘處,四面環城",與郅支相呼應。漢兵破城,始引兵卻。

成帝時,據《漢書·西域傳》,烏孫"小昆彌烏就屠死,子拊離代立,爲弟日貳所殺。漢遣使者立拊離子安日爲小昆彌。日貳亡,阻康居"。又載:小昆彌"末振將弟卑爰疐本共謀殺大昆彌,將衆八萬餘口北附康居,謀欲藉兵兼幷兩昆彌"。

東漢章帝時,據《後漢書·班超傳》載,康居雖一度助超攻姑墨，但當超攻疏勒王忠時，康居又"遣精兵救之，超不能下。是時月氏新與康居婚，相親，超乃使使多齎錦帛遺月氏王，令曉示康居王，康居王乃罷兵"。

諸如此類，可見康居往往站在漢朝的對立面，招降納叛，成爲反漢勢力的後盾。

4. 據《史記·大宛列傳》、《漢書·西域傳》、《漢書·陳湯傳》、《後漢書·西域傳》等，可知康居雖曾一度役屬月氏，但後來勢力強盛，不僅役使粟弋、奄蔡、嚴國，還不斷侵暴大宛、烏孫等國。因此，對於西域本身，康居也不是一個穩定因素。

5.《漢書·西域傳上》載："至成帝時，康居遣子侍漢，貢獻，然自以絕遠，獨驕嫚，不肯與諸國相望。都護郭舜數上言：本匈奴盛時，非以兼有烏孫、康居故也；及其稱臣妾，非以失二國也。漢雖皆受其質子，然三國內相輸遺，交通如故，亦相候司，見便則發；合不能相親信，離不能相臣役。以今言之，結配烏孫竟未有益，反爲中國生事。然烏孫既結在前，今與匈奴俱稱臣，義不可距。而康居驕黠，訖不肯拜使者。都護吏至其國，坐之烏孫諸使下，王及貴人先飲食已，乃飲啗都護吏，故爲無所省以夸旁國。以此度之，何故遣子入侍？其欲賈市；爲好，辭之詐也。匈奴百蠻大國，今事漢甚備，聞康居不拜，且使單于有自下之意。宜歸其侍子，絕勿復使，以章漢家不通無禮之國。敦煌、酒泉小郡及南道八國，給使者往來人馬驢橐駝食，皆苦之，空罷耗所過，送迎驕黠絕遠之國，非至計也。漢爲其新通，重致遠人，終羈縻而未絕。"據此，可知康居對漢廷採取敵對態度是由於"自恃絕遠"，漢廷的對策是所謂"羈縻而未絕"。由此也可知漢廷在對待康居的策略上曾有過一番爭議。之所以終於接受康居的侍子，不惜"罷耗"，一直羈縻這個"驕黠絕遠之國"，可能有二個原因：一是爲了宣揚國威，實現大一統的政治理想，即所謂"重致遠人"。《史記·大宛列傳》載，張騫首次西使歸國，武帝"既聞大宛及大夏、安息之屬皆大國，多奇物，土著，頗與中國同業，而兵弱，貴漢財物；其北有大月氏、康居之屬，兵彊，可以賂遺設利朝也。且誠得而以義屬之，則廣地萬里，重九譯，致殊俗，威德徧於四海"。可知對康居的方針作爲對西域方針的一個組成部份，早在武帝時就確定下來了。二是開展西域經營的實際需要。蓋康居是西域的一支重要力量，它的背向對西域形勢的穩定有直接、間接影響。據《漢書·西域傳》，康居不屬都護，但都護的職責之一便是督察康居等國的動靜，"有變以聞；可安輯，安輯之；可擊，擊之"。康居因"絕遠"，不可擊，於是祇能安輯之。故一面督察，一面通過使節往返，賂遺設利，儘可能與之保持友好關係。至於康居，雖然一直驕嫚不遜，卻也屢屢貢獻，甚至遣子入侍。其原因，都護郭舜指出乃是爲了"賈市"。如前所述，這很可能是其屬下索格底亞那人所教唆，但康居作爲一個遊牧部族，迫切需要各種農產品也是重要因素。可以說，通過貢獻、遣子入侍以求"賈市"，和不斷侵暴、役使周鄰諸國、與漢爲敵，是互爲補充的兩個方面，除了滿足康居統治者的奢欲外，都是爲了補充遊牧這種自然經濟先天的不足。

6. 魏晉以降，中國史籍中有關康居的記載爲數寥寥，僅《三國志·魏書·東夷傳》提到康居曾經朝魏;《晉書·武帝紀》和同書"西戎傳"分別提到康居曾在太康八年(280年)和泰始(265—274年)中遣使朝晉;同書"苻堅載記"亦載康居曾遣使貢方物於前秦。這很可能是由於當時中原多事,與西域的聯繫遠不如兩漢密切,對康居的活動知之不多。但也可能是康居的勢力不如以前強大。從《魏略·西戎傳》可知奄蔡已不屬康居,而至遲到公元四世紀七十年代初,索格底亞那也脫離康居,歸屬嚈噠,勢力範圍既遠不如昔,其影響自然也就隨之減少了。

九

據《高僧傳》、《開元釋教錄》、《大唐內典錄》等記載,東漢末至東晉,有不少"康"姓僧侶在華譯經,著名的有康巨、康孟詳、康僧鎧、康僧淵、康法邃、康道和等。據傳,這些僧侶學通三藏,均有慧學之譽。其中,康孟詳,《開元釋教錄》卷一明載"其先康居國人"。[52]《高僧傳》卷一也載:"康僧會,其先康居人。"[53]按照當時西域人來華後採用漢姓的慣例,諸僧似乎都應該是康居人。然而有人對此表示懷疑,指出康居人以遊牧爲生,未必有如此發達的文化,故來人很可能是索格底亞那人。[54]

果真如此,我認爲似乎可以進一步斷定上述諸僧是 Samarkand 人。蓋按之《高僧傳》、《開元釋教錄》、《大唐內典錄》,諸僧來華譯經時間,康巨、康孟詳分別在東漢靈帝中平四年(187年)和獻帝興平元年（194年），康僧鎧和康僧會分別在曹魏齊王芳嘉平四年（252年）和孫吳赤烏十年（247年）；康僧淵、康僧遂和康道和分別在東晉成帝世（326—342年）和孝武帝太元二十一年（396年）；但其人或其先離開故土的時間不可詳考。其中如康僧會，《高僧傳》卷一載其先"世居天竺"、[55]《開元釋教錄》卷二載其先"世居印度"，[56] 故《大唐內典錄》卷二逕稱之爲"中天竺沙門"。[57] 其他如康巨、康孟詳、康僧鎧等的先人，沒有明確記載，但從《大唐內典錄》卷一稱康巨爲"中國（madhyadeśa）沙門"、[58] 稱康孟詳爲"中天竺國沙門"，[59] 卷二稱康僧鎧之爲"天竺國沙門"[60]來看，很可能其先人早已移居天竺。由此可見，這些"康"姓僧侶在華譯經的年代雖然最早爲東漢靈帝世，但其先人卻可能早在西漢時已經離開故土。西漢時，索格底亞那係康居屬土，故漢人稱之爲"康居"，但在這時離開故土的索格底亞那人似乎不太可能自稱"康居"人，尤其是僑居天竺以後再來華者，更無必要自承康居臣民。東漢時，索格底亞那仍屬康居，但其時漢人已知該地名稱爲"粟弋"。故此時來華的索格底亞那人被稱爲"康居"人的可能性應該更小。而遲至四世紀七十年代，索格底亞那已屬嚈噠，此後來華的索格底亞那人自然不可能再自稱或被稱爲"康居"人了。因此，諸僧侶果係索格底亞那人，則應來自 Samarkand，該地漢人稱之爲"康國"；諸僧所姓之"康"，其實並非"康居"之"康"，而是"康國"之"康"。

必須指出的是，康居人儘管以遊牧爲生，少數人信奉佛教、並成爲學者也不是完全不可能的。後世遊牧部族如柔然，信佛者頗衆,《魏書‧蠕蠕傳》載,宣武帝永平四年（511 年）,柔然可汗"醜奴遣沙門洪宣奉獻珠像"。又,《高僧傳‧釋法瑗傳》（卷八）載法瑗之"第二兄法愛亦爲沙門,解經論兼數術,爲芮芮國師,俸以三千戶"。[61]《宋書‧索虜傳》則載柔然人始則"不識文字,刻木以記事",其後"漸知書契",終於亦"頗有學者";可以參證。康居以索格底亞那爲屬土,其人受該地相對發達的文化影響,部份人漸漸脫離粗獷之態,似乎也在情理之中。因此,上述來華的康姓僧侶究竟是康居人還是 Samarkand 人,頗難判分。

十

最後,討論一下康居的族名、族屬和源流。

1. "康居"可能是 Sacarauli（Sacaraucae）的略譯,或者逕是 Sakā（Sacae）的對譯,蓋（kang →）ki 齶化爲 si（→ sa）;果然,康居人應該是留在錫爾河北岸的塞人,或者以 Sacarauli 爲主。[62] 可能是地理環境、自然條件在這裏起了決定性的作用,康居人長期保持著遊牧的生活方式,而進入費爾幹納和巴克特里亞等地的塞人都迅速走向定居、農耕;因此,《史記‧大宛列傳》稱康居兵強,大宛和大夏兵弱畏戰。

2. 據 Pompeius Trogus（XLI）記載,佔領索格底亞那的也有 Saraucae（Sacaraucae）人,[63] 這些 Sacaraucae 人和其他進入索格底亞那的塞人後來都應該役屬於錫爾河北的康居。至於《漢書‧西域傳》所載受康居役使的五小王和這些進入索格底亞那的塞人關係如何，則無從知道。

3. 據《史記·大宛列傳》，"自大宛以西至安息，國雖頗異言，然大同俗，相知言。其人皆深眼，多鬚顏，善市賈，爭分銖。"同傳既然又稱"康居在大宛西北"，知康居人的族屬和語言繫屬應和大宛、安息相同或相近。[64] 或以爲康居應爲突厥語族，因爲《漢書·匈奴傳下》載康居有"翕侯"號，"翕侯"即後世突厥的"葉護"；《晉書·西戎傳》又載康居有王名"那鼻"，"鼻"即突厥語 bi 或 bak。[65]

今案：此說未安。"翕侯"、"鼻"等未必突厥語族所固有。又，《世說新語·排調篇》載康僧淵的狀貌爲"目深而鼻高"。如前所述，不能排除康姓僧侶是康居人的可能性，因此，康僧淵的狀貌可作爲康居人是 West-Eurasianoid 的佐證。

4. 或以爲北魏的高車、唐代的康曷利、元代的康里等皆係康居之流，而突厥《闕特勤碑》所見 Kängäräs、拜占庭康斯坦丁七世（Constantinus VII，911—959 年）所纂《帝國行政論》（De Administrando Imperio）一書中提到的 Pečeneg 族之一種 Kaggar 等亦是康居的後裔。[66]

今案：這些說法就探討康居的源流而言，均能給人以啓迪，不無積極意義。然而，不能由於高車或 Kaggar 等可斷爲突厥語族，也斷康居爲突厥語族。一則，囿於資料，對南北朝以降康居人的分合、遷徙，今天已很難作出具體的說明了。[67] 換言之，不能僅憑名稱發音的相同或相近，便斷 Kaggar 等和康居同族。二則，即使能發現高車等確與康居之間有著某種淵源，恐怕也至多認爲康居是高車等的族源之一。不能認爲高車等和康居的血統和語言完全相同。

■ 注釋

[1] 最初西方學者多誤以爲康居本土在索格底亞那；此說乃基於對《隋書・西域傳》等有關"康國"記載的誤解。康居與索格底亞那的區別已有白鳥庫吉辨明，因此本篇對康居卽索格底亞那說不再批判。白鳥氏說見"西域史上の新研究・大月氏考"，《白鳥庫吉全集・西域史研究（上）》（第6卷），東京：岩波，1970年，pp. 97-227，以及"粟特國考"，《白鳥庫吉全集・西域史研究（下）》（第7卷），東京：岩波，1971年，pp. 43-123。

[2] 參看注1所引白鳥氏文，和本書第四篇。

[3] 參看注1所引白鳥氏文，和本書第六篇。

[4] 參看注1所引白鳥氏文，和本書第七篇。

[5] 參看注1所引白鳥氏文，和本書第七篇。

[6] 參見內田吟風"月氏のバクトリア遷移に關する地理的年代的考證（下）"，《東洋史研究》3～5（1938年），pp. 29-51。

[7] 參見徐松《漢書西域傳補注》卷上。A. F. P. Hulsewé & M. A. N. Loewe, *China in Central Asia, the Early Stage: 125 B. C.-A. D. 23*. Leiden: 1979，pp. 124-125，以爲：都護去長安爲7238里，卑闐去都護爲5550里，知卑闐去長安應爲12788里；故12300里應爲越匿地去長安的距離。今案：此說

似亦可通。

[8] 參見本書第四篇。

[9] 參看注 1 所引白鳥氏文。注 7 所引徐松書卷上以爲卑闐得名於闐池，位於池西；未安；參見岑仲勉《漢書西域傳地里校釋》，中華書局，1981 年，pp. 237-265。

[10] 注 1 所引白鳥氏文。

[11] 岑氏說（出處同注 9）。

[12] 注 1 所引白鳥氏文。白鳥氏以爲"樂"，突厥語 ulu(ulug) 之對音，義爲"大"，"樂越匿"卽"大鄂托克"。

[13] 岑氏說（出處同注 9）。

[14] E. G. Pulleyblank, "The Consonantal System of Old Chinese I." *Asia Major* 9 (1962), pp. 58-144, esp. 94, 以爲"樂越匿"是 Yaxartes 的另一表現形式。

[15] 注 7 所引 A. F. P. Hulsewé & M. A. N. Loewe 書，p. 126，譯"蕃內"爲 within the realm，又以爲其地或卽安息北面的 Parni；均未安。

[16] 參見王國維"西域雜考"，《觀堂集林》（別集一），中華書局，1959 年，pp. 1158-1162。岑仲勉以爲"九千一百四里"不誤，並說："乞兒吉思草原廣數千里，烏孫傳曰五千里，不過指其東邊，本傳曰九千里，則窮其西極"。（出處同注 9）又，注 7 所引 A. F. P. Hulsewé & M. A. N. Loewe 書，p. 125，以爲"九千一百四里"係"九十一里"之訛，蓋"十"字訛爲"千"字，"一里"訛作"百四"，又衍"里"字。今案：兩說均未安。

[17] F. Hirth, "Über Wolga-Hunnen und Hiung-nu." *Sitzungsberichte der Preussischen Akademie der Missenschaften.* Phil.-hist. Klasse. 1899, II, pp. 245-278, 以爲康居本土包括索格底亞那；非是。注 1 所引白鳥氏文以及

岑氏（出處同注9）均指索格底亞那爲康居屬土，甚是。又，白鳥氏以爲近人指康居本土爲索格底亞那是由於《隋書·西域傳》誤稱"康國者，康居之後也"。今案：白鳥氏此說亦不盡然。

[18] 注1所引白鳥氏文，另參看本書第三章。

[19] 參見孫毓棠"安息與烏弋山離"，《文史》第5輯（1978年），pp. 7-21。又，《隋書·西域傳》："安國，漢時安息國也。"似乎安息曾一度佔領阿姆河右岸的 Bukhāra 地區。然而這很可能是隋人稱該地爲"安國"而產生的誤解。又，《册府元龜·國史部七》（卷五六〇）載，貞觀十七年（801年），賈耽進"海內華夷圖及古今郡國縣道四夷述表"曰："前《西戎志》以安國爲安息，今則改入康居。凡諸舛謬，悉從釐正"，則唐人已知其誤。

[20] 岑氏說（出處同注9），並舉《詩·衛風·木瓜》"永以爲好也"作證。又，《資治通鑒·漢紀二四》胡注："謂特欲行賈以市易，其爲好辭者，詐也。"注7所引 A. F. P. Hulsewé & M. A. N. Loewe 書，p. 128，從胡說，並舉《漢書·匈奴傳上》："遣使好辭請和親"、"數使使好辭甘言求和親"作證。又，楊樹達《漢書窺管》，上海古籍出版社，1984年，p. 759，曰："好字去音，當讀斷。文謂彼欲通市爲和好，乃詐辭耳。胡說於文不順。"今案：楊氏說誤，胡注亦欠通。

[21] 參見余太山《嚈噠史研究》，齊魯書社，1986年，pp. 107-108, 117。

[22] 見桑原隲藏"張騫の遠征"，《東西交通史論叢》，東京：弘文堂，1944年，pp. 1-117。

[23] 岑氏以爲《史記·大宛列傳》稱康居"國小"，是因爲張騫未能深悉當時康居領域已經包括索格底亞那在內（出處同注9）。今案：其說未安，張騫固未能深悉康居領土廣狹，然亦未必能深悉其餘各國版圖大小，可見他判斷國之大小不以領土廣狹爲標準。又，兩漢縣鄉設置不以地域廣狹

而以人口多寡爲標準，官吏名號秩別也因人戶多寡而不同。各郡國之下具列戶口細數而無墾田細數，可知古代國家反映當時政治制度的文獻重視人戶的程度過於田土。見王毓銓"'民數'與漢代封建政權"，《中國史研究》1979 年第 3 期，pp. 61-80。

[24] 注 1 所引白鳥氏文。

[25] 桑原氏"再び大宛國の貴山城に就いて"，載注 22 所引書，pp. 143-274。

[26] 注 6 所引内田氏文。

[27] 注 22、25 所引桑原氏文。

[28] 見本書第四篇。

[29] 注 1 所引白鳥氏文。

[30] 岑氏說（出處同注 9）。

[31] 注 16 所引王國維文。

[32] 松田壽男《古代天山の歷史地理學的研究》，東京：早稻田大學出版部，1970 年，pp. 71-72，校正《漢書·西域傳上》所載五小王里數如下：

	去烏壘里數	去陽關里數
窳匿城	5266	7525
附墨城	5766	8025
蘇韰城	5776	8035
奧鞬城	6096	8355
罽　城	6296	8555

岑氏說略同（出處同注 9），唯改蘇韰城去烏壘里數爲 5766 里，去陽關里數不變。今案：兩說均可通。

[33] 見内田吟風"匈奴西移考"，《北アジア史研究·匈奴篇》，京都：同朋舍，

1975 年，pp. 115-141。

[34] 注 33 所引內田吟風文。參見注 21 所引余太山書，pp. 44-45。

[35] 注 1 所引白鳥氏文。

[36] 參見岑氏說（出處同注 9）。

[37] 岑氏說（出處同注 9）。

[38] 《通典·邊防九》："康居國……王理樂越匿地，卑闐城，亦居蘇薤城。"這不過是對《漢書》、《晉書》記載的機械綜合，不足爲據。

[39] 例如注 1 所引白鳥氏文。

[40] 白鳥庫吉 "烏孫に就いての考"，《白鳥庫吉全集·西域史研究（上）》（第 6 卷），東京：岩波，1970 年，pp. 1-55。

[41] 例如注 1 所引白鳥氏文。

[42] 見本書第三篇。

[43] 見注 21 所引余太山書，pp. 44-65。

[44] 注 1 所引白鳥氏文以爲《史記·大宛列傳》並舉驩潛、康居，可知前者不屬後者。今案：其說未安。參見注 21 所引余太山書，pp. 129-142。

[45] 白鳥庫吉 "塞民族考"，《白鳥庫吉全集·西域史研究（上）》（第 6 卷），東京：岩波，1970 年，pp. 361-480，以爲安息國 "臨媯水" 一句表明 Khwārazm 在安息國版圖之內；似未安；參見注 19 所引孫毓棠文。

[46] 例如注 1 所引白鳥氏文、注 6 所引內田氏文。又，岑仲勉（出處同注 9）主張應求康居五小王治地於康居屬土索格底亞那；甚是。但岑氏指蘇靆爲 Samarkand、附墨爲 Bukhāra、窳匿爲 Chinaz、罽爲 Kāth、奧鞬爲 Khwārazm；則未安。蓋自都護西至 Samarkand 和 Bukhāra 兩地距離不應相等，自 Samarkand 去 Kāth 和 Khwārazm 亦不止 300—500 里，Chinaz

這一地名也無法落實。又，注 14 所引 E. G. Pulleyblank 文，p. 219，亦指屬爲 Kāth。

[47] J. Marquart, *Ērānšahr nach der Geographie des Ps. Moses Xorenaci*. Berlin, 1901, pp. 302-304; E. Chavannes, *Documents sur les Tou-Kiue (Turcs) Occidentaux*. Paris, 1903, p. 146, Note 3；注 14 所引 E. G. Pulleyblank 文，p. 219，所說皆同。

[48] "屬"最初應爲 kath 之音譯，漢人誤以爲專稱，遂有"屬城"一名。參見岑氏說（出處同注 9）。

[49] 據《漢書·武帝紀》："[元光五年] 夏，發巴蜀治南夷道。"知道相如檄成於元光末（130 年）。

[50] 董仲舒作天人三策的年代，史學界衆說紛紜，然可大別爲建元年間說和元光年間說兩類。此據施丁"董仲舒'天人三策'作於元光元年辨"，《社會科學輯刊》3（1980 年），pp. 90-99。又，蘇鑒誠"董仲舒對策在元朔五年議"，《中國史研究》1984 年第 3 期，pp. 87-92，認爲在元朔五年；然其說難以成立，見岳慶平"董仲舒對策年代辨"，《北京大學學報》1986 年第 3 期，pp. 114-120。

[51] 見王先謙《漢書補注》。

[52] 《大正新修大藏經》T55, No. 2154, p. 483。

[53] 湯用彤校注本，中華書局，1992 年，p. 14。

[54] 白鳥氏（注 1 所引文）、岑氏（出處同注 9）說同。又，白鳥氏以爲，康姓僧侶來華最早見於梁慧皎纂《高僧傳》，而南北朝以降至隋代，中國人以康國爲康居，故諸僧姓"康"和"康國"這一譯名有關。今案：其說未安。"康國"始見《隋書》，此前不見載籍，白鳥氏所舉《魏書·西域傳》和《北

史·西域傳》不足爲憑,兩者有關"康國"的記載乃間接或直接轉錄自《隋書·西域傳》;南北朝人稱 Samarkand 爲"悉萬斤",沒有譯作"康國"。

[55] 同注 53。

[56]《大正新修大藏經》T55, No. 2154, p. 490。

[57]《大正新修大藏經》T55, No. 2149, p. 230。

[58]《大正新修大藏經》T55, No. 2149, p. 224。

[59]《大正新修大藏經》T55, No. 2149, p. 224。

[60]《大正新修大藏經》T55, No. 2149, p. 226。

[61] 注 53 所引書,p. 312。

[62] W. W. Tarn, *The Greek in Bactria and India*. London: Cambridge, 1951, pp. 291-292,以爲 Sacarauli(Saraucae)正確的寫法應爲 Sacaraucae(Saka Rawaka),亦即見諸大流士一世 Naqš-e Rostam 銘文的 Sakā Haumavargā。今案:其說或是。然而他進而認爲 Sacaraucae 應在錫爾河之南,即 Ptolemy 所載 Sagaraucae(VI, 14);則非是。一則,Naqš-e Rostam 所載兩種 Sakā 應在錫爾河北。Ptolemy 所載 Sagaraucae 果在河南,則應是後來遷自河北。又,E. G. Pulleyblank, "Chinese and Indo-Europeans." *Journal of the Royal Asiatic Society* 1966, pp. 9-39,以爲"康居"的語源是吐火羅語 kaṅk-,意爲"石",錄以備考。

[63] 見 A. K. Narain, *The Indo-Greeks*. Oxford, 1957, p. 129;以及本書第二篇。

[64] 參見本書第二、三、四篇。

[65] 注 1 所引白鳥氏文。

[66] J. Marquart, *Die Chronologie der alttürkischen Inschriften*. Leipzig, 1898, pp. 9-10; W. Barthold. *Die alttürkischen Inschriften und die arabischen Quellen.*

In W. Radloff, *Die alttürkischen Inschriften der Mongolei*, Zweite Folge. St. Petersbourg, 1899, pp. 12-14；注 1 所引白鳥氏文；注 32 所引松田氏書, pp. 328-329, 等。

[67] 岑仲勉（出處同注 9）以爲康居於公元三世紀東遷, 是爲元魏之高車, 後復西徙, 是爲康曷利、康里。

六　奄蔡

一

《史記·大宛列傳》載："奄蔡在康居西北可二千里，行國，與康居大同俗。控弦者十餘萬。臨大澤，無崖，蓋乃北海云。"《漢書·西域傳》所載略同。所謂"在康居西北可二千里"，按之傳文體例，應指康居王治（卑闐城）去奄蔡王治的距離。卑闐城大致位於 Kara tau 以南、錫爾河北岸、Turkestan 附近，[1]故奄蔡人的王治應在鹹海之北，所謂"臨大澤"，乃南臨鹹海。然而如果考慮到《史記》、《漢書》事實上沒有記載奄蔡的王治，當時對奄蔡的情況顯然不甚明瞭，故"可二千里"也許指的衹是自卑闐城抵達奄蔡東部某個活動中心的距離；換言之，奄蔡人的勢力範圍可能包括鹹海、裏海以北，王治也有可能在裏海之北。[2]

又，《漢書·陳湯傳》載："又遣使責闔蘇、大宛諸國歲遺，不敢不予。"師古注："胡廣云，康居北可一千里有國名奄蔡，一名闔蘇。然則闔蘇卽奄蔡也。"知漢代亦稱奄蔡爲闔蘇。

二

《後漢書·西域傳》:"奄蔡國,改名阿蘭聊國,居地城,屬康居。土氣溫和,多楨松、白草。民俗衣服與康居同。"或以爲所謂"阿蘭聊國",應讀作"阿蘭、聊國",後者即《魏略·西戎傳》所見"柳國",故上引傳文其實是有關奄蔡和聊(柳)國兩者的記事混淆而成。[3]

今案:這種可能性是存在的。但須指出,未必"聊國"以下文字完全與奄蔡無關,更可能"屬康居"以下有部份文字和原來有關奄蔡的記述相同(這便是形成混淆的原因)。不管怎樣,《後漢書·西域傳》提供了有關奄蔡的新情況,最有價值的是:在《後漢書·西域傳》所描述的時代,奄蔡已改名爲"阿蘭"。按照遊牧部族興衰嬗替的一般規律,奄蔡改名阿蘭,很可能是被阿蘭征服的結果。《後漢書·鮮卑傳》稱:"北單于逃走,鮮卑因此轉徙據其地。匈奴餘種留者尚有十餘萬落,皆自號鮮卑,鮮卑由此漸盛";可以參證。

又,東漢通西域,始自公元73年竇固遣班超使西域,故獲悉奄蔡改名一事似不應早於此年。[4]

三

《魏略·西戎傳》載:"北烏伊別國[5]在康居北,又有柳國,又有嚴國,又有奄蔡國一名阿蘭,皆與康居同俗。西與大秦、東南與康居接。其國多名貂,畜牧逐水草,臨大澤,故時羈屬康居,今不屬也。"對此,應予說明的有以下幾點:

1. "西與大秦、東南與康居接"一句的主詞應是"奄蔡",與前句"皆與康居同俗"的主詞應是柳國、嚴國和奄蔡國不同。或者說"西"前可補"奄蔡"二字。蓋據《後漢書·西域傳》:"嚴國在奄蔡北",知該國不可能西與大秦、東南與康居接。由此可見,"西與"句不可能以柳國、嚴國和奄蔡國爲主詞。再結合下文"臨大澤"等記載,知該句主詞是奄蔡。

2. 在《魏略·西戎傳》所描述的時代,奄蔡已"改名"爲阿蘭。如前所述,這可能表明奄蔡已被阿蘭征服。因此,"西與大秦、東南與康居接"的奄蔡應是改名阿蘭亦即被阿蘭征服了的奄蔡。

3. 奄蔡很可能是在"改名"阿蘭以後,纔改變了同康居的關係,卽所謂"故時羈屬康居,今不屬也"。[6] 既然奄蔡已不屬康居,那麼對傳文"東南與康居接"的理解也就不必執著。何況,《史記》、《漢書》也不過說奄蔡在康居西北,未嘗言兩者領土相接,故"東南"云云,很可能祇是承襲前史,且並不準確。

又,所謂大秦應指羅馬帝國。當時奄蔡既西與大秦卽羅馬帝國相接,則所臨"大澤"實際上很可能指的是黑海。也就是說,不妨認爲,在《魏略·西戎傳》所描述的時代,被阿蘭征服的奄蔡人的活動中心已自鹹海、裏海之北遷至黑海之北。

4. 或以爲《魏略·西戎傳》所謂"奄蔡",實際上是業已征服了奄蔡的阿蘭。"西與大秦、東南與康居接"乃指阿蘭人的勢力範圍。[7] 今案：這樣理解，無視奄蔡的存在，似乎與傳文原意不盡相符。

四

一般認爲，奄蔡即西史所見 Aorsi。[8]

Aorsi 始見 Strabo《地理志》[9]。據載：Tanais 河（按即頓河）流域的居民，"朝著北方和大洋地區爲 Scythia 遊牧人和車居人，其南是亦屬於 Scythia 人的 Sarmatia 人，以及 Aorsi 人和 Siraci 人。後兩者南向伸展至高加索山脈"。（XI, 2）在另一處又載："Maeotis 湖（按即亞速海）和裏海之間有遊牧人 Nabiani 和 Panxani，其旁是 Siraci 人和 Aorsi 人的部落。這些 Aorsi 人和 Siraci 人被認爲是上部同名部落的逃亡者。Aorsi 人的位置比 Siraci 人更靠北，在 Pharnaces 統治 Bosporus 的時候（約前48—前47年），Siraci 王 Abeacus 派出二萬騎兵，Aorsi 王 Spadines 派出二十萬騎兵；而上部 Aorsi 人派出的騎兵數量更多，因爲他們控制著更多的土地，幾乎可以說統治著絕大部份裏海沿岸；因此，他們能假手亞美尼亞人和米地亞人，以駱駝輸入印度和巴比倫的商品；由於富裕，戴起了黃金的飾品。Aorsi 人沿 Tanais 河居住；而 Siraci 人沿 Achardeüs 河（即今 Yegorlyk 河）居住，該河發源於高加索，流進 Maeotis 湖"。（XI, 5）由此可知，Aorsi 人居住在頓河下游，而上部 Aorsi 人則活躍於裏海沿岸。後者可能還佔有包括 Cheleken 島在內的裏海東岸地區。[10]

又據塔西陀《編年史》[11]，Bosporus 王 Cotys 曾得 Aorsi 王 Eunones 之助，擊敗其兄 Mithridates，後者不得已投奔 Eunones，乞求寬恕。（XII, 15-19）時在公元 49 年。這說明直至這一年頓河、高加索地區的 Aorsi 人還很強大。

但似乎在這以後不久，至少上部 Aorsi 人便迅速衰落了。據托勒密《地理志》[12]（VI, 9）等記載，Hycania 於公元 58 年宣告脫離安息獨立，獨立後的 Hyrcania 北向伸展其勢力到阿姆河口，壟斷了橫越裏海南部的商道。如果其時上部 Aorsi 人依然強大，這種情況是不可能出現的。故上部 Aorsi 人衰落的年代似可斷在公元 50—58 年。[13]

五

一般認爲，阿蘭應卽西史所見 Alani。

Alani 始見 Pliny《自然史》[14]（IV, 12）：希斯特河（Hister, 卽多瑙河 [Danube]）那邊，"幾乎祇有 Scythia 人居住，但沿岸地帶則爲許多不同的部落佔有。一處是 Gatae 人，羅馬人稱之爲 Dacia 人；另一處是 Sarmatae 人，希臘人稱之爲 Sauromatae 人；以及也屬於他們的車居人或 Aorsi 人；再一處是出身低微的 Scythia 人，卽奴隸血統的人或穴居人；然後是 Alani 和 Rhoxolani 人。Sarmatae 的 Iazyges 人佔有多瑙河與黑森森林（Hercynian Forest）

之間的高地，直至 Carnuntun 的班諾尼亞（Panonia）；而被他們逐出的 Dacia 人則佔有直抵 Theiss 河的山區和森林。Maros 河或 Dacia 河彼岸居有 Basterna 人，以及其他日爾曼人，河水將他們與 Suebi 人和 Vannius 王國隔開"。對此，應予說明的有以下幾點。

1. 其中提到的 Vannius 王國亡於公元 49 年，這說明上引記事涉及的時間不會遲於是年。[15]

2. Strabo 沒有關於 Alani 人的記載，但他在記載黑海以北居民的情況時，提到了 Rhoxolani 人（VII，2，3）。或以爲此詞意指"金髮碧眼的 Alani 人"；[16] 或以爲意指"白色 Alani 人"。[17] 不管怎樣，Alani 是 Rhoxolani 這個複合詞的主要詞素。由此可見，被稱爲 Alani 的部族應先於稱爲 Rhoxolani 的部族出現。據 Strabo，Rhoxolani 人曾與 Pontus 王 Mithridates Eupator（前 120—前 63 年）的軍隊作戰。可以推知，Alani 人早在公元前 100 年左右已經到達南俄羅斯了。[18]

3. Pliny 在這裏提到 Aorsi 人，稱之爲"車居人或 Aorsi 人"，而在敘述高加索以北諸族時沒有提到 Aorsi 人。但似乎不能因此斷定當時頓河、高加索地區的 Aorsi 人已經遷至黑海以北，[19] 而祇能認爲黑海以北另有 Aorsi 人。因爲據前引塔西陀，可知直至 49 年，頓河、高加索地區的 Aorsi 人的王國尚稱強大。Pliny 不載頓河、高加索地區有 Aorsi 人，與其說沒有見到有關資料，毋寧說在他所依據的資料描述的時代，頓河、高加索地區的 Aorsi 人業已十分衰落，以致不再引起注意。

六

　　Pliny 最使人感興趣的是關於 Abzoae 的記載。據云：伏爾加河河口"兩側居民都是斯基泰人，他們越此海峽保持聯繫。一側是遊牧人和 Sauromatae 人，另一側是 Abzoae 人，後者和 Sauromatae 人一樣，均有若干不同名稱的部落組成。"（VI，15）今案：所謂 Abzoae 人應是遊牧於裏海北岸的 Aorsi 人。證明這一點是奄蔡卽 Aorsi 說成立的關鍵。

　　1. Abzoae 應係 Arzoae 之訛，在四世紀繪製的古代地圖 Peutinger Table 上，正作 Arzoae。[20]

　　2. Strabo 雖未提到裏海北岸有 Aorsi 人，但所載頓河、高加索地區的 Aorsi 人以及上部 Aorsi 人人數衆多、實力雄厚；因此，他們在佔有裏海和亞速海之間地區的同時，奄有裏海北岸是完全可能的。[21]

　　3. 據前引《史記》、《漢書》等，知奄蔡（闔蘇）曾居住在鹹海乃至裏海北岸，而"奄蔡"[iam-tziat] 或"闔蘇"[hap-sa] 均得爲 Aorsi（Arzoae）之對譯。[22]

　　4. 至於 Pliny 將黑海以北和裏海以北同一名稱的部族分別加以記載爲 Aorsi 和 Arzoae（Abzoae），則可能是因爲他的資料來源不同，而且這兩處的 Aorsi 人當時又互不統屬的緣故。[23]

七

托勒密《地理志》在描述"歐洲的 Sarmatia 的位置"時，也提到了 Alani（Alauni）、Rhoxolani 和 Aorsi（III, 5）：

> Sarmatia 的大 Venedae 人沿整個 Venedicus 灣居住，Dacia 以上是 Peucini 人和 Basternae 人；整個 Maeotis 湖（亞速海）沿岸，都有 Iazyges 人和 Rhoxolani 人；整個 Maeotis 湖（亞速海）沿岸，都有 Iazyges 人和 Rhoxolani 人；從他們那邊更往內地，有 Amaxobi 人（車居人）和 Schthian Alani 人。
> ……
> ……Venedae 人以下是 Galindae 人、Sudini 人和 Stavani 人，一直延伸到 Alauni 人的居地。其下是 Igylliones 人；然後是 Geostoboci 人和 Transomontani 人，一直伸延到 Peuca 山脈。
> 遠離大洋，在 Venedicus 灣的近傍，居有 Veltae 人。……其下方是 Golones 人、Hippopodes 人和 Melanchlaeni 人。這些人之下是 Agathyrsi 人；然後是 Aorsi 人和 Pagyritae 人，然後是 Savari 人和 Borusci 人，直到 Ripaeos 山脈。

近人據此考知，所謂 Alani（Alauni）人居住在 Rhoxolani 人的西北，Basternae 人的東北，大致在 Dnieper 河（確切些說是 Desna 河）和 Donets 河（或頓河上游）之間。其位置與 Pliny 所載大致相同。[24] 而所載 Aorsi 或者就是被 Pliny 混同於"車居人"的 Aorsi 人。

又，托勒密（約 90—168 年）的年代晚於 Pliny（23—79 年），然前者所描述的 Alani（Alauni）和 Aorsi，卻和後者所描述的年代接近。蓋前者所載 Iazyges 等部的位置和 Strabo（VII，2，3）所載相同，似乎由 Pliny 所暗示的變化尚未發生。另外，如果考慮到將 43 年不列顛的征服作爲時事記述的 Pomponius Mela 對中央俄羅斯的情況尚一無所知，而 45 年羅馬逐走 Mithridates 三世，出兵博斯普羅斯王國，應是這方面開拓眼界的大好機會；羅馬皇帝 Claudius（41—54 年）被 Pliny 視作高加索地區地理知識的權威，或非偶然。因此，似可認爲托勒密以上記載大致描述了公元 45—49 年的情況。[25]

此外，托勒密還描述了"亞洲的 Sarmatia 的位置"（V，8），其中，提到了 Iaxamatae 和 Siraci 人，其位置與 Strabo 所述 Aorsi 和 Siraci 人的位置相同。或據以爲 Iaxamatae 是 Aorsi 在頓河流域形成的一個單位。[26] 今案：如果托勒密所描述的"亞洲 Sarmatia"的年代和"歐洲 Sarmatia"的年代相同，那麼這種看法是可以接受的。不過，正因爲如此，與其將 Iaxamatae 看作 Aorsi 人的一個單位，不如逕視作 Aorsi 人，蓋 Iaxa[matae] 或者是 Aorsi 的訛譯。

八

據 Josephus《Jewish 戰爭史》[27]（VII，7-4），Vespasian 在位第四年（約 72/73 年），居住在 Tanais 河（頓河）和 Maeotis 湖（亞速海）一帶的 Alani 人，經由某個 Hyrcania 人控制的山口（一般

認爲卽 Derbent 山口），入侵 Media 和亞美尼亞。這表明在此之前，Alani 已自中央俄羅斯向東方擴張，佔領了頓河、高加索地區。而如前述，公元 49 年時頓河、高加索地區的 Aorsi 人勢力尚很強大，可知其事當發生在公元 50—72 年之間。[28] 又如前述，該地區的 Aorsi 人遲至 58 年已經衰落，其原因則可能與 Alani 人的擴張有關。果然，則 Alani 人控制高加索以北地區有可能在 58 年以前。

對於 Alani 人的擴張，Ammianus Marcellinus[29]（XXXI，2）有較全面的記述：

> Halani（Alani）人就居住在希斯特河（Hister，卽多瑙河）的東邊廣大無垠的 Scythia 荒原之上。其地有 Halani 山，Halani 人遂因此而得名，他們戰勝了許多不同種族，和波斯人一樣，他們將被征服的種族吞并以後，也稱他們爲 Halani 人。……
>
> Halani 人（其中又分爲許多種族，不需要一一列舉）分佈爲歐羅巴和亞細亞兩部份，他們雖相距甚遠，而且在廣大地區遷徙遊牧，但是後來統一在一個名稱之下，都稱爲 Halani 人。他們的習俗、野蠻的生活方式和武器均頗相類。

又說：

> ……爲了劫掠和狩獵，他們遨遊各地，有時遠至 Maeotia 海（亞速海）、奇姆美利亚人（Cimmerians）所在的博斯普羅

斯海峽，還有亞美尼亞、米底。……

據此，可知 Alani 人確曾大大地擴展其勢力範圍，東邊無疑已越過了頓河（當時人認爲該河是亞細亞和歐羅巴的分界線）。但究竟到達哪裏，Ammianus Marcellinus 沒有明言。

如前所述，按之中國史籍，可知最晚在張騫首次西使時已活動於鹹海乃至裏海之北的遊牧部族奄蔡（闔蘇），後來"改名"爲"阿蘭"。結合上引 Ammianus Marcellinus 關於 Alani 征服其他種族後使之改名的記載，似乎可以認爲 Alani 人在公元 50—58 年間佔有高加索以北地區的同時或以後，曾伸展其勢力直達鹹海之北，迫使該地的 Aorsi 人即奄蔡人"改名"。

另外，托勒密在描述所謂"Imaus 山內側的 Scythia"地區（VI，14）時，提到 Alani Scythae 和 Alanorsi，似乎也暗示了 Alani 在東方的勢力範圍。蓋所謂"Imaus 山內側"，一般認爲指自伏爾加河至阿爾泰山、天山之間的地區。據托勒密記載，這一地區同時存在 Aorsi、Alanorsi 和 Aorsi，似乎形像地反映了奄蔡即 Aorsi"改名"爲阿蘭即 Alani 的過程。

九

奄蔡當係塞人的一部，可能以 Asii 人爲主。在公元前 140 年左右，亦即大批塞人自錫爾河北岸南下，進入費爾幹納、索格底亞那和巴克特里亞的同時，[30] 該部乃沿錫爾河而下，佔有鹹海乃至裏海以北，並蔓延到亞速海以東、高加索南北地區。[31] "奄蔡"、"闔蘇"，以及 Aorsi（Arzoae）均可視爲 Asii 的異譯，似可爲證。[32] 而 Strabo 所載 Aorsi 王名 Eunones，塔西陀所載 Aorsi 王名 Spadines，與塞斯坦的塞人統治者 Vonones 和 Spalyris（Spalahora）相同，也表明奄蔡（Aorsi）源出塞人。[33]

奄蔡既係塞人之一部，其人應爲 West-Eurasianoid，操印歐語。或以爲係突厥語族，[34] 似難成立。

1.《史記·大宛列傳》稱："自大宛以西至安息，國雖頗異言，然大同俗，相知言。其人皆深眼，多鬚顏，善市賈，爭分銖。"所謂"大宛以西"，似應包括奄蔡在內。《漢書·西域傳上》稱："北道西踰葱嶺則出大宛、康居、奄蔡焉。"知當時人心目中，奄蔡係宛西之國。因此，奄蔡應與安息人同爲 West-Eurasianoid，相知言。

2. Pliny 稱黑海北岸的 Aorsi 人爲 Sauromatae（Sarmatae）[35] 之一支，很可能是因爲 Aorsi 人和 Sarmatae 人的種族和語言頗有類似之處。[36]

3. Ammianus Marcellius 記載："幾乎所有的 Halani 人都身軀高大，儀容秀美，髮色淡黃，目光兇惡，使人畏懼"。（XXXI, 2）這裏所謂 Halani（Alani）人顯然包括頓河、高加索地區被 Alani 人征服的 Aorsi 人在內。一般認爲，今日北高加索的 Osset 人之祖是 Alan，[37] 而 Osset 這一名稱來自 Ās。Ās 當即 Aorsi，可見 Aorsi 與 Alani 的族屬、語言相近。

4. 元耶律鑄《雙溪醉隱集》（卷六）"行帳八珍詩序"："廬沆，

馬酮也。……噆沆，奄蔡語也。"或以爲"噆沆"應爲"沆噆"之誤，乃突厥語 kumis 之音譯，因指奄蔡爲突厥語族。[38]

今案：此說未安。kumis 若爲突厥語固有語彙，則不能獨稱爲"奄蔡語"；否則，又安知突厥語的 kumis 不是得自奄蔡語。何況單詞孤證，未識來源，論者逕自乙正，又別無版本之類的依據。

5.《隋書·鐵勒傳》："……拂菻東則有恩屈、阿蘭、北褥九離、伏嗢昏等，近二萬人。北海南則都波等。雖姓氏各別，總謂爲鐵勒。"或據此指阿蘭（奄蔡）爲突厥族。

今案：其說亦未安。《隋書》目"阿蘭"爲鐵勒之一種，很可能是彼時彼地的阿蘭人和其他鐵勒部落雜處而又同樣役屬於突厥的緣故，不能據以爲《隋書》所載阿蘭爲突厥族，更不能據以推斷漢魏時代奄蔡和阿蘭的族屬。[39]

■ 注释

[1] 見本書第五篇。

[2]《史記》、《漢書》所見奄蔡的位置，白鳥庫吉"西域史上の新研究·康居考"，《白鳥庫吉全集·西域史研究（上）》（第6卷），東京：岩波，1970年，pp. 58-96，以爲實際上在鹹海、裏海之北，但當時中國人瞭解的僅爲鹹海以北部份。岑仲勉《漢書西域傳地里校釋》，中華書局，1981年，pp. 265-271，以及松田壽男"イラン南道論"，《東西文化交流史》，東京：雄山閣，1975年，pp. 217-251，均以爲在裏海之北。又，松田知彬"アラン

族の西進",《イスラム世界》10（1976年），pp. 33-52，以爲奄蔡也許位於阿姆河下游。蓋張騫途經之"康居"實爲康居之屬土索格底亞那，故所傳"康居西北可二千里"，應爲索格底亞那西北二千里。今案：此說未安。張騫西使大月氏途經的"康居"雖很可能是康居的屬土索格底亞那，但張騫知道康居的本土在錫爾河北岸。《史記·大宛列傳》稱："康居在大宛西北可二千里"，足以爲證。換言之，張騫在描述奄蔡位置時，不可能以康居屬土爲基準。

[3] E. Chavannes, "Les pays d'occident d'après le *Wei-lio*." *T'oung Pao* 6 (1905): pp. 519-571；白鳥庫吉"大秦傳より見たる西域の地理",《白鳥庫吉全集·西域史研究（下）》（第7卷），東京：岩波，1971年，pp. 303-402；江上波夫"匈奴・フン同族論",《ユウラシア古代北方文化——匈奴文化論考》，東京：山川出版社，1954年，pp. 319-402；以及注2所引松田壽男文均持此說。

[4] F. J. Teggart, *Rome and China*. California, 1939, p. 159, 本沙琬說（"Les pays d'Occident d'après le *Heou Han chou*." *T'oung Pao* 8 (1907): pp. 149-234）以爲，據《後漢書·西域傳》可以推知漢人獲悉奄蔡改名在22—55年。今案：此說不確。傳首序言稱"建武中"，西域諸國"皆遣使內屬，願請都護"。此際雖亦能獲得西域消息，但奄蔡"改名"事實上在公元50年以後，已屬"建武末"。

[5] 注2所引白鳥氏文指出：此"烏伊別國"應即"伊列國"。別、列形似致譌；烏字涉上"西北則烏孫"句衍。今案：其說甚是。然白鳥氏在"蒙古及び突厥の起源",《白鳥庫吉全集·塞外民族史研究（上）》（第4卷），東京：岩波，1970年，pp. 541-547，一文中，又指"烏伊別"爲Avar即悅般，似未安。

[6] 注2所引白鳥氏文指出：《後漢書》成於《魏略》之後，故很可能將後者"故時羈屬康居"理解爲後漢時代羈屬康居。也就是說《後漢書》關於奄蔡改

名阿蘭後"屬康居"的記載未必正確。今案：白鳥氏說是。"故時"云云應爲"改名"以前的情況。

[7] 白鳥庫吉"拂菻問題の新解釋"（載注3所引書，pp. 403-592）。又，注2所引松田壽男文以爲奄蔡卽阿蘭，最初居鹹海北，後逐步遷至裏海、黑海之北。今案：松田氏說亦未安。

[8] F. F. Richthofen, *China. Ergebnisse eigener Reisen und darauf gegründeter Studien*, vol. 1. Berlin, 1877, p. 463; F. Hirth, A von Gutschmid, "Persia. Section II. Greek and Parthian Empire" In *Encyclopaedia Britannica*, vol. 18, pp.582-607. Adam and Chales Black, 1885, p.594; "Über Wolga-Hunnen und Hiung-nu." *Sitzungsberichte der Preussischen Akademie der Missenschaften*. Phil.-hist. Klasse. 1899, II, pp. 245-278, esp. 251; W. Tomaschek, "Kritik der ältesten Nachrichten über den skythischen Norden." *Sitzungsberichte der Wiener Akademie der Wissenschaften* 117 (1889): pp. 1-70；注3所引 E. Chavannes 文等均主此說。此外，注4所引 F. J. Teggart 書，pp. 197-205；内田吟風"匈奴西移考"，《北アジア史研究・匈奴篇》，京都：同朋舍，1975年，pp. 115-141，等以爲奄蔡卽 Abzoae。又，白鳥庫吉"塞民族考"（注2所引書，pp. 361-480）亦指奄蔡爲 Abzoae；後又放棄此說，指奄蔡爲 Kipchak，見注7所引文。又，岑仲勉（出處見注2）以爲"奄蔡"及其別名"闔蘇"分別爲 Aorsi 和 Abzoae 之對譯，而 Aorsi 卽 Abzoae。

[9] H. L. Jones, tr. *The Geography of Strabo, with an English translation*. 8 vols. London, 1916-1936.

[10] J. Marquart, *Über das Völkstum der Komanen*. Berlin, 1914, p. 108.

[11] 塔西陀《編年史》，王以鑄、崔妙因漢譯，商務印書館，1981年。

[12] E. L. Stevenson, tr. & ed. *Geography of Claudius Ptolemy*. New York, 1932.

[13] 注4所引 E. J. Teggart 書，pp. 162-163。

[14] H. Rackham, tr. Pliny, *Natural History, with an English translation*. London, 1949.

[15] 注4所引 E. J. Teggart 書，p. 174。

[16] E. H. Minns, *Scythians and Greeks*. Cambridge, 1913, p. 120.

[17] M. Rostovtzeff, *Scythians and Greeks in South Russia*. Oxford, 1922, p. 115.

[18] 注4所引 E. J. Teggart 書，pp. 217-218；注2所引松田知彬文。

[19] 注4所引 E. J. Teggart 書，pp. 177-180。

[20] 注8所引 W. Tomaschak 文。又，在該地圖上，Arzoae 和 Alani 同時出現在頓河、高加索地區，則可以認爲在它所描述的時代 Aorsi（Arzoae）尚未被 Alani 完全征服。

[21] 注4所引 E. J. Teggart 書，pp. 201-202 以爲：Strabo 所載 Aorsi 不在裏海北岸，所以 Abzoae 和 Aorsi 並非一種。今案：Strabo 未載裏海北岸的情況，不等於事實上該地不存在 Aorsi。又，注8所引白鳥庫吉文以爲：Pliny（VI, 18）另外載有 Aorsi，知在他心目中 Abzoae 與 Aorsi 有別。今案：白鳥氏所指，拉丁原文作 Arsi；此 Arsi 果卽 Aorsi，其位置當在裏海之東，而如前述，裏海東部也有 Aorsi 人。Pliny 並列 Aorsi（Arsi）與 Abzoae（Arzoae）說明他不知兩者原是一種；這當然不等於兩者事實上並非一種。

[22] 注2所引松田知彬文以爲，Aorsi 係 Strabo 通過黑海獲得的情報，而"奄蔡"是張騫通過中亞獲得的情報，兩者在讀音上有所不符，應屬當然。又，E. G. Pulleyblank, "The Consonantal System of Old Chinese (II)". *Asia Major*, 9(1962), p.220 以爲 Abzoae 是 Aorsi 之音訛。今案：其說亦通。

[23] E. J. Teggart 等指奄蔡爲 Abzoae，又以爲 Abzoae 不等於 Aorsi（見注 8 所引諸文），唯一站得住的理由是"奄蔡"或"闍蘇"可視作 Abzoae 的確切對譯。由於用這種觀點來解釋問題處處扞格難通，所以祇能看作巧合。

[24] 注 4 所引 E. J. Teggart 書，p. 218。

[25] 注 4 所引 E. J. Teggart 書，p. 174。又，Pomponius mela 的有關記載見波德納爾斯基編《古代地理學》，梁昭錫漢譯，商務印書館，1986 年，p. 294。

[26] 注 4 所引 E. J. Teggart 書，p. 177。

[27] H. St. J. Thackeray, tr. Josephus, *The Jewish War*, with an English translation. London, 1923. 又，關於這次入侵路線的考證，見注 4 所引 E. J. Teggart 書，pp. 162-163。

[28] A. von Gutschmid, *Geschichte Irans und seiner Nachbarländer: von Alexander dem Grossen bis zum Untergang des Arsaiden*. Tübingen, 1888, p. 121，以爲，據 Josephus, Jewish Antiquities（XVIII, 4~4）的有關記述，可推斷 Alani 人早在 36 年已渡過頓河出現載高加索地區。今案：此說未安。據前引塔西陀的記載，可知其時高加索以北的 Aorsi 人尚稱强大。詳細討論見注 4 所引 E. J. Teggart 書，p. 222。

[29] J. C. Rolfe, tr. *Ammianus Marcellinus, with an English translation*. London, 1939. 此處藉用了齊思和的漢譯文，見《中世紀初期的西歐》，商務印書館，1962 年，pp. 31-33。

[30] 參見本書第一、二、四篇。

[31] 注 17 所引 M. Rostovtzeff 書，pp. 115-116，指出：Rhoxolani 人約在公元前二世紀後半到達頓河和 Dnieper 河之間的地帶。今案：果然如此，則後來位於 Rhoxolani 人西北的 Alani 人遷入南俄羅斯或略早於此。而 Alani 人和

Rhoxolani 人的西徙很可能是 Asii 即 Aorsi 人的西徙促成的。又，大久間慶四郎 "民族大移動とアラン族"，《豐橋技術科學大學人文・社會工學系紀要》6（1984 年），pp. 39-49，以爲 Aorsi 似乎是被來自東方的 Alani 人吞并。今案：此說未安。Alani 人征服 Aorsi 應是它後來自西向東發展的結果。

[32] 注 2 所引松田知彬文以爲 Aorsi 或爲 Arsi（Asii）之訛轉。今案：其說甚是。松田氏又以爲，包括 Asii（Aorsi）在内的遊牧部族入侵巴克特里亞在公元前 141—前 128 年間，而 Aorsi 在南俄羅斯出現的時間爲公元前二世紀後半至公元前一世紀初；從時間上看 Aorsi 亦可能是 Asii。今案：Aorsi（即部份 Asii）人西徙鹹海、裏海之北，當與 Sakā 人入侵巴克特里亞約略相同。

[33] 參見注 8 所引白鳥庫吉文。

[34] 見注 2 所引白鳥庫吉文。

[35] 注 17 所引 M. Rostovtzeff 書，p. 113，認爲，Sauromatae 和 Sarmatae 並非一種。注 31 所引大久間慶四郎文以爲其說執著，實不足取。今案：後說是。Pliny 所知 Sauromatae 應即 Sarmatae 無疑。

[36] Sarmatae 人中，數量最多的是 Alani，而 Alani 後裔之一種 Osset 屬伊朗語族。參見注 17 所引 M. Rostovtzeff 書，p. 114。

[37] V. Minorsky, tr. *Ḥudūd al-'Ālam*. London, 1970, p. 445. 不言而喻，不能因 Osset 得名於 Ās，而將 Osset 與 Aorsi（Asii）完全同一視。

[38] 注 2 所引岑仲勉書，pp. 276-277，以爲 "廛沆" 應乙正爲 "沆廛"，乃 Cara Cosmos（黑馬乳）之對譯。

[39] 注 2 所引白鳥庫吉文曾以爲西方人所知 Alani 多 West-Eurasianoid，東方人所知阿蘭多突厥種。今案：其說未安。

七　烏孫

一

烏孫的故地，論者或據《漢書·張騫傳》關於"本與大月氏俱在祁連、燉煌間"的記載，求諸"祁連、燉煌間"，[1]或因類似記載不見於《史記》，而強調同書"大宛列傳"："烏孫在大宛東北可二千里"一句，認爲烏孫從來就遊牧於天山以北。[2]

今案：烏孫故地，《漢書》既有明確記載，應從《漢書》。《漢書》所載，依據是張騫之言，此言不見於《史記》，有可能是太史公省略；至於"在大宛東北"云云，應是烏孫西遷後的居地。

1.《漢書·張騫傳》載張騫之言曰："烏孫王號昆莫，昆莫父難兜靡本與大月氏俱在祁連、燉煌間，小國也。大月氏攻殺難兜靡，奪其地，人民亡走匈奴。子昆莫新生，傅父布就翖侯抱亡置草中，爲求食，還，見狼乳之，又烏銜肉翔其旁，以爲神，遂持歸匈奴，單于愛養之。及壯，以其父民衆與昆莫，使將兵，數有功。時，月氏已爲匈奴所破，西擊塞王。塞王南走遠徙，月氏居其地。昆莫旣健，自請單于報父怨，遂西攻破大月氏。大月氏復西走，徙大夏地。昆莫略其衆，因留居，兵稍彊，會單于死，不肯復朝事匈奴。"據此，烏孫因擊走月氏，始遷至塞地（應卽伊犂河、楚河流域），前此不在塞地可知。

《史記·大宛列傳》則載："烏孫王號昆莫，昆莫之父，匈奴西邊小國也。匈奴攻殺其父，而昆莫生弃於野。烏嗛肉蜚其上，狼往乳之。單于怪以爲神，而收長之。及壯，使將兵，數有功，單于復以其父之民予昆莫，令長守於西（城）[3]。昆莫收養其民，攻旁小邑，控弦數萬，習攻戰。單于死，昆莫乃率其衆遠徙，中立，不肯朝會匈奴。"據此，則烏孫曾役屬於匈奴，後昆莫率衆遠徙，始擺脫匈奴控制而獨立。同傳所謂"在大宛東北"者，顯爲昆莫"遠徙"後之居地，不能視作故地。由此可見，單持《史記》也不能得出烏孫從來就遊牧於天山以北的結論，換言之，在這一點上，《史記》和《漢書》是一致的，區別在於前者略而後者詳，如此而已。

2.《漢書·張騫傳》載："今單于新困於漢，而昆莫地空。蠻夷戀故地，又貪漢物，誠以此時厚賂烏孫，招以東居故地，漢遣公主爲夫人，結昆弟，其勢宜聽，則是斷匈奴右臂也。"又同書"西域傳"載張騫說昆莫之言曰："烏孫能東居故地，則漢遣公主爲夫人，結爲昆弟，共距匈奴，不足破也。"準此，則漢廷欲招烏孫東居"昆莫地"，而"昆莫地"應卽烏孫西徙伊犂前的居地。

《史記·大宛列傳》則載："今單于新困於漢，而故渾邪地空無人。蠻夷俗貪漢財物，今誠以此時而厚幣賂烏孫，招以益東，居故渾邪之地,與漢結昆弟,其勢宜聽,聽則是斷匈奴右臂也。"準此,則漢廷欲招烏孫東居者爲"渾邪地"。

然而,同傳又載:"漢遣驃騎破匈奴西域數萬人,至祁連山。其明年,渾邪王率其民降漢,而金城、河西西並南山至鹽澤空無匈奴。匈奴時有候者到,而希矣。"同書"驃騎列傳"則逕稱渾邪爲"匈奴西域王"。此處"匈奴西域"應即"大宛列傳"的"匈奴西城"。可知"渾邪地"即"匈奴西域(城)",亦即單于曾令昆莫長守之"西城"。《史記》雖未明言昆莫所守"西城"即烏孫故地,但其地顯係昆莫率衆遠徙以前的駐牧地,亦即《漢書》所謂"昆莫地",相對於"大宛東北"來說,目之爲烏孫故地也未嘗不可。

在這里,《史記》和《漢書》其實也不牴牾。《漢書》之所以改"渾邪地"爲"昆莫地",僅僅是因爲"渾邪地"不完全等於"昆莫地"。西徙前的烏孫,"小國也";就地理範圍而言,"昆莫地"無疑包含在"渾邪地"之中。[4]

3. 所謂"祁連、燉煌間",東起今祁連山以北,西達今天山、阿爾泰山東端。[5] 匈奴逐走月氏後,這一地區應爲匈奴所控制,後來成爲"匈奴西域王"渾邪的領地。也就是說"渾邪地"應在"祁連、燉煌間"。故《史記》所謂招烏孫東居"渾邪地",亦即東居"祁連、燉煌間"。由此可見,《史記》所載與《漢書》其實是一致的。鑒於武帝元狩二年(前121年)漢已在河西置酒泉郡,而張騫欲招烏孫東居故地,旨在斷匈奴右臂即截斷匈奴與西域的聯繫,似可認爲烏孫故地即西徙伊犁河、楚河之前的居地不在"祁連、燉煌間"這一範圍的東部即河西地區。[6] 又鑒於敦煌以西至今哈密一帶是一片大沙漠，"卽莫賀延磧，長八百餘里，古曰沙河，上無飛鳥，下無走獸，復無水草"。（《大慈恩寺三藏法師傳》卷一）烏孫故地似可求諸今哈密附近。其地若爲漢朝控制，對於"斷匈奴右臂"無疑能起很大作用。

又，雖然漢朝欲招烏孫東居之故地卽"昆莫地"未必就是難兜靡之居地，但"昆莫地"旣在"祁連、焞煌間"，則其地正是難兜靡之居地卽烏孫故地的可能性也不能排除。

要之，在月氏被匈奴所逐西徙以前，烏孫作爲"小國"很可能役屬於月氏，其牧地當在月氏勢力範圍之內，且主要在這個範圍的西部。論者或指實月氏故地在烏孫故地之東，或指實月氏故地在烏孫故地之西；[7] 皆未能安。

二

烏孫與西徙前月氏之關係，《史記》、《漢書》所載似乎不同。據前引《漢書·張騫傳》可知昆莫之父爲月氏攻殺，而據前引《史記·大宛列傳》，可知昆莫之父爲匈奴所攻殺。雖然乍看難斷是非，但我認爲其實並不矛盾。

《史記》、《漢書》皆載昆莫之父被殺時，昆莫新生。而據《漢書·西域傳下》，元封中（前110—前105年）以江都王建女細君爲公主妻昆莫，時"昆莫年老"。七十曰"老"，設元封元年，昆莫爲70（±5）歲，可得昆莫之父死於公元前185—前175年間。

又，《漢書·匈奴傳上》載文帝前元四年（前176年）匈奴冒頓單于遺漢書："今以少吏之敗約，故罰右賢王，使至西方求月氏擊之。以天之福，吏卒良，馬力強，以滅夷月氏，盡斬殺降下定之。樓蘭、烏孫、呼揭及其旁二十六國皆已爲匈奴。"據此，匈奴定烏孫在公元前177/前176年，[8] 昆莫之父被殺當在此時。這和據《漢書·西域傳下》推定的昆莫之父的死年並不矛盾。也就是說，昆莫之父完全有可能被匈奴攻殺，如《史記》所載。

但是，如果考慮到當時匈奴主要攻擊對像是月氏而非烏孫，烏孫故地在月氏勢力範圍之內，而且主要在這個範圍的的西部，月氏不破不能及烏孫，故月氏受匈奴攻擊、撤出故地時，也很可能衝擊烏孫，殺死昆莫之父。由於匈奴接踵而至，烏孫遺民遂亡走匈奴。換言之，揆情度理，《漢書》所載也未必有誤。

因此，不妨認爲，昆莫之父直接死於月氏之手，而間接死於匈奴之手；根本原因則在於匈奴之攻擊月氏，蓋烏孫本與月氏俱在"祁連、焞煌間"，相安無事已久可知。

或以爲《史記》稱烏孫爲"匈奴西邊小國"，似乎地近匈奴，在月氏之東，故匈奴攻月氏時，首當其衝，昆莫之父應死於匈奴之手。[9]

其實，《史記》敍述烏孫與匈奴相對位置時，未及月氏，僅以匈奴爲準，故所謂"西邊"不等於和匈奴西境鄰接，不過說烏孫位於匈奴西方，如此而已。

或以爲《漢書》有關塞外記事較《史記》正確，這是武帝以後對外交通日益頻繁的結果。[10] 也就是說有關難兜靡的記載應以

《漢書》爲準，卽爲月氏所殺，後來昆莫率衆復讎似也足以證明這一點。

其實，昆莫卽使知道其父死因歸根結蒂在於匈奴也無可奈何。大概《漢書》因加入烏孫逐走月氏、遷往塞地一段，故強調昆莫之父死於月氏。而太史公敍昆莫父死一事未及月氏，亦未必不知。之所以單提匈奴，或筆法使然。昆莫父之死，匈奴難逃其咎；且看昆莫破月氏後，便留居塞地，不肯復朝事匈奴了。

要之，在這個問題上，旣無必要持《史記》否定《漢書》，亦不可能持《漢書》否定《史記》。

三

烏孫西徙塞地的年代，應卽大月氏放棄塞地遷至嬀水流域的年代。大月氏西遷嬀水流域的年代可斷在公元前130年；[11]而如果單從烏孫的角度來看問題，可以得出大致近似的結論。

據前引《漢書·張騫傳》，月氏放棄塞地，乃爲烏孫昆莫所逐，時昆莫已"壯"，且在攻擊月氏之前早就"將兵，數有功"。三十曰"壯"，則逐走月氏時昆莫當爲30—50歲。又如前述，昆莫父之死年爲公元前177/前176年，這一年可視作昆莫的生年，故可得出昆莫佔有塞地之年在公元前148/前147—前128/前127年之間。

或指出，據《漢書》，昆莫留居塞地在某匈奴單于生前，而據《史記》，昆莫遠徙在某單于死後，以見兩史不同。[12]今案：兩史在提及"單于死"時，著眼點完全相同，即指出烏孫在該單于死後，纔擺脫匈奴控制而獨立。《史記》因未敍及昆莫破月氏事，故所言籠統，不如《漢書》層次分明：烏孫在逐走月氏後留居塞地，而在月氏死後纔不復朝事匈奴。這里所謂班馬異同，僅此而已。至於此處提到的單于，無疑應是公元前126年去世的軍臣單于。

論者又以爲昆莫成長直至獨立一段故事，均係張騫被匈奴拘留時所聞，而張騫首次西使歸國乃乘軍臣單于死時之亂，可見昆莫"自請單于"以及"會單于死"的"單于"一定是老上單于。[13] 換言之，烏孫西徙應在老上單于在位期間。今案：此說未安。蓋張騫首次西使爲匈奴拘留前後凡二次，第二次被捕於訪問大月氏後的歸國途中，時昆莫已破月氏，故昆莫自請［軍臣］單于報父怨一事完全可能得聞於匈奴中。即使昆莫在軍臣死後獨立一事係歸國後獲悉，爲敍述方便，連同很可能早在第一次拘留中便得聞的烏哺狼乳等情節，一概冠以"臣居匈奴中聞"，也未嘗不可。

論者又以爲昆莫破月氏時年屆三十，不久便會單于死，此單于若爲軍臣，則至元封中，昆莫不過五十左右，不得曰"老"。[14] 今案：《史記》、《漢書》均未載昆莫及"壯"便立即往攻月氏；細讀傳文自明。

四

烏孫西徙後之居地，據《漢書·西域傳下》記載："烏孫國……東與匈奴、西北與康居、西與大宛、南與城郭諸國相接。本塞地也。"匈奴，其時勢力已逾阿爾泰山而西；康居，本土在錫爾河以北直至塔拉斯河流域；大宛，位於費爾幹納盆地；城郭諸國，泛指塔里木盆地綠洲國。由此可知，西徙後烏孫的位置主要在伊犁河、楚河流域。

按照《漢書》等的描述，當時烏孫國領土的四至，似可約略考知：

1. 據《漢書‧西域傳下》，"北與烏孫接"的城郭諸國有姑墨、龜茲和焉耆。這三國均在天山之南，其領土果與烏孫相接，則烏孫的活動範圍應包括天山以北特克斯河和裕勒都斯河流域在內。[15] 同傳又載捐毒"北與烏孫接"。捐毒在 Irkeshtam，偏於西南，然其人遊牧爲生，與烏孫同俗，故兩者活動範圍亦有可能接觸。[16]

2. 據《漢書‧陳湯傳》，匈奴郅支單于西奔康居，"數借兵擊烏孫，深入至赤谷城，殺略民人，歐畜產，烏孫不敢追，西邊空虛，不居者且千里"，知烏孫王治赤谷城（在納倫河上游）至其西境約有千里。可見所謂烏孫西域大宛接，大致以 Kagart 山脈和 Yasii 山脈爲界。[17]

3. 據《漢書‧陳湯傳》，甘延壽、陳湯征郅支時，"引軍分行，別爲六校，其三校從南道踰蔥領徑大宛，其三校都護自將，發溫宿國，從北道入赤谷，過烏孫，涉康居界，至闐池西"。"闐池"即伊塞克湖，烏孫領土西抵此湖，其西境既以 Kagart 山脈和 Yassi 山脈和大宛爲界，則所謂烏孫西北於康居接，大致以 Alexandrovski 山脈和楚河爲界。[18]

4. 據前引文帝前元四年冒頓單于遺漢書，知當時匈奴已征服了阿爾泰山南麓的呼揭，控制了塔里木盆地，故載天山北面的準噶爾盆地無疑在匈奴勢力範圍之內；故所謂烏孫東與匈奴接，很可能指烏孫東境抵達準噶爾盆地西緣。[19]

5.《漢書·西域傳下》載，烏貪訾離國（在瑪納斯附近）"西與烏孫接"。結合前引同傳焉耆國"北與烏孫接"的記載，知烏孫東部領土還包括瑪納斯河流域在內。[20]

6.《漢書·陳湯傳》載陳湯之言曰："今郅支單于威名遠聞，侵陵烏孫、大宛，常爲康居畫計，欲降服之，如得此二國，北擊伊列，西取安息，南排月氏、山離烏弋，數年之間，城郭諸國危矣。"其中，"伊列"或得名於 Ili 河，應在烏孫之北，佔有伊犁河下游，蓋郅支欲令康居降服烏孫，始能北擊伊列。[21] 由此可知，《漢書·西域傳》所描述的烏孫國北境未抵巴爾喀什湖。

五

烏孫王治赤谷城的位置，據《漢書·西域傳下》："烏孫國，大昆彌治赤谷城，去長安八千九百里。……東至都護治所千七百二十一里，西至康居蕃內地五千里。"其確切地點究在何處，歷來衆說紛紜。目前相持不下的主要有兩說：一、今阿克蘇以北、特克斯河南岸一帶；[22] 二、伊塞克湖東南、納倫河上游。[23] 今案：後說近是。

1. 據《漢書·西域傳》，溫宿國（Utch Turfan）"北至烏孫赤谷六百一十里"。又前引同書"陳湯傳"載甘延壽西征郅支時，自將三校自溫宿，經赤谷城，沿納倫河西行至伊塞克湖西，知赤谷城當在溫宿西北六百一十里卽納倫河上游。[24]

2.《新唐書·地理志七下》："……又六十里至大石城，一曰于祝，曰溫肅州。又西北三十里至粟樓烽，又四十里度拔達嶺，又五十里至頓多城，烏孫所治赤山城也。又三十里渡真珠河……"其中，溫肅卽溫宿，拔達嶺卽 Badal Pass，赤山城卽赤谷城，真珠河卽納倫河。自溫肅西北行乃抵赤山，知赤谷在溫宿西北。

或以爲：準此，溫宿去赤谷僅一百二十里，與《漢書》不合，《新唐書》之文不足爲據。[25] 今案：上引文"頓多城"下應有奪脫，蓋自溫肅西北行至真珠河必不止一百五十里。

3.《史記·大宛列傳》稱："烏孫在大宛東北可二千里"。乃指大宛都城貴山城至烏孫王治赤谷城的距離。貴山城在 Khojend 附近，其東北二千里的赤谷城則應在納倫河上游。[26]

或以爲貴山城應位於 Kāsān 附近，故指赤谷城在特克斯河南岸；[27] 未安。

4. 或據前引《漢書·陳湯傳》關於郅支藉康居兵擊烏孫，以及甘延壽、陳湯西征郅支的記載，認爲烏孫與康居的境界應在伊塞克湖西岸，而赤谷城應求諸此境界以東千里之外，亦卽特克斯河流域。[28]

今案：此說未安。郅支爲康居畫計，所侵者大宛、烏孫，知寇赤谷乃取道伊塞克湖南岸；《漢書·西域傳下》且稱烏孫西與大宛接，故所謂"西邊空虛，不居者且千里"，應指大宛卽費爾幹納盆地東界以東千里；這無妨求赤谷城於納倫河上游。

5. 或以爲：據《漢書·西域傳下》，溫宿國王治"東至都護治所二千三百八十里"，反較赤谷城至都護里數遠六百五十九里，故赤谷城祇能在特克斯河流域（Narin kol）。[29]

今案：這"二千三百八十里"無疑是錯誤的，不足爲據。[30] 同傳稱，溫宿王治"去長安八千三百五十里"，較赤谷城至長安里數近五百五十里，也許較近實際。

六

烏孫的族名、族源和族屬，迄今尚未有定說，在此亦略陳已見。

據希羅多德《歷史》（I，201），可以考知：至遲在公元前七世紀末，伊犂河、楚河流域的居民是 Issedones 人。[31] 或以爲《史記》、《漢書》所見烏孫應卽希羅多德所載 Issedones 人。[32] 今案：此說旣非又是。[33] 蓋烏孫直至公元前 130 年纔西徙伊犂河、楚河流域，顯然不能將它和公元前七世紀後期已出現在上述地區的 Issedones 人等同起來。又，Issedones 人應卽大流士一世以降波斯人所謂 Sakā，亦卽《漢書·西域傳》所謂"塞種"，同傳且明載烏孫西徙後所居"本塞地"，亦見兩者是二非一；然而，烏孫與 Issedones 卻又頗有淵源。

1. Issedones 是由 Asii、Tochari、Sacarauli 和 Gasiani 四者組成

的部落聯盟。希羅多德逕記作 Issedones（Asii），則可能是由於這個聯盟以 Asii 爲盟主。約公元前 177/ 前 176 年，大月氏人爲匈奴所逐西徙，Issedones 人被迫撤出伊犂河、楚河流域，其中一部份南下帕米爾，以後或東進塔里木盆地，或經縣度進入罽賓。

2. 在伊犂河、楚河流域組成 Issedones 的四部可能在公元前七世紀末遷自河西地區。其中 Asii 可能是見諸《左傳》的"允姓之戎"。

3. "烏孫"[a-siuən] 可視作"允姓"或"允［姓］"之異譯。允姓活動於河西，烏孫西徙前的居地在伊吾以西，但前者的勢力範圍在西方未必局限於敦煌，後者可能一度自原居地進入河西，故允姓是烏孫之前身、或兩者同源的可能性不能排除。公元前七世紀末遷至伊犂河、楚河流域者，即西史所見 Issedones 或 Asii，公元前 130 年左右遷至上述地區者，即漢史所見烏孫。[34]

4.《漢書·西域傳》所見南北道諸綠洲的名稱中，"伊循"、"烏壘"、"焉耆"均可視作 Asii 或 Issedones 的異譯。這表明自伊犂河、楚河流域南下的 Asii 人曾進入上述諸地。

"龜茲"應爲 Gasiani 之異譯，或係 Gasiani 人進入該地留下的遺蹟。《一切經音義》卷八二稱屈支"或名烏孫，或名烏纍"，[35] 歷來未得確解。今案：這很可能是因爲同時進入該地的除 Gasiani 人外，還有曾與之同屬一個聯盟的 Asii 人的緣故，蓋"烏孫"、"烏纍"均得視爲 Asii 之對譯。這似乎可以間接證明《漢書》的"烏孫"和 Asii 是同名異譯。

5.《漢書·西域傳上》有國名"難兜"，位於今 Gilgit。[36] 其地乃放棄伊犂河、楚河流域的 Asii 等部自帕米爾南下罽賓的必由之途。"難兜"與同傳所見烏孫始祖"難兜靡"同名，當非偶然。蓋"難兜國"很可能得名於經由該地南下罽賓的 Asii 人。於此亦可見《漢書》的烏孫和 Asii 同源。

6.《漢書·西域傳下》稱烏孫逐走大月氏、佔有伊犂河、楚河流域後，其民"有塞種、大月氏種"，塞種既包括 Asii 在內，似乎說明烏孫與 Asii 存在差別；但如果考慮到兩者早在公元前七世紀末已經分道揚鑣，彼此在語言、習俗乃至體貌特徵上產生若干差別是完全可以理解的，也就是說不能應爲存在這種差別而否定兩者同出一源。

7. Asii 等四部應是 West-Eurasianoids，其語言屬印歐語系。烏孫既與 Asii 同源，則也應該如此。業已出土的被認爲屬於烏孫人的遺骨似乎已證明烏孫是 West-Eurasianoids。[37]《漢書·西域傳下》顏注："烏孫於西域諸戎其形最異，今之胡人青眼、赤須，狀類獼猴者，本其種也"，或非無據。

論者或以爲烏孫應爲突厥語族。其證據不外乎烏孫與突厥均有狼種傳說；其貴族多稱某"靡"，"靡"即突厥語 bak 或 bi；官號"翖侯"即突厥之"葉護"，"岑陬"即"設"，"烏孫"與突厥"阿史那"爲同名異譯等。[38]

今案：其說未安。一則，狼種傳說並非阿爾泰語系諸族所獨有。二則，"靡"、"翖侯"、"岑陬"等果係阿爾泰語，則可能是烏孫西徙前受阿爾泰語諸族影響的結果；三則，"靡"、"翖侯"等亦可用印歐語詮釋，[39] 換言之，突厥的"葉護"等號也可能得諸印歐語系諸族。四則，"烏孫"與"阿史那"果爲同名異譯，[40]則突厥阿史那氏完全可能源於烏孫，在某種程度上是 East-Eurasianoids 和 West-Eurasianoids 的混血種。《周書·突厥傳》稱："突厥之先，出於索國"。或以爲"索"卽 Sakā 之音譯。[41]果然，阿史那與烏孫確實存在血緣關係亦未可知。

■ 注释

[1]《漢書·西域傳》稱："烏孫本與大月氏共在敦煌間"。應據同書"張騫傳"在"敦煌"前補"祁連"兩字。說見白鳥庫吉"烏孫に就いての考"，《白鳥庫吉全集·西域史研究（上）》（第 6 卷），東京：岩波，1970 年，pp. 1-55。

[2] 烏孫之故地，加藤繁"烏孫の居住地に就いて"，《史學雜誌》42～7（1931年），pp. 103-104；安馬彌一郎"月氏の西方移動に就て"，《史學雜誌》43～5（1932年），pp. 101-113，均以爲從來就在伊犁。榎一雄"加藤繁博士小傳"，加藤繁《中國經濟史の開拓》，東京：櫻菊書院，1948年，pp. 145-268，以及松田壽男《古代天山の歷史地理學的研究》，東京：早稻田大學出版部，1970年，pp. 29-33，均表示贊同。又，內田吟風"月氏のバクトリア遷移に關する地理的年代的考證（上）"，《東洋史研究》3～4（1938年），pp. 29-56，以爲：烏孫最初介乎月氏與匈奴之間，在冒頓遣右賢王攻擊月氏時爲匈奴征服，其地後來成爲匈奴渾邪王地，亦卽漢張掖郡地；而與大月氏"俱在祁連、焞煌間"的是"難兜靡"（意卽"難兜國王"）；該王爲月氏所殺，而非死於匈奴之手，其遺孤名昆莫，爲匈奴所收養，長

成後成爲烏孫王。又，岑仲勉《漢書西域傳地里校釋》，中華書局，1981 年，pp. 354-378，則以爲烏孫故地"遽難判定"。此外多據《漢書·張騫傳》求烏孫故地於今祁連山以西、敦煌以東。今案：諸說均未安。對内田氏說的批判可參看榎一雄"難兜國に就いての考"，《加藤博士還曆記念東洋史集說》，東京：富山房，1941 年，pp. 179-199。

[3] "西城"，王念孫《讀書雜誌》三，以爲當作"西域"。今案：《史記·大宛列傳》"驃騎破匈奴西城數萬人"，《漢書·張騫傳》"西城"作"西邊"。又，《史記·驃騎列傳》有"匈奴西域王渾邪"；同傳又稱："單于怒渾邪王居西方數爲漢所破，亡數萬人，以驃騎之兵也"。知"西城"、"西邊"、"西域"與"西方"同義，均指匈奴西部。

[4] 《鹽鐵論·西域》："胡西役大宛、康居之屬，南與羣羌通。先帝推攘斥奪廣饒之地，建張掖以西，隔絕羌、胡，瓜分其援，是以西域之國皆内拒匈奴，斷其右臂，曳劍而走。"內田吟風（注 2 所引文）據以爲漢廷欲招烏孫東居之地應即漢張掖郡地，從而斷定"渾邪地"等於"昆莫地"等於"烏孫故地"。今案：招烏孫東居張掖地，不僅不能隔絕匈奴與西域，且不能隔絕匈奴與諸羌之交通。事實上，《鹽鐵論》並沒有說置張掖郡便能斷匈奴右臂，而是說"建張掖以西"（至少包括酒泉、敦煌兩郡之地），並聯合西域諸國，纔能斷匈奴右臂。內田吟風說欠妥。參見藤田豐八"西域研究·月氏、烏孫の故地"，《東西交涉史の研究·西域篇》，東京：荻原星文館，1943 年，pp. 335-343。又，桑原隲藏"張騫の遠征"，《東西交通史論叢》，東京：弘文堂，1944 年，pp. 1-117，將《史記》、《漢書》作了機械對比，認爲"渾邪地"等於"昆莫地"，且據《漢書·地理志下》"張掖郡，故匈奴昆邪王地"一句，指其地即漢張掖郡地。今案：張掖郡地不過渾邪地之一部，昆莫

地亦然；桑原氏說未安。參見岑仲勉說（出處見注2）。另外，G. Haloun, "Zur Üe-tṣï-Frage." *Zeitschrift der Deutschen Morgenländischen Gesellschaft* 41 (1937): pp. 243-318,以爲《史記》"渾邪地"在《漢書》中變爲"昆莫地"，乃因"昆莫"與"渾邪"發音相近誤讀所致。今案：其說未安。

[5] 參見本書第三篇。

[6] 參見孟凡人《北庭史地研究》，新疆人民出版社，1985年，pp. 11-15。又，酒泉郡設置的年代，可參看周振鶴《西漢政區地理》，人民出版社，1987年，pp. 157-168。

[7] 各家有關月氏故地與烏孫故地關係的觀點皆取決於各自的故地說，茲不一一。

[8] 參見本書第三篇。

[9] 桑原隲藏說，見注4所引文。又，E. G. Pulleyblank, "The Wu-sun and Sakas and the Yüeh-chih Migration." *Bulletin of the School of Oriental and African Studies* 33 (1970): pp. 154-160,以爲《漢書》有關烏孫對月氏實行血族復讎的故事純係編者想像，部份是爲了加強戲劇效果，部份是爲了說明公元前一世紀左右烏孫居民中有大月氏、塞種，以及鄰近的帕米爾地區有塞種所建小國等情況。今案：其說未安。參見本書第一、三篇。

[10] 內田吟風說，見注2所引文。內田氏認爲，張騫進言，司馬遷未必親聞，故有關記載不如後來班固得諸祕庫者確切。

[11] 見本書第三篇。

[12] 藤田豐八說，見"西域研究·月氏西移の年代"，載注4所引書，pp. 244-359。

[13] 藤田豐八說，見注12所引文。注1所引白鳥庫吉文亦以爲昆莫西徙、叛

匈奴自立在老上單于末年。但他並未舉出什麼證據，祇是說，昆莫之父與冒頓爲同時代人，昆莫則應與老上同時代。今案：其說未安。

[14] 藤田豐八說，見注 12 所引文。又注 9 所引 E. G. Pulleyblank 文以爲張騫被拘留時，軍臣單于尚在，故"會單于死"必定是逢老上之死。今案：其說未安。

[15] 參見注 1 所引白鳥庫吉文，以及注 2 所引松田壽男書，pp. 38-39。又，松田氏以爲，按之《漢書》等記載，匈奴與康居關係頗爲密切，例如郅支西遁，往赴康居。又如，《漢書·匈奴傳》載："烏禪幕者，本烏孫、康居間小國，數見侵暴，率其衆數千人降匈奴，狐鹿姑單于以其弟子日逐王姊妻之，使長其衆，居右地。"這表明匈奴勢力已伸向烏孫、康居之間。因此，似乎不能認爲烏孫國的勢力範圍包括伊塞克湖以西、楚河流域乃至伊犁河下游，毋寧說其主體在納倫河、特克斯河和裕勒都斯河流域。換言之，烏孫不在天山之北而在天山之中。今案：說烏孫國位於伊犁河、楚河流域，不過就其大勢而言。其實際疆域當視周鄰諸國的盛衰而盈縮，不能以某一特定時期的記載計較之。例如：伊犁河下游有伊列國，但由於此國大小、强弱不得而知，便很難指實伊犁河下游不在烏孫勢力範圍之內。再如，烏孫和康居的境界雖可大致定在伊塞克湖西，但也不能因此認爲烏孫不能控制楚河東岸地區。又如，郅支西逃康居、烏禪幕東奔匈奴，也不表明伊塞克湖北未嘗屬烏孫。因爲烏孫是遊牧部族，自身遷徙無定，故對其疆域的理解不可執著。

[16] 參見本書第四篇。

[17] 參見注 1 所引白鳥庫吉文。

[18] 參見白鳥庫吉"西域史上の新研究·康居考"，載注 1 所引書，pp. 58-96。

[19] 參見注 2 所引松田壽男書，pp. 33-38，以及本書第三篇。

[20] 參見注 2 所引松田壽男書，p. 111。

[21] 參見注 1 所引白鳥氏文。

[22] 例如注 2 所引內田吟風文。

[23] 例如注 1 所引白鳥氏文。

[24] 白鳥庫吉說，見 1 所引文。

[25] 內田吟風"月氏のバクトリア遷移に關する地理的年代的考證（下）"，《東洋史研究》3～5（1938 年），pp. 29-51。

[26] 說見桑原隲藏"大宛國の貴山城に就て"，注 4 所引書，pp. 118-142；"再び大宛國の貴山城に就て"等，注 4 所引書，pp. 143-274。另見本書第四章。

[27] 內田吟風說，見 25 所引文。

[28] 同注 27。

[29] 同注 27。

[30] 松田壽男說，見 2 所引書，pp. 63-78。

[31] 說見馬雍、王炳華"公元前七至二世紀的中國新疆地區"，《中亞學刊》第 3 輯，中華書局，1990 年，pp. 1-16。希羅多德《歷史》，王以鑄漢譯，商務印書館，1985 年。

[32] 例如：L. Hambis, *L'Asie Central*, Paris, 1977, p. 11.

[33] 本節以下所論參見本書以前各篇。

[34] 參見注 1 所引白鳥庫吉文。黃文弼"論匈奴族之起源"，《黃文弼歷史考古論集》，文物出版社，1989 年，pp. 85-90，以為"允姓之戎必為羌戎"；疑誤。《左傳·襄十四年傳》有"羌戎氏"，楊伯峻注："瓜州之戎本有二姓，一為姜姓，此戎是也；一為允姓，昭九年傳'故允姓之姦居于瓜州'是也。

杜注混而一之，不確。"見《春秋左傳注》，中華書局，1983 年，p. 1005。

[35] 《大正新修大藏經》T54, No. 2128, p. 837。

[36] 見榎一雄"難兜國に就いての考"（出處見注 2）。

[37] 參見黃振華、張廣達"蘇聯的烏孫考古情況簡述"，載王明哲、王炳華《烏孫研究》，新疆人民出版社，1983 年，pp. 185-200。以及韓康信"新疆古代居民種族人類學的初步研究"，《新疆社會科學》1985 年第 6 期，pp. 61-71。

[38] 注 1 所引白鳥庫吉文，以及"中亞史上の人種問題"，注 1 所引書，pp. 524-526。

[39] E. G. Pulleyblank, "The Consonantal System of Old Chinese, II." *Asia Major* 9 (1962), p. 227; H. W. Bailey, *Indo-Scythian Studies, being Khotanese Texts*, vol. 7. Cambridge: Cambridge University Press, 1985, p. 130.

[40] W. W. Tarn, *The Greek in Bactria and India*. London: Cambridge, 1951, p. 284, 指出 Asii 的形容詞形式爲 Asiani。今案：Asii 與"烏孫"，Asiani 與"阿史那"均得視爲同名異譯。

[41] 白鳥庫吉"西域史上の新研究・大月氏考"，注 1 所引書，pp. 97-227。

八 罽賓

一

《漢書·西域傳》所見罽賓國的位置，歷來衆說紛紜。如果就其中心地區而言，諸說可大別爲三類：一置罽賓於 Paropamisadae（喀布爾河上游地區，包括 Kophen、Kapisa 等地）；[1] 二置罽賓於 Gandhāra（喀布爾河中下游地區，包括 Puṣkalāvatī、Taxila 等地）；[2] 三置罽賓於 Kaspeiria（今克什米爾和旁遮普西北部）。[3]

今案：按之《漢書·西域傳》本文，結合《後漢書·西域傳》等有關記載，可以考定，漢代罽賓國應以乾陀羅、呾叉始羅爲中心，其勢力範圍一度包括喀布爾河上游地區和斯瓦特河（Swāt）流域。

1.《漢書·西域傳上》載："罽賓國，王治循鮮城，去長安萬二千二百里。不屬都護。戶口勝兵多，大國也。東北至都護治所六千八百四十里，東至烏秅國二千二百五十里，東北至難兜國九日行，西北與大月氏、西南與烏弋山離接。"其中，大月氏在吐火羅斯坦,其東南有役屬於該國的高附翖侯(領有 Kokcha 河流域)和雙靡翖侯(領有 Mastuj 一帶);[4] 大月氏既與罽賓接壤,則兩國大致以興都庫什山爲界。又,烏弋山離的中心在 Arachosia 和 Drangiana,[5] 該國與罽賓相接,祇有當它或罽賓領有 Paropamisadae 時纔有可能。《後漢書·西域傳》載,"高附"即 Paropamisadae 歸屬不定,但確曾一度歸罽賓,可知罽賓的中心應在乾陀羅。

2.《漢書·西域傳上》載:"皮山國……西南當罽賓、烏弋山離道。"又載:"起皮山南,更不屬漢之國四五……又歷大頭痛、小頭痛之山、赤土、身熱之阪,令人身熱無色,頭痛嘔吐,驢畜盡然。又有三池、盤石阪,道陜者尺六七寸,長者徑三十里。臨崢嶸不測之深,行者騎步相持,繩索相引,二千餘里乃到縣度。畜隊,未半阬谷盡靡碎;人墮,勢不得相收視。險阻危害,不可勝言。"由此可知,自漢赴罽賓,乃由皮山國前往,途中須經由名爲"縣度"的天險。縣度的位置,一般認爲在 Darel 至 Swāt 之間印度河的上游河谷;這大致是不錯的。[6] 蓋據同傳,皮山"西南至烏秅國千三百四十里",烏秅國"其西則有縣度";又據《後漢書·西域傳》,"自皮山西南經烏秅,涉懸度,歷罽賓,六十餘日行至烏弋山離國",知自皮山赴罽賓,於涉縣度之前,必先抵烏秅。皮山去烏秅"千三百四十里",去縣度"二千餘里",而烏秅去罽賓"二千二百五十里",知縣度去烏秅和罽賓分別爲六百六十里和千五百九十里,大致在烏秅(Hunza)[7] 赴罽賓途中的三分之一處。《漢書·西域傳上》又說:"今縣度之阨,非罽賓所能越也。"知罽賓的領土大致在縣度之南，故 Swāt 河谷卽烏萇（Udyāna）多半在其勢力範圍之內。

3.《漢書·西域傳上》載："難兜國……西南至罽賓三百三十里。"難兜國，位於今 Gilgit 附近，[8]在縣度之北，故傳文"三百三十里"必然有誤。同傳又載：罽賓"東北至難兜國九日行"，亦可爲證。蓋"三百三十里"毋須"九日行"。又如前述，縣度至烏秅和罽賓分別爲六百六十里和千五百九十里，Gilgit 大致位於 Hunza 和 Darel 中間，故去罽賓亦非"九日"能至，"九日"或爲"十九日"之奪誤。難兜國旣"屬罽賓"，結合前文關於大月氏國和罽賓國相接的記載，知罽賓勢力已及 Gilgit 河流域，"縣度之阨"，非絕對不能越也。

4.《漢書·西域傳上》載："罽賓地平，溫和，有目宿、雜草、奇木，檀、櫰、梓、竹、漆。種五穀、蒲陶諸果，糞治園田。地下溼，生稻，冬食生菜。其民巧，雕文刻鏤，治宮室，織罽，刺文繡，好治食。有金銀銅錫，以爲器。市列。……出封牛、水牛、象、大狗、沐猴、孔爵、珠璣、珊瑚、虎魄、璧流離。它畜與諸國同。"從所傳氣候、地形和物產來看，漢代罽賓國的中心地區爲 Gandhāra（包括 Taxila）的可能性最大，[9]Kaspeiria 和 Paropamisadae 雖有可能屬罽賓，但不能視作罽賓本土。[10]

5. 罽賓本土旣在喀布爾河中下游，則"罽賓"[kiat-pien] 很可能是 Kabul 河的古稱 Kophen 之音譯。[11]罽賓王治"循鮮"，一說應卽 Puṣkalāvatī（梵文，義爲"青蓮"）的波斯語譯 Sūsen（Sūsan）的對譯。[12]今案：此說雖亦可通，但畢竟迂曲。"循鮮"[ziuən-sian]

毋寧說是 Taxila（梵文 Takṣaśilā，巴利文 Takkasilā）的略譯（端邪鄰紐，"循"可譯 ta）。Taxila，《法顯傳》作"竺刹尸羅"，《大唐西域記》作"呾叉始羅"，故址在今拉瓦爾品第新城西北約二十英里，曾爲 Gandhāra 首府。[13]

二

《漢書·西域傳上》載："昔匈奴破大月氏，大月氏西君大夏，而塞王南君罽賓。塞種分散，往往爲數國。自疏勒以西北，休循、捐毒之屬，皆故塞種也。"《漢書·西域傳下》則載："烏孫國……東與匈奴、西北與康居、西與大宛、南與城郭諸國相接。本塞地也。"由此可知，罽賓曾爲塞人所佔，塞人乃徙自"塞地"。按之"烏孫國"四至，知"塞地"大致在伊犂河、楚河流域。[14]塞人放棄故地，是受西遷的大月氏人迫逐，時在公元前177/前176年，[15]故塞人"南君罽賓"不可能早於此年。至於塞人南徙的路線，則顯然是從伊犂河、楚河流域，進入帕米爾地區，然後越過縣度，抵達罽賓。

西漢一代與罽賓、烏孫兩國交往頻繁，上述記事當係漢使得自兩國國人；這是有關罽賓塞人由來的唯一文字記載，言之鑿鑿，本不容輕易否定。[16]近人卻很少信從《漢書·西域傳》的記載，多以爲罽賓的塞人來自塞斯坦（Sakastān）；[17]然而所舉的理由難以令人信服。

1. 天山以西是平坦的 Kirghiz 曠野，塞人作爲騎馬遊牧部族何故不向西遷徙，而選擇南下的險途。[18]

今案：佔有塞地的烏孫，在公元五世紀初，因不堪新興的遊牧部族柔然的侵襲，亦曾南下帕米爾。《魏書·西域傳》載："烏孫國，居赤谷城，在龜茲西北，去代一萬八百里。其國數爲蠕蠕所侵，西徙葱嶺山中，無城郭，隨畜牧、逐水草"；可以爲證。[19]

不難想像，南下葱嶺的塞人一定也有一個"無城郭，隨畜牧、逐水草"的階段，後來纔逐步有了活動的中心地區。疏勒以西北及塔里木盆地塞人所建諸小國的出現，也可視作塞人確曾南下帕米爾的佐證。[20] 當然，伊犂河、楚河流域的塞人受大月氏衝擊後一部份南下，並不排斥另有一部份西向退縮至錫爾河北岸的可能性。

2. 懸度乃天險，決非遊牧部族如塞人者所能逾越。[21]

今案："塞王南君罽賓"，應是塞人在帕米爾地區站穩腳跟後、對罽賓採取的一次有計劃的軍事行動。換言之，塞人未必從塞地被逐出後，便驅趕著大群牛羊狼狽前往。既有可能是軍事行動的結果，則不能以天險爲辭，斷"南越縣度"決無可能。[22]《漢書·西域傳》編者對縣度之險知之甚悉，但依然相信塞人逾此而進入罽賓，這也說明有關消息的來源是可以信賴的。

3. 塞人被大月氏人逐出"塞地"時，包括乾陀羅在內興都庫什山南北地區的希臘人勢力正值全盛時期，可見"君罽賓"云云難以指實。[23]

今案：塞人可能在帕米爾停留了相當長一段時間，未必立即南下罽賓。至於"君罽賓"的"塞王",未必便是被大月氏擊破的"塞王",理解不可執著。[24]

4. 由於塞人佔領乾陀羅和呾叉始羅時,Paropamisadae 的情況不十分明瞭,很難認爲塞人是穿越喀布爾河上游河谷、順流而下抵達乾陀羅和呾叉始羅的。[25]因此,多數學者傾向於認爲塞斯坦的塞人是穿過 Bolan 或 Mulla 山口、進入 Abiria 之後,再溯印度河而上抵達 Taxila 的。[26]有人則認爲,乾陀羅和呾叉始羅的塞人留下了不少佉盧銘文,印度河口的塞人卻似與佉盧文無關,遽斷前者來自印度河口,不能使人接受。[27]

今案:雖然前者使用佉盧文、後者不使用佉盧文應該同這種文字的流行範圍有關,後說未安;但是,畢竟不能因爲印度河口的塞人有可能溯河而上,便置罽賓塞人乃自帕米爾南下的記載於不顧。

要之,罽賓塞人遷自塞斯坦說和自帕米爾南下說相比,最大的欠缺是沒有明確的記載可供依據。因此,祗要南下說成立的可能性沒有完全排除,就沒有理由否定《漢書·西域傳》的有關記載。當然,《漢書·西域傳》的記載祗能說明最初進入罽賓的塞人可能是從伊犂河、楚河流域經帕米爾、越縣度而來,並沒有排除後來另有塞人自塞斯坦進入罽賓的可能性。

三

除了懷疑罽賓塞人遷自伊犂河、楚河流域的可能性外,還不斷有人試圖從各種角度全盤否定《漢書・西域傳》有關塞人的記載。這似乎也有必要在此澄清。

1. 或以爲《漢書・西域傳》有關塞人南下的記載既不可信，大月氏、烏孫先後佔有"塞地"云云，則很可能是當時漢人到西域向某一伊朗人詢及大月氏之前佔有天山北部居民的情況，由於這些居民的情況不得而知，遂報以伊朗人對一切遊牧部族的泛稱：Sakā。漢人於是將"塞"即 Sakā 作爲有別於大月氏、烏孫的某個特定遊牧部族的名稱。休循、捐毒兩地的"塞種"亦不過是這個佚名部落的苗裔。[28]

今案：此說旨在證成阿爾泰山和天山之間 Kirghiz 曠野係突厥語族故地之說，故不僅堅持月氏、烏孫爲突厥語族，還將《漢書・西域傳》所載"塞種"和波斯人所說的 Sakā 區別開來。其實，波斯人和希臘人有關 Sakā 的記載和《漢書・西域傳》有關"塞種"的記載並不矛盾，兩者顯係一種。既然無法排除罽賓塞人乃自伊犁河、楚河流域經帕米爾南下的可能性，也就無法否認在大月氏西徙之前阿爾泰山和天山之間至少有一些說印歐語的居民即 Sakā 人。即使不指出月氏和烏孫也屬於印歐語族，論者的假說也不能成立。[29] 質言之，《漢書・西域傳》有關塞種的記載不爲無據。

2. 或以爲《漢書・西域傳》所謂"塞種"不過是佛經所謂"釋種"的代名詞，蓋 Śākya 訛作 Sakya，又訛作 Sakā。佛教傳入中國大概最早記載見諸《後漢書・楚王英傳》，但前此已有關於佛教的模糊傳說，所謂塞種"南越縣度"、"君罽賓"的途經，倒過來正是佛教傳入中國的途經。《史記・大宛列傳》在敍述烏孫始祖昆莫的傳說時，隻字未及"塞種"，《漢書·張騫傳》始見月氏"爲匈奴所破，西擊塒王，塒王南走遠徙，月氏居其地"，以及後來昆莫"西攻破大月氏，大月氏復西走，徙大夏地，昆莫略其衆，因留居"之類記載。昆莫之父亦從死於匈奴之手改爲死於月氏之手等等，足見是爲了解釋罽賓出現所謂"塞種"而添加、竄改的。《史記》、《漢書》在大月氏西徙年代以及烏孫故地等方面的記載中種種無法解釋的矛盾亦由此產生。[30]

今案：出土錢幣、銘文等業已證實"塞種"即 Sakā 確曾統治過罽賓。罽賓塞人（至少最早的一部份）乃自帕米爾南下，不僅《漢書》有明確記載，而且出土的 Taxila 銅板銘文[31] 所見 Sakā 王 Moga 之名，和塞人所建大宛國國王"毋寡"[miua-koa] 之名相同，亦不失爲一項重要證據。[32] 至於塞種即 Sakā 人進入罽賓這一事件的背景，亦即塞人、大月氏人、烏孫三者的相繼遷徙，以及希臘巴克特里亞王國和大夏國的先後倒臺，均能結合東西文獻記載（包括《漢書·西域傳》的有關材料）得到較好的說明，並不如說者所憂慮的那樣根本理不出一個頭緒來。另外，《史記》和《漢書》有關記載也不像說者所說水火不容；兩史的差別僅在於前者略而後者詳。客觀上，後者所述已包括在前者之中。後者即使將司馬遷未知的材料假託張騫，也不過是爲了和其他敘述協調一致，並未違反歷史的真實，不必深責。[33] 更何況，張騫之言太史公也未必完全知道。果如論者所言，"塞"不過是 Śākya 的訛傳，班固爲了說明它的出現，也實在沒有必要追溯到天山以北，甚至不惜篡改史實。

3. 或以爲西北印度出土的Sakā諸王貨幣的紋樣，和《漢書·西域傳》所載罽賓國金銀錢"文爲騎馬，幕爲人面"者均不相類，與此相符的獨爲希臘諸王的錢幣，這表明所傳烏頭勞直至陰末赴其實均非Sakā人，應爲希臘諸王，陰末赴可比定爲Hermaeus，烏頭勞可能是Philoxenus、Nikias或Hippostratus三者之一。可見有關塞種"君罽賓"的記載不是沒有疑問的。[34]

今案：論者指出了一個重要事實，即傳世的Sakā錢幣的紋樣和《漢書·西域傳》所載罽賓國錢幣的紋樣不同。但是，不能因此得出《漢書·西域傳》所載罽賓國與Sakā無關的結論，至多認爲《漢書·西域傳》所描述的罽賓國的錢幣並非Sakā王的錢幣，而應該是曾統治過該地區的希臘王的錢幣。同樣，論者將陰末赴比定爲希臘王Hermaeus，是可以接受的（詳下文），但不能因此認爲烏頭勞父子也應該是希臘王。蓋據《漢書·西域傳上》：

自武帝始通罽賓，自以絶遠，漢兵不能至，其王烏頭勞數剽殺漢使。烏頭勞死，子代立，遣使奉獻。漢使關都尉文忠送其使。王復欲害忠，忠覺之，乃與容屈王子陰末赴共合謀，攻罽賓，殺其王，立陰末赴爲罽賓王，授印綬。後軍候趙德使罽賓，與陰末赴相失，陰末赴鎖琅當德，殺副已下七十餘人，遣使者上書謝。孝元帝以絶域不錄，放其使者於縣度，絶而不通。

可知最遲到元帝時（前48—前33年），罽賓國的王統發生過一次變動。這次王統變動是漢使文忠與容屈王子陰末赴合謀發動的政變引起的。"攻罽賓，殺其王"云云，說明在此之前陰末赴屬於罽賓以外的勢力；陰末赴本人則是在他殺死烏頭勞之子以後，纔被漢使扶立爲罽賓王的。雖然後來陰末赴和漢使趙德"相失"，一度與漢"絕而不通"，但他畢竟由漢所立，所以《漢書·西域傳》在描述罽賓國錢幣時，以陰末赴頒發者爲準，以彰正統。陰末赴與烏頭勞父子既屬於不同的王統，前者是一位希臘王，那麼後者是 Sakā 王的可能性便不能排除。也就是說，從錢幣學的角度指《漢書·西域傳》所載罽賓國事蹟與塞人無關亦不能成立。

四

如前所述，首批塞人是從伊犁河、楚河流域南下帕米爾，經過縣度、進入罽賓國的。而塞人離開伊犁河、楚河流域的時間應即大月氏第一次西遷的時間，大約在公元前 177/ 前 176 年。換言之，塞人佔領罽賓的時間不會早於此年。

又如前述，罽賓的中心地區爲乾陀羅；其王治"循鮮城"，很可能是 Takṣaśilā。因此，塞人佔領該地，最早也應該在希臘王 Antialcidas 之後。Antialcidas 是最後一位一統 Paropamisadae、Gandhāra 和 Takṣaśilā 的希臘王。[35] 他的在位年代雖不能確定，但無疑在 Sunga 王 Bhāgabhadra 統治中印度 Vidiśā 的第十四年在位（前者於是年曾致使後者）。Bhāgabhadra 王的年代雖也不能確定，但他無疑在 Pushyamitra 之子 Agnimitra（約前 151—前 143 年）之後。因此，Bhāgabhadra 王的第十四年不能早於公元前 129 年。同理，Antialcidas 的末年不能早於此年。由此可見，塞人佔領罽賓的時間上限可精確爲公元前 129 年。[36]

Taxila 出土的錢幣等證據表明，年代最早的塞王是 Maues。他在 Taxila 鑄幣，[37] 在錢銘上自稱"王中之王"。[38] 一般認爲，Maues（這是希臘文拼法，佉盧文作 Moa）便是 Taxila 銅板銘文所見 Moga 王。[39] 該銘文的年代是"大王、偉大的 Moga 的 78 年"。[40] 顯然，祇要能確定 Maues（Moga）王採用的紀元，就有可能判斷他的即位年代，這年代應該就是塞人佔領罽賓的近似年代。遺憾的是，迄今爲止，學者們提出的種種設想似乎都難令人滿意。

1. 公元前 155 年說。說者認爲這一紀元是定居或被帕提亞朝波斯 Mithridates 一世（前 171—前 139/前 138 年）安置在塞斯坦的塞人所創，可稱之爲："老塞種紀元"，以區別於公元 78 年開始的"塞種紀元"。[41]

今案：說者以爲這一紀元係塞人自己所創；或是。但認爲其元年應爲公元前 155 年則缺乏依據，不僅因爲 Maues 並非來自塞斯坦，而且早在 Mithridates 一世時代塞斯坦已有塞人定居也無法落實。

2. 公元前 150 年說。說者認爲這一紀元標誌著塞斯坦在被 Mithridates 一世并入帕提亞波斯後又建立了新王國。[42]

今案：即使 Mithridates 一世曾并吞早已有塞人定居的塞斯坦，該地塞人又於公元前 150 年獨立，祇要無法證實 Maues 遷自塞斯坦,則此說同樣不能成立。

3.公元前129年說。說者以爲該紀元僅在北印度及其邊境地區使用,很可能是塞人佔領這些地區後纔創建的。既然塞人佔領乾陀羅的時間上限爲公元前129年,那麼這一紀元的元年不會早於此年。[43]

今案:此說亦未安。蓋Maues單獨使用這一紀元至少78年的可能性極小,而錢幣學的證據又表明他是西北印度最早的塞王。何況,即使塞人在公元前129年已進入西北印度,祇要他們在此之前並未採用之一紀元,那麼他們所創新紀元的始年一定遲於公元前129年,也就是說Taxila銅板銘文的年代一定晚於公元前51年。這同業已掌握的其他有關印度塞人的情況是很難調和的。

4.公元前58年說。說者認爲這一紀元應即所謂Vikrama紀元。[44]

今案:Vikrama紀元一說是烏賈因(Ujjain)的Vikramāditya爲紀念戰勝塞人而創設。[45]果然,則很難認爲Maues會採用這樣一個紀元。[46]

又,所謂Vikramāditya戰勝塞人說的依據是耆那教傳說Kālakācāryakathānaka,或以爲有關記載完全不能信用,因而指這一始於公元前58年的紀元是東伊朗獨立後用來取代始於公元前348年的Arsacid紀元的。[47]然而即便如此,也不能證明Maues採用的紀元始於公元前58年,因爲無從證明Maues來自東伊朗。且不說如果因此將Taxila銅板銘文的年代定爲公元20年,勢必同其他已知事實相牴牾。[48]

除此之外,還有公元前180年說、公元前120年說、公元前

110年說、公元前88年說等，或根據不足，或錯誤明顯，故影響也不大，茲不一一。[49]

今案：Taxila銅板銘文所採用的紀元可能是塞人自己創建的紀元，因此也許和波斯人和希臘人在相當時期採用的任何紀元均無關係。又，罽賓塞王Maues屬於從"塞地"即伊犂河、楚河流域經由帕米爾南下的塞人部落，因此在討論這一紀元時不應把它和塞斯坦的塞人牽扯到一起。另外，塞人南下罽賓年代的上限雖然可大致定在公元前129年，但不能認為此年便是銘文所用紀元的上限。由於塞人放棄"塞地"南下帕米爾為公元前177/前176年，故這一年可定為銘文所用紀元始年的上限，也就是說銘文本身年代的上限是公元前99/前98年。[50]當然，這一紀元的創設表明南下帕米爾的塞人重建家園的開始，其始年實際上應晚於公元前177/前176年。

張騫與公元前129年抵達"大夏地"（Tukhārestān）時，祇知其東南有身毒國，不知有罽賓，則很可能是因為當時塞人尚未自帕米爾地區越縣度進入乾陀羅。又，張騫於元鼎元年或二年（公元前116或公元前115年）使烏孫時，據《史記·大宛列傳》，曾"分遣副使使大宛、康居、大月氏、大夏、安息、身毒、于窴、扜罙及諸旁國"，也沒有提到罽賓。故《漢書·西域傳》稱"武帝始通罽賓"當在公元前129（或公元前114）年和公元前87年之間。"塞王南君罽賓"的情報最早可能在此期間獲得，"君罽賓"的塞王極可能便是Maues。

按之《漢書·西域傳》，罽賓國的最大疆域可能包括整個喀布爾河流域，其中心地區爲乾陀羅（包括呾叉始羅）。[51] Maues 佔領乾陀羅和呾叉始羅似可無疑，[52] 但是否兼有 Paropamisadae 則存在不同看法。[53] 不管怎樣，漢代罽賓國於是成立。

應予說明的是，Maues 曾頒發過印有海神波塞冬（Poseidon）肖像的錢幣，似乎是爲了紀念某次水戰的勝利。因而有人認爲這是他從信德溯河而上時，戰勝希臘水軍的證明。[54] 又有人認爲這是 Maues 在佔有呾叉始羅以後，跨越印度河西進，或渡過 Jhelum 河東征的戰勝紀念。[55] 今案：Maues 佔領罽賓是從帕米爾越過縣度南下的結果，[56] 因此不存在自信德北上戰勝希臘水軍的可能性。而鑒於塞人南下罽賓首先佔領的既可能是 Puskalāvatī，也可能是 Taksaśilā，後來 Maues 發行錢幣紀念的水戰勝利既可能是發生在印度河上，也可能發生在 Jhelum 河上。[57] 從這些錢幣均有"王中之王"的稱號來看，大概頒發於佔領呾叉始羅之後。

五

Maues 的去位或去世的年代目前尚無法確定。[58] 錢幣學的證據似乎表明，在呾叉始羅，Maues 的直接繼承者是一位女王，其名號希臘文作 Βασιλισσησ Θεοτροπου Μαχηνησ，很可能是他的王后。[59] 或許由於沒有男性繼承人的緣故，錢幣學的分析還表明，不久以後希臘王 Apollodotus 二世便控制了呾叉始羅；不難想像，塞人被逐出了呾叉始羅一帶。Apollodotus 二世以後是另一位希臘王

Hippostratus，後者的錢幣已發現不少，說明它的治期不會很短。[60] 重新建立塞人在呾叉始羅和乾陀羅統治的是 Azes 家族，[61] 一般認爲該家族依次在位的塞王是 Azes 一世、Azillises 和 Azes 二世。[62]

顯然，爲控制呾叉始羅，Azes 一世和希臘人之間有過一場鬥爭。有的學者認爲 Hippostratus 一度逐走了 Azes 一世，但後者終於取得了勝利。[63]

早已有人指出，Azes 一世在呾叉始羅和乾陀羅（罽賓）重新確立塞人統治之年，應即所謂 Vikrama 紀元的元年：公元前58年。[64] 一篇來自 Avaca 的佉盧銘文證實了所謂 Vikrama 的紀元應即 Azes 紀元。[65] 今案：如果結合《漢書·西域傳》的有關記載進行研究，對 Azes 家族統治罽賓的過程可以得到更清楚的印像。

1. 前引《漢書·西域傳》提到的罽賓王"烏頭勞"[a-do-lo]，前人曾作了種種比定，[66] 但似乎都不得要領。烏頭勞無疑應是繼 Azes 一世之後統治罽賓的 Azilises。z(i) → d(o) 是所謂定邪鄰紐。Azes 一世建元稱王於前58年卽宣帝神爵四年，故 Azilises（烏頭勞）很可能已是元帝時人，這和《漢書·西域傳》所載並無矛盾。

2. 據前引《漢書·西域傳》，可知陰末赴殺死烏頭勞（Azilises）之子（應即 Azes 二世），並被漢使立爲罽賓王，乃在元帝時，亦即不會晚於公元前33年。[67]

3. 有人指出，"容屈王子"陰末赴 [iəm-muat-phiok] 可比定爲希臘王 Hermaeus，其父 Amyntas 應即"容屈王"；"容屈" [jiong-khiuət] 爲 ’Ιωνακη（意爲"希臘的"）之對音；陰末赴父子在攻入罽賓之前佔有 Alexandria-Kapisa。[68] 今案：這些說法都是可以接受的。因爲在 Paropamisadae，希臘王 Antialcidas 之後，一說統治該地的依次爲希臘王 Telephus、塞王 Maues、希臘王 Amyntas 父子。而在 Maues 之前，一度爲 Arachosia 的塞人所佔。[69] 而另一說認爲 Telephus 和 Maues 均未統治過 Kapisa。在那裏，Antialcidas 差不多是由 Amyntas 直接繼承的；[70] 不管怎樣，Amyntas 父子曾統治過 Kapisa 似可肯定。而如果將 Amyntas 父子比定爲容屈王父子，則他們和 Antialcidas 之間存在一代人以上的空隙；[71] 如果 Telephus 和 Maues 確實沒有統治過 Kapisa，而在 Antialcidas 之後又沒有發現其他希臘王，那麼就完全有理由認爲 Antialcidas 之後，Paropamisadae 包括 Kapisa 曾被 Arachosia 的塞人控制過一段時間。特別是因爲錢幣學的證據表明，Azes 系統的諸王和 Maues 不一樣，前者很可能來自 Arachosia。[72] Azes 一世曾和塞斯坦的塞王 Spalirises 聯合鑄幣，在這種錢幣上，兩人均稱"大王"，前者的名字出現在反面，用佉盧文書寫，後者的名字在正面，用希臘文書寫，一般認爲這表明前者是後者之子。[73] 假定 Azes 一世在佔領呾叉始羅之後建元，則應該在此之前已經佔領 Paropamisadae；[74] 不僅如此，在 Azes 一世之前，Paropamisadae 已有可能爲塞斯坦的塞人所佔。[75] 至於 Amyntas 父子控制 Kapisa，恢復希臘人在那裏的統治，則不妨認爲是在 Azilises 時期、塞人的控制相對削弱之後。[76]

4. 或以爲，在罽賓，Maues 和 Azes 一世之間，應插入東伊朗 Vonones 系統諸王，特別是 Spalirises，因爲他是 Azes 一世之父。據云，Hermaeus（陰末赴）殺死了 Spalyris（烏頭勞）之子

Spalagadames，後被 Spalirises 推翻。"烏頭勞"是ἀδελφοῦ的對譯，蓋當 Vonones 稱王塞斯坦時，Spalyris 鎮守 Arachosia，他在錢幣上使用的稱號是 ἀδελφοῦ τοῦ βασιλέως，意爲"國王之弟"。[77]

今案：此說未安。一則沒有證據表明 Vonones、Spalyris 父子以及 Spalirises 諸王曾統治過乾陀羅和呾叉始羅，[78] 說者指罽賓爲 Kabul，非是。二則按之《漢書》本文，"烏頭勞"和"陰末赴"一樣，均係人名，並非稱號。[79] 大概 Vonones 自稱"王中之王"，直接統治塞斯坦，命 Spalyris 和 Spalagadames 鎮守 Arachosia，Spalyris 父子死後由 Spalirises 繼位，Spalirises 在 Vonones 死後一統 Drangiana 和 Arachosia，亦稱"王中之王"。東伊朗的塞人最早可能在 Vonones 時期已向 Paropamisadae 滲透其勢力，而直至 Spalirises 之子 Azes 一世纔取得了顯著的成功，不僅佔有了 Paropamisadae，而且東進佔有了乾陀羅和呾叉始羅。Azes 一世終於也自稱"王中之王"。[80]

六

陰末赴（Hermaeus）雖漢所立，但不久就與漢失和，雙方"絕而不通"。此後，《漢書·西域傳下》載：

> 成帝時，復遣使獻，謝罪。漢欲遣使者報送其使，杜欽說大將軍王鳳曰：前罽賓王陰末赴本漢所立，後卒畔逆。夫

德莫大於有國子民，罪莫大於執殺使者，所以不報恩，不懼誅者，自知絕遠，兵不至也。有求則卑辭，無欲則嬌嫚，終不可懷服。凡中國所以爲通厚蠻夷，慰快其求者，爲壤比而爲寇也。今縣度之阸，非罽賓所能越也。其鄉慕，不足以安西域；雖不附，不能危城郭。前親逆節，惡暴西域，故絕而不通；今悔過來，而無親屬貴人，奉獻者皆行賈賤人，欲通貨市買，以獻爲名，故煩使者送至縣度，恐失實見欺。凡遣使送客者，欲爲防護寇害也。……聖王分九州，制五服，務盛內，不求外。今遣使者承至尊之命，送蠻夷之賈，勞吏士之眾，涉危難之路，罷弊所恃以事無用，非久長計也。使者業已受節，可至皮山而還。於是鳳白從欽言。罽賓實利賞賜賈市，其使數年而壹至云。

由此可知，成帝時（前32—前7年），罽賓與漢絕而復通，而其時陰末赴依舊在位。"前罽賓王陰末赴"云云並不意味著杜欽說王鳳時，陰末赴不復在位、罽賓已另有新王。

Hermaeus 果然是《漢書·西域傳》所見容屈王子陰末赴，那麼他在殺死烏頭勞（Azilises）之子 Azes 二世之後，應該佔有包括乾陀羅、呾叉始羅在內的整個喀布爾河流域。Hermaeus 一度佔領喀布爾河中下游地區的一項重要證據是他曾與貴霜翕侯丘就卻（Kujula Kadphises）聯合鑄幣。在這種錢幣上，Hermaeus 的名號在正面，用希臘文，稱"偉大的君王"；丘就卻的名號在反面，用佉盧文，稱"貴霜翕侯（Kushana yavuga）"。[81] 這似乎表明 Hermaeus 的勢力範圍已達到 Swāt 河谷，與貴霜翖侯的領地接近。[82] Hermaeus 的錢幣主要出土地點爲：興都庫什山脈以北的 Badakshan、Paropamisadae（喀布爾上游河谷）、印度河以西（乾陀羅）、印度河以東（Taxila）；[83]亦可佐證。

繼 Hermaeus 之後一統 Paropamisadae、乾陀羅和呾叉始羅的是東伊朗的"王中之王"Gondophares（Guduvhara）。[84]白沙瓦地區發現的 Takht-i-Bahi 銘文稱他爲 Maharaya Guduvhara，銘文的年代是"103 年"，這一年是他在位第 26 年。[85]學界一致認爲此年代應按所謂 Vikrama 紀元（實則 Azes 紀元）計算。因此，該銘文的年代應爲公元 45 年，而 Gondophares 卽位於公元 19 年。[86]如果考慮到 Gondophares 可能卽位於塞斯坦，那麼公元 19 年應爲 Hermaeus 王國崩潰的最早年份。如果當時 Hermaeus 尚未去位，那麼他的最小在位年數爲五十二年（前 33—公元 19 年）。《漢書·西域傳》稱陰末赴卽 Hermaeus 爲"王子"，他被扶上罽賓王位時很可能富於春秋，在位年數較長，不足爲怪。

《後漢書·西域傳》載："高附國，在大月氏西南，亦大國也。其俗似天竺，而弱，易服。善賈販，內富於財。所屬無常。天竺、罽賓、安息三國強則得之，弱則失之，而未嘗屬月氏。《漢書》以爲五翖侯數，非其實也。後屬安息。及月氏破安息，始得高附。"今案：《後漢書·西域傳》的"高附"和"罽賓"一樣，均係 Kophen 之音譯，但指的是 Paropamisadae 卽喀布爾河上游地區。[87]又，"天竺"似指西北次大陸的希臘人王國；[88]"罽賓"應卽乾陀羅和呾叉始羅的塞人王國；"安息"顯係佔有 Drangiana 和

Arachosia 的政權。Paropamisadae 所屬無常，上述三種勢力曾先後統治過該地，即所謂"强則得之，弱則失之"。

《後漢書·西域傳》又載："初，月氏爲匈奴所滅，遂遷於大夏，分其國爲休密、雙靡、貴霜、肸頓、都密，凡五部翕侯。後百餘歲，貴霜翕侯丘就卻攻滅四翕侯，自立爲王，國號貴霜王。侵安息，取高附地。又滅濮達、罽賓，悉有其國。丘就卻年八十餘死，子閻膏珍代爲王。復滅天竺，置將一人監領之。月氏自此之後，最爲富盛，諸國皆稱之皆曰貴霜王，漢本其故號，言大月氏云。"今案：丘就卻"取高附地"是"侵安息"的結果，說明他是在 Gondophares 家族手中奪取 Paropamisadae 的。他接著滅罽賓，自然也是撲滅該家族在乾陀羅和呾叉始羅等地的勢力。如前所述，Gondophares 的治期至少到公元 45 年。一般認爲，在他之後，該家族至少還有一位統治者 Pocores，[89] 而對喀布爾流域的支配大致結束於公元 50—60 年，[90] 這應該就是罽賓屬貴霜的時間。

■ 注释

[1] 例如：W. W. Tarn, *The Greek in Bactria and India*. London: Cambridge, 1951, pp. 469-473。又如：E. J. Rapson, ed. *The Cambridge History of India*, vol. 1: Ancient India. Fountain-Delhi, 1955, p. 511，指"罽賓"爲 Kāpisā（Kāfiristān）。又如：藤田豐八《慧超往五天竺國傳（殘卷）箋釋》，北京，1910 年，認爲"罽賓"一名起源於 Kāpisā，其地則包括乾陀羅和烏仗那（Udjāna）等處。

又如：J. E. von Lohuizen-de Leeuw, The 'Scythian" Period. Leiden, 1949, p. 372, 指"罽賓"爲 Kabul。

[2] 白鳥庫吉"罽賓國考",《白鳥庫吉全集·西域史研究（上）》（第 6 卷），東京：岩波，1970 年，pp. 295-359。

[3] 例如：S. Lévi et E. Chavannes, "L'Itineraire d'Ou-K'oung." *Journal Asiatique* IX Serie, 6 (1895): pp. 341-384; E. Chavannes, "Les pays d'occident d'après le *Wei-lio*." *T'oung Pao* 6 (1905): pp. 519-571, 以爲應卽托勒密《地理志》(VII, 1) 所見 Caspira。又如：J. Marquart, *Ērānšahr nach der Geographie des Ps. Moses Xorenaci*. Berlin, 1901, p. 156, 以爲除 Kashmir 外, 罽賓還包括旁遮普的一部份。S. Chattopadhyaya. *Early History of North India*. Calcutta, 1958, p. 49, 說與 J. Marquart 略同。又如：O. Frank, *Beiträge aus chinesischen Quellen zur Kenntnis der Thrkvöker und Skythen Zentralasiens*. Berlin, 1904, pp. 55-59, 以爲"罽賓"應指 Kashmir, 然塞人所佔地區應包括 Swāt 河谷在內。

[4] 見本書第二篇。

[5] 見本書第九篇。

[6] 見注 1 所引藤田氏書、注 1 所引白鳥氏文。法顯記自 Darel（陀歷）至 Swāt 河谷（烏萇）一段行程曰："其道艱岨，崖岸嶮絕，其山唯石，壁立千仞，臨之目眩，欲進則投足無所。下有水，名新頭河。昔人有鑿石通路施傍梯者，凡度七百，度梯已，躡懸緪過河。河兩岸相去減八十步。九譯所絕。"可與《漢書·西域傳》的記載參看。見章巽《法顯傳校注》，上海古籍出版社，1985 年，p. 26。

[7] 松田壽男"イラン南道論",《東西文化交流史》，東京：雄山閣，1975 年，

pp. 217-251。馬雍"巴基斯坦北部所見'大魏'使者的巖刻題記",《西域文物史地叢考》,文物出版社,1990年,pp. 129-137。

[8] 注 2 所引白鳥氏文;榎一雄"難兜國に就いての考",《加藤博士還曆記念東洋史集說》,東京:富山房,1941年,pp. 179-199。

[9] 《大唐西域記》卷二:"健馱邏國東西千餘里,南北八百餘里,東臨信度河。……穀稼殷盛,花果繁茂,多甘蔗,出石蜜,氣序溫暑,略無霜雪";可以參看。見季羨林等《大唐西域記校注》,中華書局,1985年,pp. 232-233。又,A. K. Narain. *The Indo-Greeks*. Oxford, 1957, p. 136, 據《漢書·西域傳》有關罽賓國氣候、物產的記載,斷其位置在 Swāt 河谷及其鄰近地區。又,參看注 2 所引白鳥氏文。

[10] 《大唐西域記》卷三:"迦濕彌羅國周七千餘里,四境負山。山極陗峻,雖有門徑,而復隘狹,自古鄰敵無能攻伐。……氣序寒勁,多雪少風。"同書卷一:"迦畢試國周四千餘里。北背雪山,三陲黑嶺。國大都城周十餘里。宜穀麥,多果木。出善馬、鬱金香。……氣序風寒,人性暴獷,言辭鄙褻,婚姻雜亂。"可以參看。見注 9 所引《大唐西域記校注》,pp. 321; 135-136。

[11] Chr. Lassen, *Indische Altertumskunde*, I. Leipzig, 1847, p. 29; A. Cunningham, *Ancient Geography of India*. London, 1871, pp. 38-45。

[12] 注 2 所引白鳥氏文。白鳥氏據此推論罽賓塞種來自波斯;未安。即使如白鳥氏所言,"循鮮"係 susen 之音譯,亦未必得自塞人入侵之後。波斯和印度自古交往密切,何以見得這一稱呼是由塞人帶進印度的。

[13] 參見水谷真成譯注《大唐西域記》,中國古典文學大系 22,東京:平凡社,1975年,p. 114。

[14] 見本書第七篇。

[15] 見本書第三篇。

[16] 注 3 所引 J. Marquart 書，p. 156，注 9 所引 A. K. Narain 書，pp. 134-138，等均本《漢書·西域傳》立說。

[17] 白鳥庫吉"塞民族考"，載注 2 所引書，pp. 361-480；注 1 所引 E. J. Rapson 書，pp. 509-512；注 1 所引 W. W. Tarn 書，pp. 469-473；J. Marshall, *Taxila*, I. Cambridge, 1951, p. 44，等均持此說。

[18] 注 17 所引白鳥氏文。

[19] 注 9 所引 A. K. Narain 書，p. 137，舉《魏書·吐谷渾傳》慕利延自于闐"南征罽賓"爲例，證《漢書·西域傳》有關塞種"南君罽賓"的記載可信。今案：慕利延所征"罽賓"應爲 Kashmir，具體路線亦不明，似難比照。

[20]《漢書·西域傳上》所謂"塞種分散，往往爲數國"，應該包括自北而南，自南而北等各種情況在內；例如："捐毒"一地的塞人就可能是南下後復北上者（見本書第四篇）。茲藉以說明塞人南下，乃就其大勢而言。

[21] 注 17 所引白鳥氏文；F. W. Thomas, "The Date of Kaniska." *Journal of the Royal Asiatic Society* 1913, pp. 627-650；注 1 所引 E. J. Rapson 書，p. 508；注 1 所引 W. W. Tarn 書，pp. 277-278; E. Yarshater, ed. *The Cambridge History of Iran*, vol. 3 (1), (2): The Seleucid, Parthian and Sasanian Periods, CUP: 1983, p. 194，等說均同。

[22] 注 9 所引 A. K. Narain 書，pp. 134-138。他指出，塞人佔領罽賓是在一個相當長的時期內逐步完成的。又，注 3 所引 S. Chattopadhyaya 書，p. 51，說略同，然而他指"罽賓"爲 Kashmir，又以爲《漢書·西域傳》所見烏頭勞、陰末赴等均係 Kashmir 塞人，與乾陀羅、呾叉始羅的塞人無關；均欠妥。

[23] 注 17 所引白鳥氏文。

[24] 關於"塞王",國外學者有種種討論,參見 A. E. P. Hulsewé & M. A. N. Loewe, *China in Central Asia, the Early Stage: 125 B. C.-A. D. 23*. Leiden: 1979, pp. 104-105。今案:就詞義而言,表示"塞人之王",乃相對"塞種"而言,並無特殊涵義。應該指出的是"塞王南君罽賓"一句,客觀上表明。伊犁河、楚河流域的塞人南下帕米爾是由塞王率領的,後來帕米爾的塞人入侵罽賓又是在當時的塞王統帥下實現的。

[25] 注 1 所引 E. J. Rapson 書,p. 508。他認爲當白沙瓦和拉瓦爾品第被塞人佔領時,喀布爾河上游河谷仍在 Eucratides 家族手中。另可參看 S. Konow, *Corpus Inscriptionum Indicarum* II, part I, Kharoshthi Inscription. Calcutta, 1929, p. xxxi。

[26] F. W. Thomas, "Sakastana." *Journal of the Royal Asiatic Society* 1906, pp. 181-216; 注 25 所引 S. Konow 書,pp. xxxi-xxxvi; 注 1 所引 E. J. Rapson 書,p. 509; 注 1 所引 W. W. Tarn 書,p. 321,等說略同。

[27] 山田明爾"サカ・パフウヴア諸王の年代について",《印度學佛教學研究》10～2(1962 年),pp. 208-210。

[28] 注 17 所引白鳥氏文。

[29] 參見本書以前各篇。

[30] 小谷仲男"塞と大月氏",《東洋史研究》28～3·4(1969 年),pp. 70-86。又,"塞種"和"釋種"的關係,參見那珂通世"釋迦種の說に付きて井上文學博士に質す",《史學雜誌》6～11(1895 年),pp. 58-68;井上哲次郎"釋迦の祖先に就いて(那珂通世氏に答ぶ)1-2",《史學雜誌》8～4,5(1897 年),pp. 7-33;8～5(1897 年),pp. 1-18;以及岑仲勉《漢書西域傳地

里校釋》，中華書局，1981 年，pp. 107-115。今案：塞種，《漢書·西域傳》顏注："即所謂釋種者也，亦語有輕重耳"。同書"張騫傳"注略同，知唐人確指塞種爲釋種。

[31] Taxila 銘文見注 25 所引 S. Konow 書，pp. 28-29。

[32] 參見本書第四篇。

[33] 參見本書第七篇。

[34] 花岡昭憲 "漢書罽賓國はサカ王國か——貨幣にみる疑問——"，《龍谷史壇》66·67 號（1973 年），pp. 159-174。

[35] 注 1 所引 W. W. Tarn 書，p. 313。

[36] H. Raychaudhuri, *Political History of Ancient India*. Calcutta, 1953, pp. 438-439.

[37] 注 1 所引 W. W. Tarn 書，p. 322。又，注 21 所引 E. Yarshater 書，p. 194，亦以爲 Maues 在 Taxila 鑄幣，表明最早的塞人並非來自 Arachosia；但論者卻因此假設 Maues 係塞人雇傭軍司令，服務於希臘王，終於從內部控制了王國。今案：其說未安。

[38] 注 1 所引 E. J. Rapson 書，p. 513，認爲：Maues 號稱 "王中之王" 是模倣 Mithridates 二世，說明前者來自波斯，其年代遲於後者。注 1 所引 W. W. Tarn 書，p. 322、注 17 所引白鳥氏文說略同。今案：此說未安。"王中之王" 這一稱號最早見諸阿咯美尼朝波斯大流士一世的貝希斯登銘文，而此時塞人與波斯人已有接觸，故 Maues 未必模倣 Mithridates 二世，更不能說明他來自伊朗。

[39] Maues（Moga）不僅與大宛王 "毋寡" 同名，也與阿里安《亞歷山大遠征記》(III, 8) 所見 Gaugamela 的塞人首領 Mauakes 同名。見注 1 所引 W.

W. Tarn 書，pp. 308, 496；注 17 所引 J. Marshall 書，p. 45；注 9 所引 A. K. Narain 書，p. 142。

[40] 被認爲採用同一紀元的銘文中，Taxila 銅板銘文是年代最晚的一篇。此外，有來自 Salt Range 的 Maira Well 銘文，年代是 58（見注 25 所引 S. Konow 書，pp. xxxii, 11），以及來自 Abbottabad 附近的 Mānsehra 銘文，和來自 Attock 的 Fatchjang 銘文，兩者的年代都是 68（見注 25 所引 S. Konow 書，pp. xxxii, 18-22）。參見注 17 所引 J. Marshall 書，p. 45，注 1 所引 E. J. Rapson 書，p. 570，注 9 所引 A. K. Narain 書，pp. 142-143。

[41] 注 1 所引 W. W. Tarn 書，pp. 494-502。又，注 9 所引 A. K. Narain 書，p. 144，亦以爲此紀元應始於公元前 155 年，但這個紀元是希臘王 Menander 所建，可稱 Yavana 紀元。今案：這種可能性當然不能排除，但即使如說者所言，銘文的曆月是希臘的，也沒有理由認爲塞人一定是沿用希臘人的紀元，紀元政治色彩較濃，畢竟不同於曆法。

[42] 注 1 所引 E. J. Rapson 書，p. 514。論者認爲：銘文的曆月是帕提亞的，說明銘文的紀元是塞人在塞斯坦時開始使用的。今案：其說未安，批判見注 1 所引 W. W. Tarn 書，p. 496。

[43] 注 36 所引 H. Raychaudhuri 書，pp. 438-439。又，注 1 所引 J. E. van Lohuizen-de Leeuw 書，pp. 28-48, 64-65，以爲所有早期佉盧銘文所用紀元都始於公元前 129 年；在這一年，月氏人越過阿姆河，進入巴克特里亞，逐走希臘人。今案：其說未安。

[44] H. K. Deb, "Taxila Silver-scroll Inscription." *Journal of the Royal Asiatic Society* 1922, pp. 37-42; D. C. Sircar, *Select Inscriptions, bearing on Indian History and Civilisation*. Calcutta, 1942, pp. 109-132; R. C. Majumdar, *The*

Age of Imperial Unity. Bombay, 1951, p. 127，等說略同。

[45] 見注 25 所引 S. Konow 書，p. xxvii。

[46] 注 1 所引 W. W. Tarn 書，p. 494，指出：該紀元若爲戰勝塞人而建，安能爲塞人所採用。

[47] 注 3 所引 S. Chattopadhyaya 書，pp. 55-56。說者還試圖從另一角度證實 Maues 活動於公元一世紀二十年代：Taxila copper plate 銘文（一）提到 Kṣatrapa Liaka Kusulaka 及其子 mahdānāpati Patika，後者應即 Mathura Lion Capital 銘文（二）所提到的 mahākṣatrapa Patika；該銘文同時記載了 mahākṣatrapa Rājula 及其子 Kṣatrapa Sodāsa，後者應即 Āmohin Votive tablet 銘文（三）所見 mahākṣatrapa Sodāsa。銘文（三）的年代是 72，按 Vikrama 紀元是公元 14 年，故作爲 Sodāsa 同時代人的 Patika 的年代也可推知。今案：其說未安。在銘文（一）中，Patika 僅爲 mahdānāpati，地位低於 Kṣatrapa，而在銘文（二）中爲 mahākṣatrapa，知銘文（二）的年代晚於銘文（一）。在銘文（二）中 Sodāsa 僅爲 Kṣatrapa，在銘文（三）中已是 mahākṣatrapa，知銘文（三）的年代又晚於銘文（二）。但銘文（一）的年代是 78，銘文（三）的年代是 72，可知兩銘文採用者並非同一紀元。否則，便是銘文（一）和銘文（二）的 Patika 並非同一人。參見 J. F. Fleet, "The Date of Kanishka, Maues and Moga." *Journal of the Royal Asiatic Society* 1913, pp. 965-1011; S. Konow, "Kalawān Copper-plate Inscription of the Year 134." *Journal of the Rotal Asiatic Society* (1932): pp. 949-965。

[48] 注 1 所引 W. W. Tarn 書，p. 494，認爲 Taxila 銅板銘文的年代若定爲公元 20 年，將比 Gondophares 結束塞人統治的年代還遲一年，顯然是無法接受的。注 3 所引 S. Chattopadhyaya 書，pp. 57-58，則認爲 Gondophares 即

位之年，未必塞人在 Taxila 的統治已經結束。今案：後說未安。

[49] 參看注 1 所引 W. W. Tarn 書，pp. 494-496。

[50] 同理，Maira Well 銘文年代的上限是公元前 119/ 前 118 年，Mānshera 銘文和 Fatehjang 銘文年代的上限是公元前 109/ 前 108 年。

[51] 注 3 所引 S. Chattopadhyaya 書，p. 54，指出：Mānshera 銘文表明 Maues 佔有一部份 Kashmir。今案：其說或是；後來"罽賓"一名屬 Kashmir，或與此有關。然而論者指出這一點旨在證明 Maues 的年代在公元前 33 年以後。因爲在他看來，"罽賓"即 Kashmir，該地爲另一支塞人所統，即《漢書·西域傳》所見烏頭勞父子及陰末赴，Maues 既佔有"罽賓"即 Kashmir 之一部，說明他的年代在公元前 33 年以後。今案：此說非是。即使"罽賓"即 Kashmir，該地另有一支塞人，何以證明他們的統治結束於公元前 33 年。又，注 21 所引 E. Yarshater 書，p. 195，指出 Maues 似曾遠征過馬土臘。

[52] 注 1 所引 E. J. Rapson 書，p. 514，指出：Maues 的錢幣所摹倣類型之多樣性表明了他統治區的遼闊，但其中最出色的無疑是在乾陀羅和呾叉始羅鑄造的。注 9 所引 A. K. Narain 書，pp. 151-152，認爲 Maues 沒有完全佔領乾陀羅，因爲那裏最後一位希臘統治者 Hippostratus 是被 Azes 一世推翻的，後者使用前者錢幣的花押，並將後者的錢幣重新打印使用。今案：A. K. Narain 說未必然，蓋 Hippostratus 完全可能是在 Maues 死後佔有乾陀羅的。

[53] 注 1 所引 W. W. Tarn 書，pp. 331-333, 496-497，認爲：希臘王 Telephus 錢幣的類型表明他曾統治過 Kapisa。他錢幣上使用過的二個花押，從未在其他印度希臘王的錢幣上出現，卻出現在 Maues 的錢幣上，這表明兩

者之間有某種聯繫。由於並不存在 Telephus 繼承 Maues 的可能性，衹能認爲他的年代在 Maues 之前。注 17 所引 J. Marshall 書，p. 47，說同。注 9 所引 A. K. Narain 書，pp. 64, 147-153，不同意上述意見。他認爲：Telephus 的錢幣大多發現在乾陀羅，在 Kapisa 一個也沒有發現，其類型也與 Kapisa 無關，亦即沒有證據表明 Maues 佔領過喀布爾河上游地區。他認爲 Telephus 也是乾陀羅的統治者，年代在 Maues 之前。今案：A. K. Narain 說或是。又，注 3 所引 S. Chattopadhyaya 書，p. 53，認爲 Maues 的錢幣在 Puṣkalāvatī 和 Kapisa 一枚也沒有出土，僅在 Kabul 出土一枚；因此不能認爲 Maues 佔領過這些地區。今案：錢幣是流通的，出土又有偶然性，不能僅憑錢幣發現情況作結論。《漢書·西域傳》的記載已足以證明 Maues 佔領過乾陀羅。

[54] 注 1 所引 W. W. Tarn 書，pp. 322, 328-329。注 17 所引 J. Marshall 書，p. 47，認爲此說非是：如果是溯印度河而上時戰勝希臘水軍的紀念，則波塞冬像應出現在 Maues 早期的錢幣上，不應出現在印有"王中之王"稱號的錢幣上。

[55] 注 17 所引 J. Marshall 書，p. 47。

[56] 注 9 所引 A. K. Narain 書，p. 146，認爲 Maues 乃先佔領 Swāt 河谷、Hazara 地區後，再佔領呾叉始羅的。

[57] 注 1 所引 W. W. Tarn 書，p. 322，認爲 Maues 佔領 Taxila 在佔領乾陀羅之前。同書，pp. 323, 328-330，以爲 Maues 並未越過 Jhelum 河東進，Jhelum 河東的希臘王也發行過印有波塞冬像的錢幣，可能意味著打垮了塞人艦隊。

[58] 注 1 所引 W. W. Tarn 書，pp. 335, 348-349，主要根據著那教的傳說把 Maues 的死年定在公元前 58 年。注 17 所引 J. Marshall 書，pp. 50-51，認

爲此說無據；甚是。但後者認爲 Maues 應死於 Vonones 自稱"王中之王"之前，也未必是。蓋 Vonones 稱帝與 Maues 之死並無必然聯繫；參見本書第九篇。

[59] G. Le Rider, "Monnaies de Taxila et d'Arachosie. Une nouvelle reine de Taxila." *Revue des études grecques* 80 (1967): pp. 331-342.

[60] G. K. Jenkins, "Indo-Scythic Mints." *Journal of the Numismatic Society of India* 17 (1955), pp. 1-26; 注 21 所引 E. Yarshater 書，p. 196。

[61] 注 1 所引 E. J. Rapson 書，pp. 515-516，指出：在早期的印度希臘王和 Maues 的錢幣上，希臘字母 omicron 是圓形的，而在一些較晚的印度希臘王（如 Hippostratus）和 Azes 一世的錢幣上，圓形的和方形的 omicron 同時出現。類似的變化出現在 Orodes 二世（前 58/ 前 57—前 39 年）治下帕提亞朝波斯的錢幣上，因而方形 omicron 在印度錢幣上出現的時間不會早於公元前 40 年，而希臘王 Hippostratus 在位年代一定持續到 Maues 之後，與 Maues 的繼承人 Azes 一世同時代，後者在打敗 Hippostratus 之後，曾繼續使用他在錢幣上用過的花押。今案：其說大致不誤。應該強調的是，方形 omicron 在印度錢幣上出現的時間卽使如 E. J. Rapson 說指在公元前 40 年以後，也不能因此斷 Hippostratus 和 Azes 一世的年代在公元前 40 年之後，因爲他們的錢幣在同時出現方形和圓形的 omicron 之前，很可能有一段時間僅僅出現圓形的 omicron。

[62] 注 3 所引 S. Chattopadhyaya 書，pp. 52-53，指出：被認爲屬於 Azes 二世的錢幣出土時一般比屬於 Azes 一世的錢幣更接近表層，前者又多與 Gondophares 的錢幣一起發現。Azes 一世與二世之間應有一位 Azilises，因爲在一種錢幣上 Azes 的名號在正面，用希臘文，Azilises 的名號在反

面，用佉盧文。而在另一種錢幣上，情況正好相反。這表明 Azes 有二位，Azes 一世由 Azilises 繼承，後者又由 Azes 二世繼承。參看注 1 所引 E. J. Rapson 書，pp. 515-516，注 1 所引 W. W. Tarn 書，pp. 348, 498；注 17 所引 J. Marshall 書，p. 58，等。

[63] 注 21 所引 E. Yarshater 書，p. 196。

[64] 注 1 所引 E. J. Rapson 書，pp. 515-516。

[65] H. W. Bailey, "Two Kharoṣṭhī Casket Inscriptions from Avaca." *Journal of the Royal Asiatic Society* 1978, pp. 3-13；注 21 所引 E. Yarshater 書，p. 196. 又，使用這一紀元的銘文尚有"Aya 136 年"的 Taxila Silver Scroll 銘文（注 25 所引 S. Konow 書，pp. 70-77）"Aja 134 年"的 Kalawān 銘文（注 47 所引 S. Konow 文）。注 36 所引 H. Raychaudhuri 書，p. 441，認爲：兩銘文屬於 Azes 家族統治結束之後的某個時期，因爲在 Aya（Aja）前沒有任何頭銜或稱號，說明它僅僅作爲一個紀元的名稱被使用著。注 44 所引 R. C. Majumdar 書，p. 131，則以爲 Aya（Aja）應爲 Azes 二世。今案：後說未安。

[66] 例如：注 11 所引 Chr. Lassen 書，II (1849), p. 409，以爲"烏頭勞"即 Gondophares；A. Wylie, "Notes on the Western Regions. Translated from the '*Tsëën Han shoo*', Book 96, part 1-2." *The Journal of the Anthropological Institute of Great Britain and Ireland* 10 (1881): pp. 20-73, esp. 36，認爲"烏頭勞"應即 Spalyris 等。後說爲注 1 所引 W. W. Tarn 書，pp. 340-341，等採用，影響較大。

[67] 注 21 所引 E. Yarshater 書，p.197，以爲 Azes 二世的統治延續到公元一世紀。今案：此說並無確據。

[68] A. von Gutschmid, *Geschichte Irans und seiner Nachbarländer: von Alexander*

dem Grossen bis zum Untergang des Arsaiden. Tübingen, 1888, pp. 109-110；注1所引 W. W. Tarn 書，pp. 339-343, 416-420, 469-473。

[69] 注1所引 W. W. Tarn 書，pp. 497-499。

[70] 注9所引 A. K. Narain 書，pp. 147-156。

[71] 參看注1所引 W. W. Tarn 書，pp. 331-332。

[72] 見注60所引 G. K. Jenkins 文。

[73] 參看本書第九篇。

[74] Azes 一世曾佔領 Paropamisadae，參見注17所引 J. Marshall 書，pp. 52-53；注3所引 S. Chattopadhyaya 書，p. 59。

[75] Vonones 稱"王中之王"大致在 Mithridates 二世去世（前87年）之後，而在此前後塞斯坦的塞人已有可能向 Paropamisadae 伸張勢力。注1所引 W. W. Tarn 書，pp. 472-473，因指罽賓爲 Kabul，《漢書》又稱"自武帝始通罽賓"，遂認爲該地爲塞人所佔在公元前87年（武帝末年）。今案：其說非是。

[76] 關於 Azilises 和 Azes 二世是否統治過 Paropamisadae 的討論見注17所引 J. Marshall 書，p. 52。

[77] 注1所引 W. W. Tarn 書，pp. 345-350，認爲：Spalyris、Spalagadams 父子和 Spalirises 皆係 Arachosia 的塞人統治者，他們都承認帕提亞總督 Vonones 的宗主權；Vonones 在 Maues 死後自稱"王中之王"，Spalyris 和 Spalirises 則自稱"國王之弟"，但這並不意味著他們和 Vonones 是真正的兄弟。公元前49年左右，Spalyris（烏頭勞）之子 Spalagadams 被 Hermaeus（陰末赴）所殺，後者又於公元前30年左右被 Spalirises 推翻。Spalirises 吞并了 Kapisa，自稱"王中之王"，並傳位其子 Azes 一世。注1所引 E. J. Rapson 書，pp. 517-518，則認爲：Spalyris、Spalirises 和

Vonones 是真正的兄弟，後者的治期始於公元前 30 年左右。Spalirises 之子是 Azes 二世而非一世。Azes 一世和 Azilises 應位置於 Arachosia 一組統治者之前。Azes 一世即位於公元前 58 年。注 17 所引 J. Marshall 書，pp. 49-50，肯定 W. W. Tarn 之說，理由是顯然出自同一個鑄版工之手的 Zeus 像出現在 Vonones 和 Spalyris、Spalagadams 聯合鑄造的錢幣上，也出現在 Spalirises 和 Azes 一世單獨鑄造的錢幣上。如果他們的次序如 E. J. Rapson 所列，則也應出現在 Azilises 的錢幣上，但事實並非如此。而如按 W. W. Tarn 說，則可以認爲設計這個 Zeus 像的鑄版工在 Azes 一世治期的某時去世了。對銅幣的研究也可得出類似的結論。今案：Spalirises 果然有子名 Azes，則應爲一世而非二世，後者應是 Azilises 之子。E. J. Rapson 說非是。

[78] 注 17 所引 J. Marshall 書，pp. 51-52，指出：Spalirises 的錢幣全部在 Arachosia 鑄造，在 Taxila 和旁遮普一個也沒有發現，說明他在 Taxila 並未扮演什麼角色。

[79] 注 9 所引 A. K. Narain 書，pp. 154-155。

[80] 參看本書第九篇。

[81] 參看注 1 所引 W. W. Tarn 書，p. 328，以及注 3 所引 S. Chattopadhyaya 書，p. 65。又，注 1 所引 W. W. Tarn 書，pp. 503-507，認爲這些錢幣是在 Hermaeus 死後，貴霜人爲了表示他們是 Paropamisadae 地區的合法繼承者而頒發的，陰末赴的姊妹或女兒曾嫁給丘就卻的祖父。今案：此說不過是爲了證成 Hermaeus 爲 Azes 一世之父 Spalirises 所殺一說；茲不取。

[82] 見本書第二篇。

[83] 見注 34 所引花岡氏文。又，注 1 所引 W. W. Tarn 書，pp. 327，認爲

Hermaeus 的勢力範圍不過 Paropamisadae；似未安。

[84] 注 1 所引 E. J. Rapson 書，p. 521，指出，錢幣和銘文的證據表明，Azes 二世和 Gondophares 的軍事長官（strategos）都是 Aspavarma，後者的職務由其侄 Sasas 繼承；Sasa 擔任過 Gondophares 及其繼位人 Pacores 的軍事長官。這表明了 Azes 二世、Gondophares 和 Pacores 三者的先後順序。今案：Azes 二世爲 Hermaues 所殺。因此，他與 Gondophares 並無直接聯繫，然而這無妨前者的 strategos 爲後者服務。

[85] 見注 25 所引 S. Konow 書，pp. 57-63。

[86] 參見注 17 所引 J. Marshall 書，pp. 58-59；注 1 所引 E. J. Rapson 書，pp. 522-525。

[87] 注 1 所引 W. W. Tarn 書，pp. 469-473，指"罽賓"爲 Kabul；但此處明載罽賓曾"得"、"失"高附卽 Kabul，知罽賓並非 Kabul。

[88] 注 17 所引白鳥氏文以爲此處"天竺"指阿育王時代的印度；似誤。

[89] 注 17 所引 J. Marshall 書，p. 64。又，注 36 所引 H. Raychaudhuri 書，pp. 454-455，以爲 Gondophares 之後，塞斯坦由 Sanabares 統治，坎大哈、西旁遮普由 Pacores 統治。

[90] 注 17 所引 J. Marshall 書，pp. 66-67。

九　烏弋山離

一

烏弋山離，首見《漢書·西域傳》。大概因爲傳文及《後漢書·西域傳》、《魏略·西戎傳》均略稱爲"烏弋"，《漢書·陳湯傳》更誤倒爲"山離烏弋"，有人便以爲其實應該是"烏弋"和"山離"兩國。[1] 今案：其說非是。《漢書·西域傳上》稱：

> 烏弋山離國，王〔治〕去長安萬二千二百里。不屬都護。戶口勝兵〔多〕，大國也。東北至都護治所六十日行。

既然王治祇有一個，"烏弋山離"祇是一國，自不待言。又，文獻不見"山離"單舉，亦可見"烏弋"不過是"烏弋山離"的略稱。

據《漢書·西域傳上》，烏弋山離國"東與罽賓、北與撲挑、西與犂靬、條支接。行可百餘日，乃至條支"。又云："罽賓國……西南與烏弋山離接。"《後漢書·西域傳》則稱："安息國……南與烏弋山離接。"知所謂"烏弋山離國"在罽賓西北、安息東南、撲挑之南、犂靬和條支之東。今案:"罽賓"在喀布爾河中下游,包括 Gandhāra、Taxila 等地,且一度兼有該河上游卽 Paropamisadae;[2] "安息"卽 Arsaces 家族統治下的波斯;故烏弋山離大致佔有 Drangiana 和 Arachosia 兩郡之地。[3] 至於傳文稱犂靬(托勒密朝埃及王國)、條支(塞琉古朝敍利亞王國)和烏弋山離相接,恐非事實。大概當時祇知道該國西方有犂靬、條支,在提到烏弋山離國與安息、罽賓等境界相接時,連筆敍及,如此而已。同樣,"撲挑"(Bactria)[4] 和烏弋山離之間,隔著興都庫什山,也不能真正相接,"北與"云云,不過說烏弋山離的北面是 Bactria。

一般認爲"烏弋山離"[a-jiək-shean-liai] 卽 Alexandria 之音譯。[5] 但究竟是哪一個亞歷山大城,卻衆說紛紜。主要有 Alexandria Areion (Herāt)、[6] Alexandria Arachaton (Kandahār)、[7] Alexandria Prophthasia (Farāh)[8] 和 Alexandria (Ghazni)[9] 四說。今案:第三說近是。

1. 《漢書·西域傳上》稱:"烏弋地暑熱莽平,其草木、畜產、五穀、果菜、食飲、宮室、市列、錢貨、兵器、金珠之屬皆與罽賓同,而有桃拔、師子、犀牛。"以上四地中,除 Herāt 不在 Drangiana 和 Arachosia 範圍之內,似可不論外,其餘三地中,稱爲"暑熱莽平"最合適的是 Farāh。

2. 《漢書·西域傳上》稱:烏弋山離"絕遠,漢使希至。自玉門、陽關出南道,歷鄯善而南行,至烏弋山離,南道極矣。轉北而東得安息"。如果是 Ghazni 或 Kandahār,則不能稱"南道極矣"。蓋自兩地均可繼續西行抵 Farāh,中間並無險阻。

3.《後漢書・西域傳》稱：烏弋山離國"地方數千里，時改名排持"。又，《魏略・西戎傳》："烏弋，一名排特"（"特"原訛作"持"）。"排特"[buəi-dək]可視作 Prophthasia 之略譯。[10]

二

《漢書・西域傳上》稱："皮山國，王治皮山城。……西南至烏秅國千三百四十里，南與天篤接，北至姑墨千四百五十里，西南當罽賓、烏弋山離道，西北通莎車三百八十里。"又稱："罽賓國……西南與烏弋山離接。"由此可見，所謂"罽賓、烏弋山離道"上接"西域南道"的一條支線——可稱爲"皮山、罽賓道"。所以《後漢書・西域傳》說："自皮山西南經烏秅，涉懸度，歷罽賓，六十餘日行至烏弋山離國。"[11]

《漢書・西域傳上》稱："南道西踰葱嶺則出大月氏、安息。"可知所謂"至烏弋山離，南道極矣"一句中的"南道"，乃指自皮山南行的枝道；此道以烏弋山離爲終點。所謂"轉北而西得安息"，乃指自 Farāh 北行至 Herāt，復西行抵達安息都城。

或以爲"南道極矣"云云，不過是某一位漢使的報告，不足爲據；實際上到達烏弋山離後，仍能繼續西南行，抵達條支（在波斯灣）。傳文在"烏弋山離"條中插入有關"條支"的敍述，說明在編者的心目中，這兩國關係密切。再結合同傳關於烏弋山離"西與犂靬、條支接。行可百餘日，乃至條支"等記載，可知"罽賓、烏弋山離道"可西向延伸,直至條支。[12]

今案:自烏弋山離"行可百餘日,乃至條支",並不是說從烏弋山離直達條支,而是說自烏弋山離北行至安息,再西向抵達條支,約需百餘日。果然,"至烏弋山離南道極矣"句出諸一位漢使的報告,"行可百餘日"云云又出諸另一位漢使的報告,《漢書·西域傳》豈非成了一堆未經整理的原始資料的雜燴。當然,客觀上自烏弋山離(Farāh)西南行也許並非沒有道路,祇是漢使未必知道。《後漢書·西域傳》稱:"前世漢使皆自烏弋以還,莫有至條支者",應是事實。既然沒有漢使自烏弋山離抵達條支,《漢書·西域傳》編者自然也不能記錄,即使條支國確如說者所指位於波斯灣頭也罷。由此可見,《後漢書·西域傳》所謂"復西南馬行百餘日至條支"也不能理解爲自烏弋山離可直接西南行抵達條支。[13]

至於《漢書·西域傳》在記述烏弋山離事情時,連帶敍及條支,這同記述康居時,夾敍奄蔡顯係同一筆法。之所以用"行可百餘日,乃至條支"一句引起"條支國"一段,而不是將有關條支的事情放在安息之後或與安息國事情一起敍述,主要因爲在安息之後已經安排了大月氏,即所謂"安息東則大月氏"。這就是儘管事實上條支國確實同安息西境相接,抵條支又必須經由安息,漢使"莫有"直接從烏弋山離西行者,但仍然祇能將條支放在烏弋山離之後交待的緣故。質言之,說者所指,不過是一個文章佈局問題,既不足以證明漢使曾自烏弋山離繼續西南行抵波斯灣頭,亦不足以證明條支國位於波斯灣頭。《漢書·西域傳》這種章法,後來深深影響了《魏書·西域傳》,後者且更爲嚴謹,不妨參看。[14]

三

公元前 129 年春，塞琉古朝敍利亞王國 Antiochus 七世（前 139/前 138—前 129 年）在 Media 戰死，帕提亞波斯人大獲全勝。Phraates 二世（前 139/前 138—前 128 年）決定進軍敍利亞，由於 Sakā 人在東境入侵，纔放棄了這個計劃。據 Justin 記載（XLII，1），帕提亞人招募 Sakā 雇傭軍同 Antiochus 七世作戰，當這些 Sakā 人趕到時，戰鬥已經結束；他們不願就此被遣散，向波斯人提出，或者付給報酬，或者讓他們去對付其他敵人。當這些要求遭到拒絕時，他們便開始劫掠波斯領土。於是 Phraates 二世不得不把注意力集中到對付 Sakā 人的入侵上來。正如他曾試圖利用 Sakā 人對付敍利亞人一樣，此際他又強迫被俘的 Antiochus 七世的士兵去對付 Sakā 人。但由於希臘戰俘臨陣倒戈，帕提亞軍大敗，Phraates 二世本人被殺。繼位的 Artabanus 二世（前 128—前 124/前 123 年）接著同這些威脅帕提亞波斯的遊牧人鬥爭，據 Justin（XLII，2），他也在一次對 Tochari 人的戰役中陣亡。[15]

今案：上述 Sakā 人入侵安息事件應該有更複雜的背景，Justin 所傳不過是表面情況。因在 Phraates 二世去世前不久，伊犁河、楚河流域的大月氏人因受烏孫攻擊，跨過錫爾河，經由索格底亞那來到阿姆河流域。[16] 大月氏人這次遷徙，一定給予索格底亞那和巴克特里亞等地的 Sakā 人很大的壓力，他們很可能乘 Sakā 僱傭軍和帕提亞人發生衝突之際，大舉入侵。Phraates 二世和 Artabanus 二世相繼戰歿，說明入侵者來勢兇猛。Justin 揭出 Tochari 一名，似說明入侵者以 Tochari 人爲主，且多來自"大夏地"（Tuhārestān）。[17]

一般認爲入侵的 Sakā 人是沿著 Mōuru、Herāt 的大道南下、佔領 Drangiana、復自該處東北向進入 Arachosia 的。被 Sakā 人佔領的地區從此被稱爲 Sakastān。[18] 直至 Mithridates 二世（前 124/ 前 123—前 87 年）即位後，經過曠日持久的鬥爭（前 124—前 115 年，約十年），上述兩地纔重歸帕提亞控制。[19] 部份不甘臣服的 Sakā 人乃自 Ariana、Kandahār 東行，穿過 Bolan 或 Mulla 山口，進入 Abiria。嗣後，其勢力蔓延至 Patalene、Cutch（Kacchā）、Surastrene（Kāthiāwār）和沿海地區，包括 Broach 的港口，並自這些港口穿越 Nerbudda 河谷，到達烏賈因（Ujjain）。[20]

或以爲 Mithridates 二世戰勝 Sakā 人以後，曾將 Drangiana 和 Arachosia 作爲采邑賜給一位 suren（總督）。從此，帕提亞波斯事實上分爲兩個部份。東部即 Drangiana 和 Arachosia 一直在該 suren 家族的控制之下，祇在名義上服從帕提亞王室，逐步走上了獨立發展的道路。這個由 suren 家族統治的、波斯人和 Sakā 人雜處的地區便是《漢書·西域傳》所載烏弋山離國。[21] 或以爲上說未安。烏弋山離國應該是 Mithridates 二世去世後，Sakastān 的塞人起而反抗帕提亞總督的統治，取得勝利後建立的一個塞人國家，政治中心在 Sakastān，還領有 Arachosia 等地。[22] 今案：後說較勝。

錢幣學的證據表明，年代最早的烏弋山離國統治者爲 Vonones，他自稱"王中之王"，這表面他確實是一位獨立的君主。而由於 Vonones 和公元 8/9—11/12 年在位的帕提亞朝波斯 Vonones 一世同名，有人便認爲他應該是一個波斯人。[23] 然而這其實不能作爲絕對證據。因爲 Sakā 和帕提亞人同爲 West-Eurasianoid，同屬印歐語系，姓氏偶同，並非完全沒有可能。

再者，多數學者認爲，Vonones 自己鎮守 Sakastān，而將 Arachosia 交給 Spalyris（Spalahora）家族統治。[24] 錢幣學的證據表明，Vonones 曾先後和 Spalyris、Spalagadamas 父子以及 Spalirises 聯合鑄幣。在這些錢幣上，Vonones 的名號用希臘文，Spalyris 等的名號用 Prākrit 和佉盧文書寫。[25] 目前比較一致的看法是 Spalyris 家族是 Sakā 人。[26] 因此，如果 Vonones 是波斯人，那麼烏弋山離國便是一個波斯人和 Sakā 人的聯合政權。[27] 這種可能性固然不能排除，但總覺得不如認爲 Vonones 也是 Sakā 人來得合情合理。何況 Spalyris 和 Spalirises 在自己的錢幣上均稱"王者之弟"。這雖然也許僅僅是一個榮譽稱號，但他們和 Vonones 事實上是兄弟的可能性也不能排除。[28]

總之，《漢書·西域傳》的烏弋山離國也很可能是一個 Sakā 人建立的國家。

四

Vonones 的年代雖無從確定，但他自稱"王中之王"祇能在 Mithridates 二世死後，也就是說，時間上限爲公元前 87 年。[29] 他先後和 Spalyris、Spalagadamas 和 Spalirises 聯合鑄幣，說明他和這三人同時代。Spalirises 在一些錢幣上自稱"王者之弟"，在另一些錢幣上自稱"王中之王",則可以認爲 Vonones 死後, Spalirises 成了 Sakastān 和 Arachosia 的最高統治者。果然如此,所謂"王者之弟"其實是儲君的稱號(王太弟)。這似乎也表明 Vonones 和 Spalyris 家族是有血緣關係的,未必僅僅是政治上的聯盟。

　　Spalirises 曾和 Maues 之後統治罽賓的 Sakā 王 Azes 一世聯合鑄幣。在這種錢幣上,兩人均稱"大王", Spalirises 佔有正面,名號用希臘文書寫, Azes 一世佔有反面,名號用佉盧文書寫;一般認爲這表示兩者的關係是父子。[30] 果然如此,則 Azes 一世應該是從 Arachosia 東進,先佔有喀布爾河上游地區,再佔領中下游地區卽罽賓的。蓋自 Vonones 時代起, Sakastān 和 Arachosia 的 Sakā 人就可能向喀布爾流域滲透其勢力。

　　Azes 一世在公元前 58 年建元(卽所謂 Vikrama 紀元,實際上應稱爲 Azes 紀元),[31] 自稱"王中之王";可見 Azes 一世和 Spalirises 聯合鑄幣應在此年之後,其時後者當已取代 Vonones,成爲"王中之王"。一則,"大王"往往是"王中之王"的略稱,[32] 錢幣上 Spalirises 和 Azes 一世自稱"大王"不能說明他們尚未稱"王中之王"。二則, Spalirises 不可能一面自稱"王者之弟"一面又自稱"大王"。[33] 這表明:公元前 58 年旣是 Vonones 去位、又是 Spalirises 繼位的下限。

　　烏弋山離國果係 Sakā 人所建,則 Spalirises 便是該國最後一位統治者。[34] 錢幣學的證據表明, Spalirises 之後統治 Sakastān 的是波斯人 Orthagnes、Gondophares 等;他們的年代無法一一落實,然而公元 19 年 Gondophares 自稱"王中之王"是一個確定的點。[35]

此後不久，Gondophares 統一了整個喀布爾河流域（Paropamisadae、Gandhāra 和 Taxila）。[36]

《後漢書·西域傳》載："高附國，在大月氏西南，亦大國也。……所屬無常。天竺、罽賓、安息三國強則得之，弱則失之，而未嘗屬月氏。……後屬安息。及月氏破安息，始得高附。"此處"高附"乃指 Paropamisadae；"月氏"應即貴霜；後一個"安息"便是 Gondophares 治下的 Sakastān 和 Arachosia。傳文不稱爲"烏弋山離國"而稱爲"安息"，暗示了 Sakastān 政權的更替。至於同傳別處以及《魏略·西戎傳》所涉及的烏弋山離，多半承襲前史，反映的應是 Sakā 人治下的情況。不過，其中摻入"改名排特"（或稱"一名排特"）的記載，似乎同樣表明政權發生了變化。

五

漢魏史籍所見安息國，一般認爲指帕提亞朝波斯，[37]"安息"[an-siək] 即帕提亞王室 Arsaces 的對譯。[38] 考慮到安息與烏弋山離國關係至爲密切。茲對有關記載略加考證，以補充前文。

《漢書·西域傳上》載："安息國，王治番兜城。"《後漢書·西域傳》則稱："安息國，居和櫝城。""番兜"，或以爲指阿喀美尼朝波斯大流士一世貝希斯登銘文所見 Parθava，希羅多德《歷史》（III, 93）所見 Parthia；[39] 或以爲指 Charax 的 Isidore《安息驛程志》所見 Parthau；[40] 或以爲是 Hekatompylos 的安息稱呼。[41] "和櫝"，或以爲指 Strabo《地理志》（XI，7）所見 Carta，阿里安《亞歷山大遠征記》（III，23）等所載 Hyrcania 的首府 Zadrakarta；[42] 或以爲指 Parthau；[43] 或以爲指 Hekatompylos。[44] 今案："番兜"[buai-tiuk] 應爲 Parθava 或 Parthia 之對譯。Parθava 是阿喀美尼朝波斯之一郡，Arsaces 家族的發祥地，安息國第一個都城 Nisā 就在該郡的東北部。漢人得諸傳聞，很可能將地區名誤爲都城之名。"和櫝"[haui-dok] 則不妨視作 Hekatompylos 之略譯。Hekatompylos 也是安息國早期都城，其名是希臘語，意爲"百門之城"。波斯人可能另有稱呼，但漢人傳聞所得或即此名。自公元前二世紀後半葉至公元前一世紀末，爲避開阿姆河北遊牧部族的鋒芒，安息的都城不斷向西遷搬，終於定都泰西封（Ctesiphon）。這在漢魏史籍中似乎沒有得到反映。但《後漢書・西域傳》有如下一則記載：

　　自安息（Hekatompylos）西行三千四百里至阿蠻國（Ecbatana）。從阿蠻西行三千六百里至斯賓國（Ctesiphon）。從斯賓南行度河，又西（南）[北]至于羅國（Hatra）九百六十里，安息西界極矣。

可以說客觀上反映了安息向西遷都和擴張領土的過程。[45]
　　按之《史記》、《漢書》等記載，安息國的疆域可大致考定如下：
　　1.《史記・大宛列傳》稱：安息"在大月氏西可數千里"。《漢書・西域傳上》也說，安息"東則大月氏"；又說："大月氏國，治監氏城，去長安萬一千六百里。……西至安息四十九日行。"今案：所謂"四十九日行"應指自大月氏王治（Bactra）至於"番兜"（Parθava）的大致行程。《漢書·西域傳》又稱："安息國，王治番兜城，去長安萬一千六百里。"去長安里數和監氏城去長安里數相同，顯然有誤。"一千"或係"六千"之訛。[46]

2.《史記·大宛列傳》稱：安息"西則條枝"，"條枝在安息西數千里"。《漢書·西域傳上》則說，安息"西與條支接"。條枝，應即塞琉古朝敍利亞王國。在《史記》、《漢書》所描述的時代，安息國"其屬小大數百城，地方數千里，最爲大國"。與此相對，條枝則侷趣於地中海東岸一隅之地，形成所謂"安息役屬之，以爲外國"的局面。故所謂"數千里"乃指當時安息國的心臟地區到條枝國都城 Anchiocia 的距離。[47]

3.《史記·大宛列傳》稱，安息"北有奄蔡、黎軒"。奄蔡即 Aorsi 人，主要活動範圍，東起鹹海、裏海之北，西抵亞速海，在安息北方，故云。[48] 黎軒，應即托勒密朝埃及王國，此處說位於安息之北，顯係傳聞之誤。[49] 有人認爲，"黎軒"兩字當屬下，讀作"黎軒、條枝在安息西數千里……"[50] 又有人認爲，傳文稱"北有"黎軒，說明張騫所得有關黎軒的情報，與有關奄蔡的情報一幷來自北路。[51] 兩說的出發點都是爲了解釋傳文所載黎軒方位與實際不符這一矛盾，後說似較勝。

4.《漢書·西域傳上》與《後漢書·西域傳》皆稱安息國"北與康居[接]"。此處"康居"乃指康居屬土索格底亞那。[52] 安息與索格底亞那相接，說明在傳文描述的時代其北境瀕臨嬀水。

5.《漢書·西域傳上》在稱"安息東則大月氏"的同時，又稱安息"東與烏弋山離"接。《後漢書·西域傳》則載安息"南與烏弋山離"接。由此可見，安息其實是東南與烏弋山離相接。[53]

6.《史記·大宛列傳》稱："初，漢使至安息，安息王令將二萬騎迎於東界。東界去王都數千里。行比至，過數十城，人民相屬甚多。漢使還，而後發使隨漢使來觀漢廣大，以大鳥卵及黎軒善眩人獻於漢。"《漢書·西域傳》所載略同。兩史但言安息"東界"去其王都數千里，均未明載東界在何處。《後漢書·西域傳》始稱：

其東界木鹿城，號爲小安息，去洛陽二萬里。

"木鹿"[mu-lok]，一般認爲應是 Mōuru 的對譯，其地在今 Marv 附近。[54]

7. 如果《史記》、《漢書》所謂"東界"亦指 Mōuru，結合後者有關安息"北與康居［接］"的記載，可知兩史所謂安息國"臨嬀水"，乃指其北界瀕臨嬀水中段。或以爲，張騫逗留於大月氏、大夏時，Sakā 人入侵安息事件已經發生，木鹿等地已經丢失，故"臨嬀水"云云不可能是張騫原始報告中的內容，而是司馬遷將日後的傳聞羼入了張騫的報告之中（《漢書》類似記載不過因襲《史記》），蓋 Mithridates 二世東討塞人成功後，木鹿纔重歸安息。[55]

今案：張騫踏上歸途時，Sakā 人入侵安息的事件已經發生，但該事件在《史記·大宛列傳》中完全沒有得到反映，說明張騫並不知道他動身前不久發生的這一事件，這很可能是由於當時消息遞傳太慢的緣故。因此，不能排除"臨嬀水"乃張騫所傳 Sakā 入侵前的情況之可能性。

8. 又有人認爲，"臨媯水"表明當時 Khwārazm 和 Dahae 均隸屬安息。[56]

案：此說亦未安。卽使安息疆界當時伸展到媯水下游左岸，Khwārazm 和 Dahae 未必就隸屬安息。而誠如說者所指，Khwārazm 和 Dahae 應卽《史記・大宛列傳》所見"驪靬"和"大益"，而傳文僅稱"及宛西小國驪靬、大益，宛東姑師、扜罙、蘇薤之屬，皆隨漢使獻見天子"；亦未稱兩國隸屬安息。另外，雖如說者所指，安息國的始祖原是 Dahae 一部酋，但這與日後 Dahae 是否隸屬安息並無必然聯繫。[57]

最後，應該指出：上引《史記・大宛列傳》所載初至安息的漢使，應卽張騫西使烏孫時所遣"持節副使"之一。據同傳，張騫曾"騫因分遣副使使大宛、康居、大月氏、大夏、安息、身毒、于寘、扜罙及諸旁國"。張騫歸朝在元鼎二年，故出使或在此前一二年，而副使抵安息當在元鼎元年或二年（前 116/115 年）。時值 Mithridates 二世征討 Sakā 人接近奏功之際，大軍雲集東境，或因此以二萬騎迎漢使入境。[58]

■ 注釋

[1] 白鳥庫吉"罽賓國考"，《白鳥庫吉全集・西域史研究（上）》（第 6 卷），東京：岩波，1970 年，pp. 295-359；榎一雄"もう一つのシルクロード——東西

交通史上の南アフガニスタン",《東西交涉》創刊2號（1982年夏の號），pp. 15-22。

[2] 見本書第八篇。

[3] 參見孫毓棠"安息與烏弋山離",《文史》第5輯（1978年），pp. 7-21。

[4] 見本書第二篇。

[5] 注1所引白鳥氏文指"烏弋"和"山離"分別爲 Arachosia 和 Drangiana 的略譯。藤田豐八"釋迦と塞と赭羯と乣軍",《東西交涉史の研究·西域篇》，東京：荻原星文館，1943年，pp. 97-141，指"烏弋山離"爲 Gawd-i-Zarah 的音譯。松田壽男"イラン南道論",《東西文化交流史》，東京：雄山閣，1975年，pp. 217-251，以爲兩說不免標新立異之嫌。

[6] A. Wylie, "Notes on the Western Regions. Translated from the '*Tsëën Han shoo*', Book 96, part 1-2." *The Journal of the Anthropological Institute of Great Britain and Ireland* 10 (1881), pp. 20-73, esp. 38; E. Chavannes, "Les pays d'occident d'après le *Wei-lio*." *T'oung Pao* 6 (1905): pp. 519-571; E. Chavannes, "Les pays d'Occident d'après le *Heou Han chou*." *T'oung Pao* 8 (1907): pp. 149-234.

[7] J. Marquart, *Untersuchungen zur Geschchite von Eran*, I. Göttingen, 1896, pp. 175-176；白鳥庫吉"大秦傳より見たる西域の地理",《白鳥庫吉全集·西域史研究（下）》（第7卷），東京：岩波，1971年，pp. 303-402。

[8] W. W. Tarn, *The Greek in Bactria and India*. London: Cambridge, 1951, pp. 14, 347.

[9] 注5所引松田壽男文。

[10] 注3所引孫毓棠文。

[11] 參見馬雍"巴基斯坦北部所見'大魏'使者的巖刻題記",《西域史地文物叢考》，文物出版社，1990年，pp. 129-137。

[12] 注5所引松田壽男文。

[13] 參見余太山:"條支、黎軒、大秦和有關的西域地理",《中國史研究》1985 年第 2 期, pp. 57-74。

[14] 參見余太山"董琬、高明西使考",《嚈噠史研究》, 齊魯書社, 1986 年, pp. 217-244。

[15] J. S. Watson, tr. *Justinus, Epitome of the Philippic History of Pompeius Trogus*, London: Henry G. Bohn, York Street, Convent Garden ,1853; W. W. Tarn, "Seleucid, Parthian Studies." *Proceedings of the British Academy* (1930): pp. 105-135; N. C. Debevoise, *A Political History of Parthia*. Chicago, 1938, pp. 37-38; E. Yarshater, ed. *The Cambridge History of Iran*, Vol. 3 (1), The Seleucid, Parthian and Sasanian Periods, CUP: 1983, pp. 37-38.

[16] 見本書第三篇。

[17] 注 15 所引 E. Yarshater 書, pp. 38-39, 認爲大月氏即 Tochari, 因此懷疑 Justinus 有關 Artabanus 二世死於對 Tochari 人之戰的記述未必正確。今案:其說非是。

[18] W. H. Schoff, ed. and tr. Isidore of Charax, *Parthian Stations* (XVIII). Philadelphia, 1914. 又, F. W. Thomas, "Sakastana." *Journal of the Royal Asiatic Society* 1906, pp. 181-216, 以爲早在阿喀美尼朝波斯時代, Sakā 人已經進入 Sakastān。今案其說非是; 參看白鳥庫吉"塞民族考", 載注 1 所引書, pp. 361-480。

[19] 注 15 所引 W. W. Tarn 文。

[20] 注 8 所引 W. W. Tarn 書 pp.320, 501; J. Marshall, *Taxila*, I. Cambridge. 1951, pp. 44-45。

[21] 注 3 所引孫毓棠文。

[22] 注 18 所引白鳥庫吉文。

[23] E. Herzfeld, "Sakastan. Geschichtliche Untersuchungen zu Ausgrabungen am

Kūhī Khwādja." *Archäologische Mitteilungen aus Iran* 4 (1932): pp. 1-116, p. 101; 注 8 所引 W. W. Tarn 書，p. 344，亦指 Vonones 爲帕提亞人。

[24] 注 3 所引孫毓棠文。注 8 所引 W. W. Tarn 書，pp. 344-346。

[25] E. J. Rapson, ed. *The Cambridge History of India*, vol. 1: Ancient India. Fountain-Delhi, 1955, p. 518; S. Chattopadhyaya, *Early History of North India*. Calcutta, 1958, p. 57.

[26] 亦有人認爲 Spalyris 等均非 Sakā 人，見 S. Konow, *Corpus Inscriptionum Indicarum*, II, part I, Kharoshthi Inscription. Calcutta, 1929, p. xlii。今案：此說未安。Spalirises 之子 Azes 一世是 Sakā 人，可證其父以及 Spalyris 等亦是 Sakā 人。

[27] 注 25 所引 E. J. Rapson 書，pp. 512, 517-518，認爲 Vonones 家族中旣有波斯人，又有 Sakā 人，爲方便起見可稱之爲 Pahlava，以區別於帕提亞波斯人。

[28] 參見本書第八篇。又，西方學者中，認爲 Vonones 是 Sakā 人的有 R. B. Whitehead, *Catalogue of the Coins in the Panjab Museum, Lahore I: Indo-Greek Coins*. Oxford, 1914, p. 92; D. R. Bhandarkar, "A Kushana Stone-inscription and the Question about the Origin of the Śaka Era." *Journal Bombay Branch of the Royal Asiatic Society* 20 (1902): pp. 269-302。

[29] 注 15 所引 N. C. Debevoise 書，p. 40; A. K. Narain, *The Indo-Greeks*. Oxford, 1957, p. 141, 又，注 8 所引 W. W. Tarn 書，p. 345，以爲 Vonones 在 Maues 死後纔自稱"王中之王"。今案：此說未安；Vonones 未必受 Maues 影響。

[30] 參見注 8 所引 W. W. Tarn 書，pp. 347-348；注 29 所引 A. K. Narain 書，pp. 162-163。又，注 25 所引 E. J. Rapson 書，pp. 517-518，認爲 Spalirises 之子應爲 Azes 二世，注 26 所引 S. Konow 書，p. xli，說同。今案：此說

未安；錢幣學的證據表明 Azes 二世應爲 Azilises 之子。參見本書第八篇。

[31] H. W. Bailey, "Two Kharoṣṭhī Casket Inscriptions from Avaca." *Journal of the Royal Asiatic Society* 1978, pp. 3-13; 注 15 所引 E. Yarshater 書, p. 196。

[32] 參見注 20 所引 J. Marshall 書, p. 46。

[33] 注 26 所引 S. Konow 書, p. xli, 認爲 Spalirises 自稱"大王"時, Vonones 仍爲"王中之王"。今案：其說未安。

[34] 注 25 所引 E. J. Rapson 書, p. 518, 推測 Spalirises 佔領過喀布爾地區。注 20 所引 J. Marshall 書, pp. 51-52, 則認爲 Spalirises 並未佔領過 Paropamisadae。今案：後說近是。

[35] 參見注 25 所引 E. J. Rapson 書, p. 521；注 20 所引 J. Marshall 書, pp. 58-59；注 25 所引 S. Chattopadhyaya 書, p. 64, 以及本書第八篇。大概 Gondophares 曾作爲鎮守 Arachosia 的副王, 和 Sakastān 的 Orthagnes 聯合統治, 後來纔自稱"王中之王"。

[36] 注 20 所引 J. Marshall 書, p. 60, 指出, Gondophares 王國的最大版圖包括 Sakastān, 信德（Cutch 和 Kāthiāwār）、旁遮普的南部和西部、印度西北邊境諸省。

[37] 徐松《漢書西域傳補注》；李恢垣《西域圖考》卷一；J. DeGuignes, *Histoire générale des Huns, des Turcs, des Mogols et des autres Tartares occidentaux, etc*, II. Paris, 1758, p. 51。

[38] T. W. Kingsmill, "The Intercourse of China with Eastern Turkestan and the Adjacent Countries in the Second Century B. C." *Journal of the Royal Asiatic Society* 1882, pp. 74-104.

[39] 注 38 所引 F. Hirth 書 p. 139。

[40] 注 7 所引白鳥庫吉文。

[41] 注 3 所引孫毓棠文。注 8 所引 W. W. Tarn 書，pp. 13-14。

[42] A. von Gutschmid. *Geschichte Irans und seiner Nachbarländer: von Alexander dem Grossen bis zum Untergang des Arsaiden.* Tübingen, 1888, p. 140.

[43] 注 7 所引白鳥庫吉文。

[44] 注 3 所引孫毓棠文。注 8 所引 W. W. Tarn 書，pp. 13-14；注 38 所引 F. Hirth 書，p. 141。

[45] 注 5 所引松田壽男文。

[46] 注 37 所引徐松書；岑仲勉《漢書西域傳地里校釋》上，中華書局，1981 年，pp. 204-211。

[47] 同注 13。

[48] 見本書第六篇。

[49] 同注 47。

[50] 注 38 所引 F. Hirth 書, p. 137。白鳥庫吉"拂菻問題の新解釋",注 7 所引書，pp. 403-592，以爲非是。

[51] 注 5 所引松田壽男文。

[52] 見本書第五篇。

[53] 注 7 所引白鳥庫吉文。

[54] 注 18 所引白鳥庫吉文。注 38 所引 F. Hirth 書，pp. 141-143，等。

[55] 注 8 所引 W. W. Tarn 書，pp. 281-262。

[56] 注 18 所引白鳥庫吉文。

[57] 注 3 所引孫毓棠文。

[58] 注 3 所引孫毓棠文。

附卷

一 《漢書·西域傳》所見塞種
——兼說有關車師的若干問題

一

《漢書·西域傳上》稱："昔匈奴破大月氏，大月氏西君大夏，而塞王南君罽賓。塞種分散，往往爲數國。自疏勒以西北，休循、捐毒之屬，皆故塞種也。"大月氏西遷，將塞人逐出塞地卽伊犂河、楚河流域，時在公元前177/前176年，故一部份塞人南下葱嶺當在此時。[1]又，葱嶺地區的一部份塞人"南君罽賓"的時間上限當爲公元前129年，[2]而"塞種分散"可能早在被大月氏逐出塞地以後不久便開始了。細考《漢書·西域傳》所載國名和地名，不難發現有許多與塞種四部卽 Asii、Gasiani、Tochari 和 Sacarauli 有關。[3]因此，不妨認爲葱嶺地區的塞人在公元前177/前176年以後，逐步東向滲入塔里木盆地，建立了不少塞種小國，不獨疏勒以西北爲然。[4]

1. 伊循 [iei-ziuən]、烏秅 [a-deai]、烏壘 [a-liuəi]、惡師 [a-shei]、焉耆 [ian-tjiei]、員渠 [hiuən-gia]、溫宿 [uən-siuət] 均可視爲 Asii 或

Essedones 的對譯。

又，難兜 [nan-tok]、內咄 [nuət-tuət] 與烏孫 [a-sen] 始祖難兜靡同名，當亦與 Asii 有關。

2. 姑師 [ka(kia)-shei]、車師 [kia-shei]、貴山 [giuət-shean]、休循 [xiu-ziuən]、車延 [kia-jian]、危（觳）須 [khiai-sio]、高昌 [kô-thjiang] 均得視爲 Gasiani 的對譯。

又，龜茲國王治"延城"，《冊府元龜·外臣部·國邑二》（卷九五八）作"居延城"。龜茲 [khiuə-tziə]、居延 [kia-jian] 均得視爲 Gasiani 之對譯。此外，河西亦有地名"居延"，同樣可能得名於 Gasiani；河西亦其人故地，後又成爲同源之月氏人居地，自不足爲怪。

又，于闐（于寘），[hiua-dyen] 舊刊本多作于寘 [hiua-tjiek]，很可能也是 Gasiani 或 Asii 的對譯。《高僧傳·法獻傳》（卷一三）記"于闐"作"烏纏" [a-dian]，語源應該相同。

3. 渠勒 [gia-lek]、桃槐 [dô-huəi]、渠犁 [gia-lyei]、單桓 [duat-huan]、兌虛 [duat-khia]、丹渠 [tan-gia] 均可視爲 Tochari 的對譯。

又，婼羌王號"去胡來" [khia-ha-lə] 亦得視爲 Tochari 之對譯。

又，小宛，其原名當與大宛同。既有"大宛"這一譯名在前，"大宛"之"大"又被誤以爲大小之"大"，因而略稱爲"宛"，故冠以"小"字；換言之，小宛亦與 Tochari 有關。

又，東、西且彌國皆係塞種（詳下），東且彌王治兌虛谷得名於 Tochari，因疑西且彌王治于大谷可能是"大于谷"之誤，"大于" [dat-hiua] 亦得視爲 Tochari 之對譯。

又，劫國王治丹渠谷，"丹渠"既係 Tochari 之對譯，則"劫"[kiap] 或係 Sakā 之略譯。

4. 莎車 [sai-kia] 當爲 Sacarauli 之對譯。此莎車與見諸先秦典籍之"莎車"名稱相同，其實並不完全相同，前者源於後者，見諸《逸周書·王會解》附"伊尹朝獻篇"之莎車未必漢以後屢入。

5. "西夜"[shien-jyak]，可能與"塞"[sək] 爲同名異譯。《漢書·西域傳上》載："西夜與胡異，其種類羌氏行國。"胡指匈奴，很可能是 West-Eurasianoid，[5] 西夜爲塞種，體貌有異於胡者，或其人已與羌氏混血，卽所謂類羌氏。

6.《漢書·西域傳上》載："蒲犂及依耐、無雷國皆西夜類也。"西夜既係塞類，則蒲犂、依耐等亦得視爲塞種。

又，尉頭 [iuət-do]、尉犂 [iuət-lyei] 與依耐 [iəi-nə] 音同，兩國或亦塞種；[6] 而郁立師 [iuət-liet-shei] 與尉頭等可能也是同名異譯，一詳一略而已。

又，卑闐 [pie-dyen]、卑陸 [pie-liuk]、蒲類 [pa-liuət] 與蒲犂 [pa-lyei]、無雷 [miua-luəi] 音同，則卑陸、蒲類等之得名亦與塞種不無關係。卑陸、蒲類屬於《漢書·西域傳》所謂"山北六國"，分自姑師；《後漢書·西域傳》則列入"車師六國"（詳下）；姑師卽車師既爲塞種，則卑陸、蒲犂等亦屬塞種。

又，蒲類國王治疏榆谷，"疏榆"[shia-jio] 與"西夜"得爲同名異譯，亦可證蒲類是塞種。

又，卑陸後國王治番渠類谷，"番渠類"[p(b)iuan-gia-liuət] 與卑陸、蒲類等可能是同名異譯，後兩者或爲略譯。

7. 塞種被大月氏逐出塞地後，南下散處葱嶺各地，在西史亦有蹟可循。托勒密《地理志》(VI, 13) 稱索格底亞那以東、帕米爾以西、錫爾河以南、興都庫什山以北地區爲 Sacara，並載活動其間的 Sacae 小部落名有 Caratae、Comari、Comedie、Massagetae、Grynaci 等。由此可知，塞種除可大別爲 Asii 等四部外，又可再細分爲若干小部落，這些小部落亦各有名號。[7]

其中，Comari 或 Comedie 和見諸《漢書・西域傳上》的且末 [tzia(gia)-muat]、扜（拘）彌 [a(kio)-miai]、休密 [xiu-miet]、和墨 [huai-mət]、姑墨 [tzia(gia)-mət]、且彌 [tzia-miai] 同名，或皆同出一源。且彌，據《漢書・西域傳下》和《後漢書・西域傳》亦係車師之一部（詳下）；從這一點來看，其人與塞種之關係也頗爲明顯。

又，Massagetae，希羅多德《歷史》(I, 153, 201) 曾稱之爲 Sacae，但我認爲它有別於《漢書・西域傳》所見塞種，也不同於大流士貝希斯登銘文所見 Sakā。[8] 雖然不能排除兩者人種、語言相近、並有共同起源的可能性。托勒密此處所載 Massagetae 人可能在我們目下所討論的 Sakā 人之前進入 Sacara，因爲大部份 Massagetae 早在大流士一世即位之前已被 Issedones 人即 Asii 等部逐至錫爾河以南。而這些 Sacara 地區的 Massagetae 人當然也可能進入塔里木盆地。《漢書・西域傳上》所見皮山國或即其人所建。"皮山"即 Massagetae 之略譯。[9] 另外，山國，《水經注・河水二》作"墨山國"。果然，則"墨山" [mət-shean] 亦得視爲 Massagetae 之略譯。

托勒密有關葱嶺以東塞人的記載，我已在另文中談及，此處不贅；[10]祇想添加一條，《地理志》（VI，15）稱，"Imaus 山外側的斯基泰"地區有一種 Scythian Hippophagi 人。這 Hippophagi 可能與《漢書·西域傳》所見"金附"[kiəm-bio]、（《後漢書·耿恭傳》作"金蒲"[kiəm-pha]）同名。不言而喻，托勒密所載 Hippophagi 未必就是《漢書·西域傳》所見金附（或金蒲），祇是說這些名稱的來源可能相同。而 Sacara 地區的 Massagetae 和 Comari（或 Comediae）與《漢書·西域傳》所見皮山和休密、且末、且彌等的關係也是如此。

以上所舉，似難視爲偶然，也就是說應該承認塔里木盆地內外到處留下過塞人的足蹟。

下面是幾點補充：

1. 進入一地的塞人，往往不祇是一個部落或部族的成員，其他部落或部族的成員往往也先後或同時進入，人數也多寡不一。這些進入同一地區的屬於不同部落或部族的塞人既可能和平共處，也可能彼此爭鬪，勢力時有消長。這些必然的情況在《漢書·西域傳》描述時代已相對穩定下來的國名、地名中也有所反映。例如：大宛國，其國名是 Tochari 的對譯，其都城名"貴山"，則是 Gasiani 的對譯；"大夏"國內有 Gasiani 人，烏孫（Asii）國中有"車延"（Gasiani）地。"焉耆"得名於 Asii，然據《水經注·河水二》，其週遭山水皆以"敦薨"（Tochari）爲名。龜茲，《一切經音義》卷八二稱："或名烏孫（Asii），或名烏纂（Asii）。"[11]《後漢書·西域傳》載莎車王賢滅龜茲後，分其國爲烏壘國，皆可見龜茲國中有 Asii 人。莎車（Sacarauli），《魏書·西域傳》稱之爲"渠莎"（Gasiani），《大唐西域記》卷一二稱之爲"烏鎩"（Asii），都說明了同樣的問題。

另外，《漢書·西域傳上》稱，鄭吉任都護後，"匈奴益弱，不得近西域。於是徙屯田，田於北胥鞬，披莎車之田，屯田校尉始屬都護"。歷來以爲此處"莎車"應爲"車師"之誤。其實"胥鞬"[sia-kian]與"莎車"爲同名異譯。皆得爲 Sakā 或 Sacarauli 之對譯。車師國有"莎車之地"並非完全不可能也。

2.塔里木盆地的塞人，前文指出，乃來自葱嶺地區。但是這僅僅是可能性之一。客觀上，塞人進入塔里木盆地還有種種途徑。例如：自其故地（黃河以西、阿爾泰山以東）[12]西向蔓延，亦能進入塔里木盆地。之所以強調上述可能性，主要是考慮到這種可能性較有資料基礎，並不是說這是唯一的可能性，祇是說這種可能性較大而已。

《史記·匈奴列傳》所載冒頓單于於文帝前元四年（前176年）遺漢書中已提到塔里木盆地"三十六國"，由於不得其名而知，我們無從判斷這"三十六國"和《漢書·西域傳》所載的同異。如果上述看法可以接受，便不妨認爲《漢書·西域傳》所載諸國有很大一部份形成於公元前177/前176年以後，而冒頓"遺漢書"所提到的"三十六國"有一部份在後來不復存在。

3.塔里木盆地的塞人遷自葱嶺地區不過就其大勢而言，實際情況也許要複雜得多。例如，不能不認爲有一部份塞人乃自葱嶺地區進入身毒後，復北上來到塔里木盆地的。《漢書·西域傳》明載由分散的塞種所建的小國捐毒很可能便是這些自身毒北返的塞人所建。"捐毒"[kyuan-tuk]，早已有人指出是"身毒"[sjien-tuk]的異譯。[13] 該國王治"衍敦"[jian-tuən]恐怕和"捐毒"也是同名異譯。另外，渠勒國王治"鞬都"[kian-ta]、卑陸國王治"乾當"[kan-tang]也都可以認爲和"捐毒"是同名異譯。如前所述，這兩國也是塞人所建。

又，卑陸既是車師之一支，車師即姑師最早見諸《史記·大宛列傳》，應是張騫西使大月氏取南道歸國所經小國之一，當時位於羅布泊西北岸（詳下），故不妨認爲車師也是自身毒北返的塞人所建。由此可見，《漢書·西域傳上》所謂"塞種分散"不能僅僅理解爲到葱嶺地區後分散爲數國。傳文稱"塞王南君罽賓"，如前文指出其時間上限爲公元前129年，也祇是就最終君臨罽賓而言；不排斥前此已有一部份塞人進入身毒，而由於目前尚不清楚的原因，其中若干又自身毒北返，進入塔里木盆地南北道諸綠洲。[14]

順便提一下，我還懷疑"精絶"[dzieng-dziuat]與罽賓國都城"循鮮"[ziuən-sian]是同名異譯，兩者之得名或有某種聯繫。再者，樓蘭後改名"鄯善"[zjian-zjian]，此名雖係漢人所起，但未必不可能藉某一原語之發音爲之。也就是說，"鄯善"與"精絶"、"循鮮"可能是同名異譯。精絶、鄯善人未必塞種，但其人或亦同身毒有關。

4.《漢書·西域傳上》稱："自宛以西至安息國，雖頗異言，然大同俗，自相曉知也。其人皆深目，多須顏。"這說明自大宛以西居民都是West-Eurasianoid。或許有人會問：既然大宛、大夏、大月氏、康居、奄蔡等皆係塞人，屬West-Eurasianoid[15]如果塔里木盆地也遍佈塞人，爲何不見類似記載？

對此，我是這樣考慮的。首先，上述有關大宛以西人種、語言的記載也見諸《史記·大宛列傳》。因此，這很可能不過是張騫西使大月氏，自匈奴中得脫，抵大宛，經康居，到達大月氏和大夏的見聞，並不是漢人全盤調查西域人種、語言後所作結論。

換言之，《史記·大宛列傳》所據爲張騫西使歸國後的報告，這個報告的重點無疑在大宛以西諸國。其中有關語言、人種的部份自然也就不包括蔥嶺以東居民的情況。《漢書·西域傳》承襲了《史記·大宛列傳》的這則記載而沒有作出必要的說明，於是引起了後人的誤解。

其次，當時蔥嶺以東卽塔里木盆地人種、語言的情況遠較大宛以西複雜，決非數語可以概括。具體地說，雖然一度遍佈塞人，但很難認爲"皆深目，多須髯"。當地土著該有不少是 East-Eurasianoid，進入各處的塞種也可能同土著混血，以致形貌、語言和 West-Eurasianoid 存在差異，西夜國便是一例。既然中國史籍對於人種、語言的記錄向來頗爲疏略，若無有力反證，便不能簡單地利用默證，得出塔里木盆地並無塞種或 West-Eurasianoid 的結論。[16]

二

以下各節討論有關車師諸問題，均係前文的補充。

車師爲漢人所知，始於張騫西使。當時的車師位於羅布泊西北，至公元前 108 年後纔遷至博格多山南北。

1.《史記·大宛列傳》稱："樓蘭、姑師邑有城郭，臨鹽澤。鹽澤去長安可五千里。"其中，"姑師"即"車師"，兩者是同名異譯，而"鹽澤"即今羅布泊。姑師即車師既"臨鹽澤"，足見當時的車師並不如一般所認爲的那樣位於今博格多山南北，而衹能是位於羅布泊附近。[17]

2. 樓蘭位於羅布泊西南；或以爲該國先都於羅布泊西北即所謂樓蘭古城遺址，後遷都於泊西南的扜泥城；[18]然而這顯然是一種誤解。既然樓蘭、姑師並臨鹽澤，前者又在澤之西南，後者最可能的位置便是澤之西北。質言之，所謂樓蘭古城遺址最初應在姑師範圍之內。姑師北遷，該地始屬樓蘭國，又在樓蘭國改名鄯善之後，得名"樓蘭"，即《水經注·河水二》所謂"城禪國名"。[19]

3.《史記·大宛列傳》載："樓蘭、姑師小國耳，當空道，攻劫漢使王恢等尤甚。……其明年，擊姑師，破奴與輕騎七百餘先至，虜樓蘭王，遂破姑師。因舉兵威以困烏孫、大宛之屬。"今案：漢兵"擊姑師"，先至者"虜樓蘭王"，然後"破姑師"，足見進軍姑師必定經由樓蘭。

因此，當時樓蘭、姑師的位置不外兩種可能：一種可能是樓蘭在羅布泊西北，姑師在博格多山南北。另一種可能是樓蘭在羅布泊西南，姑師在羅布泊西北。如果是前一種情況，漢軍的進軍路線是先抵羅布泊西北今樓蘭古城遺址一帶，然後越過庫魯克塔克北進、擊姑師。如果是第二種情況，漢軍的進軍路線是沿阿爾金山北麓到達樓蘭國王治扜泥城，然後北上抵羅布泊西北擊姑師。

前一條路線無疑是存在的，漢和匈奴均曾利用。[20] 後一條路線也是存在的，證據是《漢書·馮奉世傳》載"奉世以衛候使持節送大宛諸國客，至伊脩城……"所說伊脩城位於扜泥城之東，亦在羅布泊之西南。既然樓蘭國王治在泊之西南，則祇能認爲趙破奴、王恢所擊姑師位於泊之西北。

4. 上引傳文稱："樓蘭、姑師當空道"。樓蘭位於羅布泊西南，所當者西域南道。姑師位於泊之西北，所當者西域北道，蓋自泊之西北即所謂樓蘭古城遺址一帶北行可抵博格多山南北，西北行可抵達焉耆、龜茲等地。而如果將姑師置於博格多山南北，雖也可以稱爲"當空道"，但由於元封三年以前該地區完全爲匈奴勢力所籠罩，當時漢與西域交通顯然不可能經由天山東端，沿天山北麓西行；祇能取南道（經由伊循、扜泥城），或者自今樓蘭古城遺址一帶沿孔雀河西行。[21]

5.《漢書·西域傳下》稱："武帝天漢二年，以匈奴降者介和王爲開陵侯，將樓蘭國兵始擊車師。""車師"即"姑師"，漢擊姑師，已如前述爲元封三年，此處又稱"始擊車師"，祇能理解爲天漢二年所擊者並非位於羅布泊西北的姑師。而開陵侯擊車師，目的是配合漢軍在天山東端的軍事行動，這說明此時所擊者已是位於博格多山南北的車師。姑師即車師的位置發生變動顯然是因爲元封三年姑師被漢軍擊破，其王被俘，[22] 餘種越過庫魯克塔克北遷、投靠匈奴的緣故。因此，博格多山南北的車師國當成立於公元前 108 年以後。

三

姑師北遷後，先分爲車師和蒲類前後國、卑陸前後國、東西且彌國。至宣帝時，車師又分爲車師前國和車師後國。

1. 據《漢書・西域傳上》："至宣帝時，遣衛司馬使護鄯善以西數國。及破姑師，未盡殄，分以爲車師前後王及山北六國。時漢獨護南道，未能盡并北道也，然匈奴不自安矣。其後日逐王畔單于，將衆來降，護鄯善以西使者鄭吉迎之。既至漢，封日逐王爲歸德侯，吉爲安遠侯。是歲，神爵三年也。乃因使吉并護北道，故號都護。都護之起，自吉置矣。"據此，姑師分爲車師前後國及山北六國當在宣帝之時，其時漢尚未能盡并北道。然而揆情度理，車師之分果係漢人所爲，則應在鄭吉并護北道之後。[23] 事實上，在此之前不見有關車師前後國的記載。《漢書・宣帝紀》載：神爵二年（前60年）"秋，匈奴日逐王先賢撣將人衆萬餘來降。使都護西域騎都尉鄭吉迎日逐，破車師"。車師之分前後國當始於此時。

這樣看來，《漢書・西域傳下》稱姑師分爲車師前後王及"山北六國"在漢獨護南道之時是錯誤的。可是又不盡然，因爲分自姑師的"山北六國"中的蒲類國至遲在公元前71年已經存在（詳下）。也就是說"山北六國"（至少是其中的蒲類國）有可能在漢獨護南道時已經分出。因此，祇能認爲姑師之分爲車師前後王及"山北六國"並不是一次性完成的。其中車師前後國應成立於神爵二年以後，而很可能在此之前"山北六國"已經形成。後者的形成或許也有一個過程，這個過程大約始自元封三年姑師被趙破奴擊破北遷博格多山南北之後。《漢書・西域傳》編者對此未予深究，籠統地加以記載，於是導致混亂。

2. "山北六國"，一說指卑陸前後國、蒲類前後國和東西且彌國。[24] 今案：這很可能是正確的。此說的根據顯然是《後漢書・西域傳》所謂"前後部及東且彌、卑陸、蒲類、移支，是爲車師六國，北與匈奴接"。[25]《後漢書・西域傳》的有關材料主要依據班勇所記，六國又近漢，往來頻繁，故所記足堪憑信。東且彌、卑陸、蒲類三國在東漢既屬"車師六國"，必係西漢時分自姑師無疑。所謂"車師六國"中，移支不見於《漢書・西域傳》，當是後來分出，而且彌、卑陸、蒲類在西漢時或分東西，或分前後，其數爲六，應該就是西漢時的"山北六國"。東漢時卑陸、蒲類不分前後（或不見"後國"），又不載"西且彌"，應該是東部天山諸國相互兼幷的結果。至於"移支"[jiai-tjie]，可以認爲是"車師"的異譯。其人或於東漢山北諸國重新分合之際自車師某一部落析出，建一小國，故《後漢書・西域傳》亦歸諸"車師六國"。

3. 蒲類國，一般認爲得名於蒲類澤（亦稱蒲類海），但我認爲毋寧說蒲類澤得名於蒲類國或蒲類人。蒲類最早見於《漢書・匈奴傳上》。據載，宣帝本始三年（前71年），漢遣五將軍兵凡二十餘萬衆擊匈奴。其中，"後將軍趙充國爲蒲類將軍，三萬餘騎，出酒泉"。這表明蒲類國在此之前已經存在於今巴里坤湖附近。該國既爲"山北六國"之一，它出現時間的上限應爲公元前108年，下限爲公元前71年。然而《後漢書・西域傳》稱：

蒲類本大國也，前西域屬匈奴，而其王得罪單于，單于怒，徙蒲類人六千餘口，內之匈奴右部阿惡地，因號曰阿惡國。南去車師後部馬行九十餘日。人口貧羸，逃亡山谷間，故留爲國云。

所謂"前西域屬匈奴"，似指公元前二世紀七十年代以降匈奴稱霸西域的時代。因此，《漢書·西域傳》所見蒲類國和蒲類後國都應是從《後漢書·西域傳》所說蒲類大國的餘衆發展而成的。

但在我看來，事實可能並非如此。因爲《漢書·匈奴傳上》載文帝前元四年冒頓單于"遺漢書"稱，匈奴在"滅夷月氏"的同時，定"樓蘭、烏孫、呼揭及其旁二十六國"。其中提到的烏孫在今哈密附近，呼揭在今阿爾泰山南麓。[26] 這兩國已爲匈奴所"定"，說明今巴里坤地區也已落入匈奴的勢力範圍。值得注意的是冒頓書中並沒有提到"蒲類"，也沒有其他材料足以證明當時巴里坤地區已有國名"蒲類"。《後漢書·西域傳》"蒲類本大國"云云，果有所據，不過說明巴里坤地區確曾有一個人口六千以上的"大國"，匈奴佔領巴里坤地區後將它遷至阿惡地，該國未必名"蒲類"。祇是後來從姑師分出的蒲類人遷往該地，使巴里坤湖得名蒲類澤，以致誤以爲"阿惡國"的前身亦名"蒲類"。[27] 質言之，不能據上引《後漢書·西域傳》的記載否定蒲類國（包括蒲類後國）屬於分自姑師的"山北六國"。

四

"山北六國"中，卑陸前後國、蒲類前後國均在天山以北，似可無疑。有爭議的唯獨東西且彌國的位置。

一說東西且彌國均應位置於裕勒都斯河流域。換言之，兩國不能視爲"山北"之國。[28] 然而其理由我認爲是難以成立的。

1.《漢書·西域傳下》載："東且彌國，王治天山東兌虛谷，去長安八千二百五十里。……西南至都護治所千五百八十七里。"又載："西且彌國，王治天山東于大谷，去長安八千六百七十里。……西南至都護治所千四百八十七里。"此處所謂"天山"，或以爲指焉耆北面博羅圖山（Khaidu-Tau），[29] 或以爲指 Döss Megan 鄂拉。[30] 不管怎樣，如果位置東西且彌國於裕勒都斯河流域，則顯然應稱爲"天山南（或西南）"，而不應稱爲"天山東"。又，兩國去都護治所（烏壘）里數；經說者自己考證，實爲自烏壘經交河城抵兌虛谷和于大谷的里數；因此，於東且彌應爲"千四百八十七里"，於西且彌應爲"千五百八十七里"。而如果位置兩國於裕勒都斯河流域，則自烏壘前往而繞道交河城，乃至里程亦按此路線計算，實在令人費解。又，傳文明載，兩國均位於烏壘西北，如果位置兩國於裕勒都斯河流域（特別是認爲且彌國包括了龜茲北裕勒都斯河流域），則無法說明與烏壘的相對方位。何況，同傳明載烏貪訾離國"南與且彌"接。烏貪訾離國經說者自己考定位於今瑪納斯附近，[31] 兩且彌國如果位於裕勒都斯河流域，作爲小國，也很難與烏貪訾離國接壤。《後漢書·西域傳》稱，包括東且彌在內的"車師六國"皆"北與匈奴接",則可證兩且彌應爲"山北"之國。

2. 據《漢書·西域傳下》可知,長安至車師前國交河城 8150 里,至東且彌兌虛谷 8250 里,至西且彌于大谷 8670 里。也就是說,兩國至交河城分別爲 100 里和 520 里。又據《後漢書·耿秉傳》,可知車師前國交河城抵車師後國務塗谷爲 500 里。說者認爲由此可見兩且彌國並非山北之國,蓋兩國果在山北,則自交河城抵兩國須經由務塗谷,而按上面的里數計算,于大谷去務塗谷僅 20 里,去兌虛谷反較去務塗谷近 400 里,知自交河城去兩國必不經由務塗谷。

今案:其說未安。傳文所載兩且彌國去長安里數雖然有可能以長安去交河城里數爲基礎,但自交河城去兩且彌國卻未必經由務塗谷。換言之,很可能是由交河城直接前往的。何況既沒有理由要求長安里數十分準確,也就不能根據上述計算方法斷兩且彌並非山北之國。而按照相同的方法計算,則位於郁立師之西的卑陸國去務塗谷僅 30 里,較郁立師近 150 里,豈非也不能算作山北之國了。

3.《後漢書·西域傳》稱,東且彌國"東去長史所居(柳中)八百里"。說者以爲如果位置該國於山北,則傳文應明載在柳中以北或西北,而據《漢書·西域傳》有關記載可知交河城和西且彌之間的距離其實是 520 里,故其國應在柳中以西 500 里處,卽 Eren-Khabirgen 山脈以南。

今案:此說亦不妥。《後漢書·西域傳》"東去"云云,完全可以讀作"東南去",說者的理解未免執著。而如果相信《後漢書·西域傳》所載東且彌去柳中里數,則應承認東且彌在柳中之西或西北 800 里,不應求西且彌於柳中之西 500 里處。一則,說者以爲《後漢書·西域傳》所載"東且彌"其實是"西且彌"之誤,可以說並無任何根據。二則,據《漢書·西域傳》所得 520 里乃交河城去西且彌之里數,而交河城去柳中尚有 80 里。換言之,應求西且彌於柳中之西 600 里。同理,可求東且彌於柳中之西 180 里(交河城去東且彌 100 里,加上交河城去柳中 80 里)。由此可見,無論如何計算,兩且彌國都不可能在說者所指的位置上,即使將《漢書》和《後漢書》的有關記載牽扯到一起也罷。

4.《太平御覽·藥部四》(卷九八七)引張華《博物志》有載:

西域使至王暢說,石流黃出且彌山,去高昌八百里,有石流黃,高數十丈,縱橫五六〔十〕畝,有取流黃孔穴,晝視其孔上,狀如青煙,常高數尺。夜視皆如燃燈,光明高尺餘。暢所親視見也。且彌人言是時氣不和,皆往保此山,毒氣自滅。

說者以爲其中"去高昌八百里"一句乃本《後漢書·西域傳》,且有訛誤,蓋高昌去柳中尚有 30 里。所載"且彌山"應卽西突厥匱可汗的根據地。蓋據《舊唐書·突厥傳下》:

〔射匱〕乃建庭於龜茲北三彌山。

"三彌"顯係"且彌"之誤。而據《水經注·河水二》引《釋氏西域記》：

> 屈茨北二百里，有山，夜則火光，晝日但煙。人取此山石炭，冶此山鐵，恒充三十六國用。

類似記載也見諸《魏書·西域傳》。屈茨（龜茲）北二百里之山應即《博物志》的且彌山，《舊唐書·突厥傳下》的"三（且）彌山"。這說明且彌國包括了龜茲以北的裕勒都斯河流域。今案：其說又未安。

一則，《博物志》所載且彌山，未必便是龜茲北山即《舊唐書·突厥傳下》的"三彌山"，即使"三"確係"且"字之訛。蓋石流黃之產地未必龜茲北一地，博格多山以北亦有出產。《宋史·外國六·高昌傳》載：

> 北庭北山中出硇砂，山中嘗有煙氣涌起，無雲霧。至夕，光焰若炬火，照見禽鼠皆赤，采者著木底鞵取之，皮者即焦。

硇砂的主要成份是氯化銨，多因煤屑自燃與硫磺等一起生成。此處所謂"北庭北山"雖未必就是《博物志》所載且彌山，但至少已可說明天山以北亦有硫磺產地，而未必求《博物志》的且彌山於龜茲之北。[32]

二則，《舊唐書·突厥傳下》所載射匱建庭之地果為且彌山，則至多說明龜茲之北亦有且彌人。但不能因此位置漢代的且彌國於龜茲之北（或裕勒都斯河流域）。蓋據《後漢書·西域傳》：且彌國人"廬帳居，逐水草……所居無常"。故其人完全可能在漢代以後自天山北南遷至裕勒都斯河流域，致使龜茲北山亦得名"且彌"。

三則，卽使能證明漢代龜茲之北已有且彌山或且彌人，也不能因此認爲漢代且彌國不在天山之北。蓋《漢書·西域傳下》明載焉耆、龜茲兩國均"北與烏孫接"，當時其間不存在且彌國，或者說北山可能存在的且彌人不成其國可知。

四則，且彌係塞種之一支，其人在漢代散處塔里木盆地各綠洲。《漢書·西域傳》所見姑墨、且彌、扜彌（拘彌）等可能都是其人活動留下的痕蹟。質言之，天山北和龜茲北的且彌人雖同出一源，後來卻不一定有什麼聯繫。再者，"車師"和"龜茲"本爲同名異譯，其人同源，且彌既分自車師（姑師），龜茲北出現且彌人自亦不足爲奇。

另一說以爲東且彌國應在東鹽池驛附近，西且彌在其北、濟爾瑪臺附近。也就是說僅西且彌一國位於山北。[33] 今案：此說也不能成立。

1.據《漢書·西域傳下》，西且彌去長安爲 8670 里，較車師前國遠 520 里，較車師後國近 280 里。又，西且彌去烏壘 1487 里，較車師前國、車師後國校正後的去烏壘里數分別遠 250 里和近 320 里。由此可見，西且彌國應在車師前國交河城之東稍北。

今案：此說未安。一則，西且彌和東且彌去長安里數都是以車師前國交河城去長安里數爲基礎計算的，[34]不能因爲前者較後者短少280里，而認爲前者在後者之東。二則，西且彌國和車師後國去烏壘里數都是以車師前國交河城去烏壘里數爲基礎計算的，[35]不能因爲前者比後者遠而認爲前者在後者之東。

2. 據《後漢書·西域傳》，東且彌去洛陽9250里，去長史所居（柳中）800里，可知柳中去長安爲9250里減800里再減1000（或950里）等於7450（或7500）里。這一里數和據同傳所載車師後國去洛陽9620里、去柳中500里計算所得柳中去長安8170里（或8150里）不合；而且東且彌去洛陽9250里乃《漢書·西域傳》所載東且彌去長安8250里加長安去洛陽里數所得，可知不誤。由此可見，《後漢書·西域傳》所謂"東去長史所居八百里"一句中的"東"字乃"西"字之誤。也就是說，東且彌國位於柳中之東，而不在其西，自該國去長安、洛陽不必經由柳中。

今案：此說未安。一則，東且彌果在柳中之東，則自東且彌西南至烏壘應爲800里（東且彌去柳中）加80里（柳中去交河城），再加1087里[36]（交河城去烏壘），等於1967里；這里數與《漢書·西域傳》所載東且彌去烏壘1587（應爲1487）里不合。二則，如果採用說者相同的方法，根據《後漢書·西域傳》所載疏勒、焉耆、蒲類、車師前國和車師後國去洛陽和去柳中里數演算，則所得柳中去長安里數各不相同，依次分別爲4350（4300）里、6450（6400）里、8250（8200）里、8090（8040）里和8170（8120）里。既不能據以爲疏勒、焉耆均在柳中之東，也就不能據以爲東且彌在柳中之東。

3. 據《後漢書·西域傳》可知，蒲類東去長史所居 1290 里，東且彌去長史所居 800 里，其差爲 490 里。兩國如果都是經由柳中去洛陽，則去洛陽里數之差應爲 490 里。然據同傳，蒲類去洛陽 10490 里，東且彌去洛陽 9250 里，其差乃至 1240 里，約等於東且彌去柳中 800 里加 490 里之和，由此愈見東且彌在柳中之東。

今案：此說又未安。蓋蒲類在今巴里坤湖附近，亦即在柳中之東，傳文"東南去長史所居千二百九十里"一句中"東"字係"西"字之誤；說者以爲蒲類位於今瑪納斯以東者非是。[37] 然而，蒲類去洛陽里數卻是以洛陽去柳中里數爲基礎計算的，亦即蒲類去洛陽里數等於洛陽經焉耆去交河城 9120 里加上交河城去柳中 80 里加上柳中去蒲類 1290 里之和。也就是說，從蒲類去洛陽里數來看，蒲類去洛陽經過了柳中。[38] 雖然如此，仍不能認可上說，蓋洛陽里數和柳中里數實際上屬於兩個不同系統的里程表。前者的基礎是《漢書·西域傳下》所載兩國去長安里數。而對於位於山北的東且彌和蒲類而言，後者是東漢時測定的自柳中直接去兩國王治的里數。因此，兩國去洛陽里數之差和兩國去柳中里數之差並不相等是完全可以理解的，不能據此斷東且彌在柳中之東。

要之，東、西且彌國的位置既不可能在裕勒都斯河流域，也不可能在車師前國東北，祇能求諸天山以北、今瑪納斯以南和東南。兩國均分自姑師，均屬《漢書·西域傳上》所謂"山北六國"。

■ 注释

[1] 見本書第三篇。

[2] 見本書第八篇。

[3] 塞種四部見本書第一篇。

[4] 以下討論的國名和地名的對音，有若干國內外學者已經提及，由於各人所納入的體系不盡相同，我和他們也往往祇是表面上的一致，而且其出處在本書第一篇至第九篇多已注明，茲不一一，以省篇幅。

[5] 見余太山"匈奴、Huns 同族論質疑"，《文史》第 33 輯（1990 年），pp. 57-73。

[6] "依耐"[iəi-nə]，或與托勒密《地理志》（VI，13）所載 Sacara 的部落 Annibi 爲同名異譯。而"尉頭"也可能是 Gasiani 或 Asii 之漢譯。

[7] 見本書第一篇。

[8] 同注 7。

[9] Massagetae 一名，一說意指"大 Sakā 部落"，參看 W. W. Tarn, *The Greeks in Bactria and India*. London: Cambridge, 1951, pp. 80-81. 果然，則 Asii 等部擴展其勢力範圍抵錫爾河北岸後被波斯人稱爲 Sakā，不過是波斯人將原來對 Massagetae 人的稱呼移用於 Asii 等部而已。而漢譯 Massagetae 爲"墨山"、"皮山"，嚴格說來是不準確的。

[10] 同注 7。

[11] 《大正新修大藏經》T54, No. 2128, p. 837。此處用了"烏孫"一名，但未必是由於該地有烏孫人，而很可能是有 Asii 人的緣故。當時人但聞其音，不察其實，不恰當地用了"烏孫"這個已有特定內涵的譯稱。

[12] 見本書第一、三篇。

[13] 吳其昌"印度釋名",《燕京學報》第 4 期（1928 年），pp. 717-743。

[14]《後漢書·西域傳》載龜茲國有貴人名"身毒"，似也說明龜茲與身毒之間存在某種關係。

[15] 見本書有關各篇。

[16] 嶋崎昌"姑師と車師前·後王國",《隋唐時代の東トウルキスターン研究——高昌國史研究を中心として——》，東京：東京大學出版會，1977 年，pp. 3-58，據《後漢書·西域傳》關於"車師六國"之一移支國其人"被髮"的記載，斷車師人爲 East-Eurasianoid；非是，蓋習俗與人種並無必然聯繫。

[17] 松田壽男《古代天山の歷史地理學的研究》，東京：早稻田大學出版部，1970 年，pp. 58-59，曾就此提出疑問，認爲《史記·大宛列傳》所載張騫這句話"已成爲一個永久的謎"。

[18] 參見本書附卷第二篇注 3。

[19] 參見章巽"《水經注》中的扜泥城和伊循城",《中亞學刊》第 3 輯，中華書局，1990 年，pp. 71-76。

[20] 參見注 17 所引松田壽男書，pp. 55-57。

[21] 參見注 17 所引松田壽男書，pp. 60-62。

[22] 車師王被俘見《史記·建元以來侯者年表》、《漢書·景武昭宣元成功臣表》。

[23] 參看注 16 所引嶋崎昌文。

[24] 徐松《漢書西域傳補注》上卷。

[25]《後漢書·西域傳》沒有提到西且彌，注 24 所引徐松書（卷下）"疑爲東且彌所并"。《魏略·西戎傳》稱："北新道西行，至東且彌國、西且彌國、單桓國、畢陸國、蒲陸國、烏貪國，皆并屬車師後部王。"沙畹"魏略西戎傳箋注"，馮承鈞《西域南海史地考證譯叢七篇》，中華書局，1957 年，

pp. 41-57，以爲"然則至三世紀時似又獨立爲一國也"。岑仲勉《漢書西域傳地里校釋》，中華書局，1981 年，p. 458，則以爲《後漢書·西域傳》"祇特異於前者記之，不舉者非必盡已幷滅，魚氏所云幷屬，亦非必三國時事，不能决其後復獨立也"。今案：徐說爲是。若西且彌尚在，《後漢書·西域傳》當稱"車師七國"。至於《魏略·西戎傳》所述，誠如岑氏所言，未必三國時事，且傳文不過說當時東、西且彌國所領之地均屬車師後國，未必西且彌獨立後復爲所并。又，《後漢書·西域傳》不見卑陸後國和蒲類後國，兩國在傳文描述時代或爲他國所并。

[26] 見本書第二、七篇，以及余太山"匈奴、鮮卑與西域關係述考"，《西北民族研究》1989 年第 1 期，pp. 153-171。

[27]《後漢書·西域傳》："南去車師後部馬行九十餘日。人口貧羸，逃亡山谷間，故留爲國云"，應指"南去車師後部馬行九十餘日"的"阿惡國"，細讀傳文自明。因此，沒有根據認爲《漢書·西域傳》的蒲類國和蒲類後國是在匈奴迫徙巴里坤地區六千餘口後由孑遺發展而成的。再者，阿惡國的前身即使也名"蒲類"，仍難斷其孑遺便是《漢書·西域傳》所載兩蒲類國的前身，因爲蒲類作爲塞人部落在《漢書·西域傳》所描述的時代散處塔里木盆地各地，如蒲犁、無雷之類；而公元前七世紀二十年代塞人西遷以前，其活動範圍已可能伸展到阿爾泰山東端，其時已有"蒲類"人佔有巴里坤地區並非完全不可想像。質言之，"阿惡國"前身果名"蒲類"，它和《漢書·西域傳》兩蒲類國係同源異流的關係。

[28] 參見注 17 所引松田壽男書，pp. 85-95。

[29] 同注 24。

[30] 參見注 17 所引松田壽男書，pp. 48-49。

[31] 參見注 17 所引松田壽男書，pp. 77-78，108，111。

[32] 參看張承志 "王延德西行記與天山磠砂"，《文史》第 20 輯（1983 年），pp. 89-96。

[33] 注 25 所引岑仲勉書，pp. 457-465。

[34] 參見注 17 所引松田壽男書，pp. 53-62。

[35] 參見注 17 所引松田壽男書，pp. 63-76。

[36]《漢書・西域傳》原文作 "西南至都護治所千八百七里"。今案參見注 17 所引松田壽男書，pp. 64-65，說改。

[37] 注 25 所引岑仲勉書，pp. 446-454。

[38] 參見注 17 所引松田壽男書，pp. 96-110。

二 關於鄯善國王治的位置

《漢書·西域傳上》載:"鄯善國,本名樓蘭,王治扞泥城,去陽關千六百里,去長安六千一百里。……西北去都護治所千七百八十五里,至山國千三百六十五里,西北至車師千八百九十里。"又載:"鄯善當漢道衝,西通且末七百二十里。"其中王治扞泥城的位置,歷來有二說:一說位於羅布泊西南,今若羌縣附近。[1]一說位於羅布泊西北,今樓蘭遺址(Kroraimna, Krorayina)一帶。[2]還有人認爲:鄯善國名樓蘭時,都於Kroraimna,國名更改後遷都泊南。[3]今案:鄯善即原樓蘭國並無遷都之事,其王治始終在扞泥城,城在羅布泊西南。

一

樓蘭國改名鄯善國時並未遷都。

1.據《漢書·西域傳上》,昭帝元鳳四年(前77年),漢遣傅介子刺殺樓蘭國王嘗歸,"乃立尉屠耆爲王,更名其國爲鄯善,爲刻印章,賜以宮女爲夫人,備車騎輜重,丞相[將軍]率百官送至橫門外,祖而遣之。王自請天子曰:身在漢久,今歸,單弱,而前王有子在,恐爲所殺。國中有伊循城,其地肥美,願漢遣一將屯田積穀,令臣得依其威重。於是漢遣司馬一人、吏士四十人,田伊循以塡撫之。其後更置都尉,伊循官置始此矣"。或以爲國名旣改,國都必遷。

今案:此說未安。上述記載寫得如此曲折詳備,賜以宮女,送別橫門,請田伊循等等,瑣屑畢陳,豈有遷都這樣的大事略去不提之理。改國名與遷都旣無必然聯繫,可知當時並無遷都之事。[4]

2.《史記·大宛列傳》稱:"樓蘭、姑師邑有城郭,臨鹽澤。鹽澤去長安可五千里。"而《漢書·西域傳上》載扜泥城去長安6100里。兩書所載道里差踰千里,似能說明樓蘭國、鄯善國王治不在一處。

今案:其實不然。前者乃指鹽澤去長安的距離,後者乃指扜泥城去長安的距離,兩者自然不可能相等。再者,當時樓蘭、姑師並臨鹽澤,卽使"可五千里"指的是澤畔去長安的距離,也無從判斷究竟是樓蘭還是姑師去長安的距離。何況《史記·大宛列傳》去諸國里數,不過是估算,遠不如《漢書·西域傳》所載精確,不能簡單對比。

3. 佉盧文書所見 Kroraimna 可位置於羅布泊西北。"樓蘭"[lo-lan] 可視作 Kroraimna 的音譯,或因此以爲該處曾爲樓蘭國王治。[5]

今案：《漢書·西域傳》所傳西域諸國，固然有許多國名與王治名相同，卻也有並不相同者。也就是說沒有理由因爲羅布泊西北有地名"樓蘭"，便指該地是樓蘭國即鄯善國前身的王治。據《漢書·西域傳下》，烏孫國有地名"惡師"[a-shei]，與"烏孫"[a-sən]爲同名異譯，然而並沒有人認爲烏孫國王治先在惡師，後遷往赤谷城。

4.《水經注·河水二》："河水又東逕注賓城南，又東逕樓蘭城南而東注。蓋墢田士所屯，故城禪國名耳。河水又東，注于泑澤。"禪者，取代、轉讓之意。樓蘭國既改名鄯善，城乃禪國名得稱"樓蘭城"。這就是說該城並非原樓蘭國王治，但藉用其名而已。[6]

如果鄯善國王治原來就在樓蘭城，該城名稱與國名相同，均是"樓蘭"，則談不上"禪國名"。而如果鄯善國王治原來在樓蘭城，該城名稱與國名不同，則該城必另有名稱，王治遷走後，似無必要"禪國名"。因此，"禪國名"者，說明樓蘭城一帶本來不屬樓蘭國，後來雖歸樓蘭國，但無定名，故因國名更改，以原來的國名命名該地，亦標誌該地的歸屬。[7]

5. 樓蘭國改名鄯善國時在公元前77年，故該年份應爲樓蘭城得名"樓蘭"的時間上限。然樓蘭城之地見諸記載，最早爲《後漢書·班勇傳》。據稱，安帝永寧元年（120年）班勇上議曰："又宜遣西域長史將五百人屯樓蘭，西當焉耆、龜茲徑路，南疆鄯善、于寘心膽，北扞匈奴，東近敦煌，如此誠便。"其中提到的"樓蘭"，無疑指羅布泊西北的樓蘭城。

又,《魏略·西戎傳》載:"從玉門關西出,發都護井,回三隴沙北頭,經居盧倉,從沙西井轉西北,過龍堆,到故樓蘭,轉西詣龜茲,至蔥領,爲中道。"其中提到的"故樓蘭",也指泊西北的樓蘭城。同傳又載:"南道西行,且志國、小宛國、精絕國、樓蘭國皆并屬鄯善也。"此處稱樓蘭爲"國",似乎表明樓蘭城確係樓蘭國即鄯善國前身的王治。因此,凡認爲樓蘭國即鄯善國並未因改國名而遷都者都對這則記載表示懷疑。或者認爲傳文衍"樓蘭國"三字,[8] 或者認爲此處所謂"樓蘭國"按照傳文所列順序應在精絕之西,與樓蘭城並非一地,可能是《大唐西域記》卷一二所見"曷勞落迦"(Rauraka)。[9]

今案:同傳載:"中道西行尉梨國、危須國、山王國皆并屬焉耆。"又載:"北新道西行,至東且彌國、西且彌國、單桓國、畢陸國、蒲陸國、烏貪國,皆并屬車師後部王。"所列道上諸國皆非嚴格按照自東至西順序排列,而且同傳已用"樓蘭"指稱泊西北樓蘭城,不應再用同一譯名指稱精絕以西的曷勞落迦,故未必指南道的"樓蘭國"爲 Rauraka。

同傳又載:"罽賓國、大夏國、高附國、天竺國,皆并屬大月氏。"其中"大夏國"原係吐火羅人所建,該國早在公元前 130 年左右便亡於遷自伊犂河、楚河流域的大月氏人。而《魏略·西戎傳》所謂"大月氏",並不是指滅亡了大夏國的大月氏,而是指當時已經取代大月氏的貴霜帝國,後者不過是仍被漢人稱爲大月氏而已。因爲原大夏國的版圖和王治與征服它的大月氏國相仿佛,所以傳文稱"大夏國"并屬"大月氏"不過是說貴霜帝國兼有原大月氏的領土而已。之所以採用"大夏國"這一稱呼，乃是因爲"大月氏"已被移用來指稱貴霜帝國了。[10]

同理，《魏略·西戎傳》的"樓蘭國"實指漢鄯善國，兩者不過國名不同，版圖和王治都相同。"樓蘭國幷屬"云云，不過是說當時的鄯善國兼有漢鄯善國的領土而已。之所以動用"樓蘭國"這一舊稱，是因爲漢鄯善國已非《魏略·西戎傳》所描述的鄯善國，均稱之爲"鄯善"不免混淆，幸而前者自有舊稱，便藉來使用了。由此可見，傳文未必衍"樓蘭國"三字。如果考慮到漢鄯善國和《魏略·西戎傳》所描述的鄯善國兩者儘管版圖不同，而且王統也可能不同，但王治卻未變動，就不難理解《魏略·西戎傳》編者爲何在列述南道東端諸國時，並不按照自東而西的順序，而置"樓蘭國"於"精絕國"之後了。換言之，此處並不存在由於編者漫不經心而導致的混亂。

二

扞泥城不在羅布泊西北，應在泊之西南，Charchen 河南岸，阿爾金山北麓，今若羌附近（Quarkilik）。[11]

1.《漢書·西域傳上》稱："自玉門、陽關出西域有兩道。從鄯善傍南山北，波河西行至莎車，爲南道。"此處"鄯善"應指鄯善國王治扞泥城。"從鄯善"云云，意謂自扞泥城循南山（此處指阿爾金山）北麓，沿河（Charchen 河）西行。扞泥城在南道東端，故前引傳文稱"鄯善當漢道衝",等於說南道始自鄯善國王治扜泥城。由此可見,扜泥城位於羅布泊之南、阿爾金山之北。因此,同傳所載,扜泥城去長安、且末分別爲6100里和720里,且末去長安6820里,應該是按照自長安出陽關沿阿爾金山北麓抵扜泥城和且末城的里程計算的:6100 + 720 = 6820里。[12]

2. 據《漢書·西域傳》,扜泥城去陽關和烏壘分別爲1600里和1785里。同傳又載烏壘去陽關2738里。後者應爲陽關去烏壘的最短里數。如果扜泥城位於羅布泊西北,位置與樓蘭城同,則前兩者之和應與第三者相去不遠。事實上,前兩者之和超過第三者達647里。由此可見,扜泥城不可能在羅布泊西北。[13]

3. 據《漢書·西域傳》,扜泥城去山國和車師(交河城)分別爲1365里和1890里。傳文標出這兩個里數表明扜泥城去車師是經由山國的。而據《元和郡縣圖志》卷四〇,自西州(高昌)"南至樓蘭國一千二百里"。這一里數應爲高昌至羅布泊西北樓蘭城的大致距離,較《漢書·西域傳》所載扜泥城去交河城(交河城去高昌約87里)短少690里;亦可證扜泥城不在羅布泊西北。[14]

4. 《水經注·河水二》:"注賓河(即且末河,Charchen daria)又東逕鄯善國北,治扜泥城,其俗謂之東故城,去陽關千六百里,西北去烏壘千七百八十五里,至墨山國千三百六十五里,西北去車師千八百九十里。"其中"墨山國"即《漢書·西域傳》的"山國",故兩書所載扜泥城四至道里全同,知《水經注》所描述的扜泥城的位置全據《漢書·西域傳》。酈氏既明言注賓河流經鄯善國即扜泥城北,則扜泥城在Charchen河南岸無疑。

同篇又載："其水（注賓河）東注澤。澤在樓蘭國北，故彼俗謂是澤爲牢蘭海也。"此處"樓蘭國"亦卽鄯善國，之所以用其舊稱，是爲了說明"牢蘭海"之得名，蓋"樓蘭"、"牢蘭"係同名異譯。既然澤在國北，則扜泥城在澤南無疑。同篇又稱：渤澤卽"所謂蒲昌海也，水積鄯善之東北，龍城之西南"。則進一步明確扜泥城在羅布泊之西南。

5.《唐光啓元年沙州、伊州地志殘卷》載："石城鎮，東去沙州一千五百八十里，去上都（長安）六千一百里，本漢樓蘭國……更名鄯善國。隋置鄯善鎮。隋亂，其城遂廢。貞觀中，康國大首領康豔典東來居此城。胡人隨之，因成聚落，亦曰典合城。其城四面皆是沙磧。上元二年改爲石城鎮，隸沙州。屯城，西去石城鎮一百八十里。鄯善質子尉屠耆歸，單弱；請天子，國中有伊脩城，[地]肥美，願遣一將，屯田積穀，得依其威重。漢遣司馬及吏士屯田伊脩以鎮之，卽此城是也。胡以西有鄯善大城，遂爲小鄯善，今屯城也。……鄯善城，周迴一千六百卌步，西去石城鎮廿步，漢鄯善城，見今堆壞。"[15] 由此可見，漢鄯善城卽扜泥城在石城鎮之東二十步，石城鎮在屯城之西一百八十里。《水經注》既稱扜泥城爲"東故城"，則石城鎮得稱爲"西新城"。石城鎮（或石城鎮或漢鄯善城兩者）稱爲"鄯善大城"，屯城"遂爲小鄯善"。

《新唐書·地理志七下》云："又一路自沙州壽昌縣西十里至陽關故城，又西至蒲昌海南岸千里，自蒲昌海南岸，西經七屯城，漢伊脩城也。又西八十里至石城鎮，漢樓蘭國也，亦名鄯善，在蒲昌海南三百里，康豔典爲鎮使以通西域者。""蒲昌海"即羅布泊，"七屯城"即《地志》"屯城"，後者又稱"古屯城在屯城西北"，故漢伊循城應爲古屯城；"西八十里至石城鎮"，當據《地志》補"一百"二字；"亦名鄯善"，指"鄯善大城"。凡此皆可證扜泥城在羅布泊之南。

又，伊循（伊脩）在扜泥城之東約180里，故尉屠耆請屯伊循，以備緩急。[16]

6.《漢書·西域傳上》稱："樓蘭國最在東垂，近漢，當白龍堆，乏水草，常主發導，負水儋糧，送迎漢使。"這里說的是昭帝元鳳四年以前亦即樓蘭國改名鄯善以前的情況，其中"白龍堆"應即前引《魏略·西戎傳》提到的龍堆。因此，這則記載似乎表明當時樓蘭國王治在羅布泊西北今樓蘭遺址一帶。

今案，在上述記載描述的時代，樓蘭遺址一帶也在樓蘭國控制之下，經由該地不僅可通往南道諸國，也可通往北道諸國，對漢與西域交往而言，其地位之重要超過位於羅布泊南面的扜泥城。"樓蘭國最在東垂"云云不過強調了這一點，並不能說明當時樓蘭國王治便在該處，也沒有證據說明當時該處已得名"樓蘭"。樓蘭改名鄯善後，一心附漢，今樓蘭遺址一帶自然爲漢掌握，故同傳所謂"鄯善當漢道衝"，所指主要是南道。[17]

7.《魏書·西域傳》稱："鄯善國，都扜泥城去代七千六百里。"《周書·異域傳》則稱："鄯善，古樓蘭國也。東去長安五千里，所治城方一里。地多沙鹵，少水草，北即白龍堆路。"根據這些記載，似乎可以得出當時鄯善國"所都城"（按傳文即扜泥城）位於羅布泊西北的結論。蓋傳文稱其城去代7600里，較《漢書·西域傳》所載扜泥城去長安6100里，僅多出1500里。而據《元和郡縣圖志》卷一四，代即平城"西南至上都（長安）一千九百六十里"。《魏書·西域傳》又往往以《漢書·西域傳》所載西域諸國去長安里數爲基礎，再加上1900里，作爲諸國去代里數，故鄯善國去代里數按理應爲8000里，此處卻短少400里。再結合《周書·異域傳》關於"北即白龍堆路"的記載，豈不說明當時鄯善國王治不在羅布泊之南，而在泊之西北。

然而，事實很可能並非如此。因爲傳文接著記載："及世祖平涼州，沮渠牧犍弟無諱走保敦煌。無諱後謀渡流沙，遣其弟安周擊鄯善，王比龍恐懼欲降。會魏使者自天竺、罽賓還，俱會鄯善，勸比龍拒之，遂與連戰，安周不能克，退保東城。後比龍懼，率衆西奔且末，其世子乃應安周。"其中"東城"應即《水經注》所謂"東故城"，亦即漢扜泥城。其時比龍應在"西新城"，即唐石城鎮所在。如果結合《宋書·氐胡傳》所載："[元嘉十八年]十一月，[無諱]遣弟安周五千人伐鄯善，堅守不下。十九年四月，無諱自率萬餘家棄敦煌，西就安周，未至而鄯善王比龍將四千餘家走，因據鄯善"，可知安周先擊比龍於新扜泥城，不能下而退保故扜泥城，後因比龍放棄新城西奔且末，無諱、安周乃自故城進據新城。新城與故城相去不遠，據前引《地志》不過二十步，不過比龍時故城未必壞，且構成扜泥城之一部份。質言之，當時鄯善國王治仍在羅布泊西南。

至於"去代七千六百里"這一里數，乃表示自扜泥城經敦煌

（玉門）赴代的行程；亦即扜泥城去敦煌（玉門）2000里，敦煌去長安3700里，與長安去代1900里之和。

另外，《魏書・西域傳》序語稱，自玉門"西行二千里至鄯善"，似乎也透露出當時鄯善國王治在泊之西南扜泥城。蓋據《漢書・西域傳》，扜泥城去陽關1600里。如果王治在羅布泊西北樓蘭城，前者應短於後者，即使扜泥城就是樓蘭城，兩者也應相去不遠。現在前者較後者竟多出400里，祗能認爲當時鄯善國王治仍在泊之西南，而自玉門往赴是經由樓蘭城而不是沿阿爾金山北麓西行的。

三

最後檢討主張扜泥城位於羅布泊西北應即樓蘭城的諸論據。

1. 論者認爲：《漢書・西域傳》所載尉屠耆請屯伊循（Miran）不足以證明當時扜泥城位於羅布泊西南。蓋屯伊循之漢卒不過四十餘人，縱有緩急，恐亦無濟於事。

今案：據同傳，當時漢已列亭障至玉門，果然無所謂遠近，又何必請屯伊循，多此一舉。何況不久漢更置伊循都尉，又地近王治，威懾力量自不可低估。

2. 論者以爲：《後漢書・班勇傳》班勇之議稱"南疆鄯善"，不過是說出屯樓蘭可以南向控制鄯善全土，不應理解爲當時鄯善國王治在樓蘭之南。同傳又載："勇至樓蘭，以鄯善歸附，特加三綬"；則更說明鄯善王居於樓蘭，樓蘭城卽其王治亦卽扜泥城。

今案："南彊鄯善、于窴"句，若結合"北扞匈奴"、"西當焉耆、龜兹"這類敍述來看，祇能理解爲增强位於樓蘭南面的鄯善國和于闐國的防禦力量。班勇還接著說："今鄯善王尤還，漢人外孫，若匈奴得志，則尤還必死。此等雖同鳥獸，亦知避害。若出屯樓蘭，足以招附其心，愚以爲便。"既謂"足以招附其心"，可知尤還所治不是樓蘭。至於班勇於樓蘭加鄯善王三綬，至多說明當時鄯善王身在樓蘭，而王之所在未必王治。何況班勇至樓蘭後召見鄯善王也未嘗不可。傳文接下去說："而龜兹王白英猶自疑未下，勇開以恩信，白英乃率姑墨、溫宿自縛詣勇降。"勇受降之地，當亦在樓蘭。又，同書"班超傳"載，班超"到焉耆，去城二十里，營大澤中。……乃期大會諸國王，因揚聲當重加賞賜，於是焉耆王廣、尉犁王汎及北鞬支等三十人相率詣超"；亦召見之例。

3. 論者又以爲法顯於400年所經鄯善國王治應在樓蘭城。蓋據《法顯傳》所載：

行十七日，計可千五百里，得至鄯善國。其地崎嶇薄瘠。俗人衣服粗與漢地同，但以氈褐爲異。其國王奉法。可有四千餘僧，悉小乘學。……復西北行十五日，到焉夷國。[18]

可知所述路程乃自敦煌西行至樓蘭城，然後西北行到達焉夷卽焉耆。今案：其說未安。

一則，法顯自敦煌歷鄯善赴焉耆，完全可能從陽關出發，沿阿爾金山北麓到達位於羅布泊南面的扜泥城，復北上經樓蘭城前往焉耆。論者以爲這條道路不見於《漢書·西域傳》和《魏略·西戎傳》，法顯時代亦不可能使用；非是。《漢書·西域傳》明載自陽關抵鄯善，然後傍南山北麓西行爲南道。同書"馮奉世傳"更明載奉世"送大宛諸國客，至伊脩城"，說明這條道路早在西漢時就開通了。[19] 退一步說，即使能證明這條道路早在法顯時代已經湮滅，也與漢代鄯善國王治的位置無涉。

二則，《法顯傳》稱，自敦煌至鄯善"可千五百里"。而據《漢書·西域傳上》，自扜泥城至陽關 1600 里。漢晉時代不同，法顯所計又不過約數，百里左右的誤差是完全可以理解的。如前所述，《漢書·西域傳上》的 1600 里是自陽關沿阿爾金山北麓赴扜泥城的行程，可知法顯赴扜泥城不是先抵樓蘭城再南下的。[20] 論者將根據漢唐資料得出的和《法顯傳》記載的敦煌去鄯善（論者認爲在樓蘭城）的里數分別換算爲公里，同 A. Stein 所提供的敦煌去 Quarkilik（A. Stein 認爲乃扜泥城所在）的公里數 [21] 放在一起比較，得出結論：就里距而言，法顯所經由的鄯善國王治在樓蘭城說和在 Quarkilik 說優劣難判；非是。蓋據論者的演算，敦煌至樓蘭城的距離反較至 Quarkilik 的距離多出約 100 公里，而事實上前者肯定短於後者，這類計算不足憑信可見。

三則，論者又以《法顯傳》所載自敦煌赴鄯善十七日行"可千五百里"爲基礎，按比例算出自鄯善赴焉耆十五日行程的里數（I），再根據《漢書·西域傳》的記載，算出鄯善和焉耆去長安的里數（或去烏壘里數）之差（II），然後將以上里數和 A. Stein 提供的自樓蘭城和自 Quarkilik 去焉耆的里數 [22] 比較，試圖證明法顯乃自樓蘭城前往焉者。這也是頗欠考慮的。別的不說，《漢書·西域傳》所載鄯善國王治扜泥城與樓蘭城同在一地既未獲證明，又怎能指里數（II）爲焉耆和樓蘭城之間的距離。

四則，《漢書·西域傳上》載，鄯善國"地沙鹵，少田，寄田仰穀旁國"。又載："民隨畜牧，逐水草，有驢馬，多橐它。"這和法顯所傳正相符合，知法顯所抵鄯善國即其王治扜泥城，而前文業已證明扜泥城位於羅布泊西南。論者反而認爲《漢書·西域傳》的記載可用來證明法顯所經過的鄯善國王治在樓蘭城；未安。

五則，論者以爲法顯所傳鄯善國有四千餘僧應指之樓蘭至尼雅整個鄯善國統治區僧侶的人數。然而法顯並未去過尼雅，未必能統計鄯善國全國的僧侶數。"其國王奉法，可有四千餘僧，悉小乘學"，無疑是鄯善國王治的情況。說者強調四千餘僧不在王治一地，不過說明他並不相信樓蘭城有如此大的"奉法"規模。

4. 論者又以爲從《水經注·河水二》所引《釋氏西域記》佚文可見當時鄯善國王治應在羅布泊西北樓蘭城。

（1）《釋氏西域記》稱："其水（注賓河）東注澤，澤在樓蘭國北。"文作"樓蘭國"，乃酈氏據《漢書·西域傳》所改，釋氏原文當作"牢蘭城"，蓋釋氏稱羅布泊爲"牢蘭海"。牢蘭既在鄯善國境內，便不應稱"牢蘭國"，應稱"牢蘭城"。今案：果如論者所言，也至多說明羅布泊西北有牢蘭城，絲毫無助於鄯善國王治在樓蘭城之說成立。何況《水經注》原文有錯簡，"國北"下其實應接"故彼俗謂是澤爲牢蘭海也"。由於這一句之後緊接著又引《釋氏西域記》，上引二十二字顯然不是釋氏原文，而是酈氏對釋氏原文的說明。之所以使用了"樓蘭"這一鄯善國的舊稱,無非是爲了說明海之得名"牢蘭"。因此,"澤在樓蘭國北"祇能理解爲羅布泊在樓蘭國即鄯善國王治之北。

(2)《釋氏西域記》稱:"注賓河又東,逕鄯善國北",似乎鄯善國王治在釋氏描述的時代位於河之南,其實不然。蓋釋氏又稱:南河"至鄯善入牢蘭海者也";北河"逕屈茨、烏夷、禪(鄯)善入牢蘭海者也";知第一句中的"鄯善國"乃指鄯善國全土。"逕鄯善國北"者,流經鄯善國土之北部也。

今案:後兩句中"鄯善"後無"國"字,無妨理解爲鄯善國領土。前一句的"鄯善"後有"國"字,完全應該理解爲鄯善國王治。何況,按照錯簡糾正後的《水經注》文字,"國北"下應接"治扜泥城,其俗謂之東故城"。可知"逕鄯善國北"祇能理解爲注賓河流經扜泥城北。《釋氏西域記》全貌今天無從得見。因此,即使論者所引十字確係釋氏原文,"治扜泥城"以下十一字係酈注,在理解釋氏佚文時,也應尊重酈注,和酈注牴牾的詮釋頗不足取。

5. 迄今在樓蘭和尼雅遺址發現的佉盧文書都屬於鄯善王國,而文書有關記載表明當時王治在 Kroraimna 即樓蘭城。確切地說,在文書所見五代國王中,第一、二兩代的情況不明,在第三、四、五代的治期,王治均在 Kroraimna(樓蘭城)亦即扜泥城。

(1)樓蘭遺址出土的應屬第三代王 Amgoka 的第 706 號文書提到"朕在 Kroraimna"云云,可知該王京都爲 Kroraimna。

(2)尼雅遺址出土的應屬第四代王 Mahiri 的第 370 號文書提

到若干"Kroraimna 人",可知當時確有樓蘭城。而同一遺址出土的、年代屬於 Mahiri 王晚期或第五代王 Vasmana 初期的第 383 號文書則稱,點檢王室駱駝時有來自"Kroraimna 的證人";說明當時王治也在 Kroraimna。

（3）尼雅遺址出土的應屬於 Mahiri 王的第 530 號文書載國王"在 Khuhani"頒佈詔令。Khuhani 應即"扜泥"（"扜"疑爲"扞"之訛）。Mahiri 王治既在 Kroraimna,知樓蘭城應即扜泥城,"扜泥"意爲"京都"。

今案：王在 Kroraimna,未必王治在樓蘭城,該王可能一度駐蹕該城。點檢王室的駱駝時有來自 Kroraimna 的證人,至多說明王室有一部份駱駝在樓蘭城一帶放牧,亦未必王治便在該地。

"扜泥"[a-hyai] 亦作"驤泥"[xuan-hyai]、"扞泥"[kan-hyai],視作 khuhani 的音譯均無不可。問題在於 khuhani 若係"扜泥"之音譯,則不應在文書中將王治既稱爲 Khuhani,又稱爲 Kroraimna；khuhani 若係普通名詞,意指"京都",則即使證明 Kroraimna 便是 khuhani（京都）,同時又證明在西漢時鄯善人已操佉盧文書所載印度西北俗語,也至多說明在這些佉盧文書描述的時代,Kroraimna 便是王治,卻不能證明樓蘭城便是扜泥城。

何況,不僅沒有證據表明 Kroraimna 便是 khuhani,而且以上對漢文史料的研究表明自二世紀末直至四五世紀鄯善國王治一直在羅布泊西南扜泥城,樓蘭遺址出土的漢文文書還表明該地自曹魏直至前涼一直是西域長史駐地,這一時期又和屬於鄯善國的佉盧文書的年代大致相當。[23]

（4）或以爲樓蘭遺址出土的第 678 號文書也能表明當時鄯善國王治在樓蘭。[24]

今案：此說似亦未安。據該文書記載，有一個 Kroraimna 人，名叫 Camaka，他將"在樓蘭首府南鄙"（Kroraiṃnaṃmi mahamta nagarasa daćhina śitiyaṃmi）的一段土地賣給了一個叫 Yapġu 的人。文書中的"樓蘭"係單數依格，意爲"在樓蘭"。而當時 Kroraimna 和 Cadʾota, Calmadana 等一樣，都是鄯善王國的 raya（行政區劃名稱）之一，raya 的最高行政長官稱 cojhbo。因此，文書中的 mahamta nagarasa 應指樓蘭 raya 的首府，不可理解爲鄯善國王治。當時鄯善國王治應爲扜泥城，可能即文書所見 Khuvani；果然，則第 571 號文書提到 Khuvani cojhbo 似乎表明當時的扜泥城既是王治，又是一個 raya 的首府。[25]

■ 注释

[1] 馮承鈞"樓蘭鄯善問題"，《西域南海史地考證論著彙輯》，中華書局香港分局，1976 年，pp. 25-35；章巽《水經注》中的扜泥城和伊循城"，《中亞學刊》第 3 輯，中華書局，1990 年，pp. 71-76。

[2] 榎一雄"鄯善の都城の位置とその移動 (1-2)"，《オリエント》8～1（1965 年），pp. 1-14；8～2（1966 年），pp. 43-80；榎一雄"法顯の通過した鄯善國について"，《東方學》34（1967 年），pp. 12-31。本文第三節討論諸說不另注者均出榎氏上引文。

[3] A. Stein. *Serindia*, vol. 1. Oxford, 1921, pp. 318-415；沙畹"魏略西戎傳箋注"，馮承鈞譯，《西域南海史地考證譯叢七編》，中華書局，1957年，pp. 41-57；大谷勝真"鄯善國都考"，《市村博士古稀記念東洋史論叢》，東京：富山房，1933年，pp. 251-272；A. Herrmann 和松田壽男亦持遷都說，見松田壽男日譯 A・ヘルマン著《樓蘭》（A. Herrmann, *Lou-lan: China, India und Rom im Lichte der Augsgrabungen am Lobnor.* Leipzig, 1931），東京：平凡社，1963年，pp. 92-98，以及 pp. 204-229，所附松田氏的解說；黃文弼"古樓蘭國之歷史及其在西域交通上之地位"，《黃文弼歷史考古論集》，文物出版社，1989年，pp. 316-339；韓儒林"樓蘭故城在西域交通上之地位及其距陽關烏壘鄯善新都之距離"《穹廬集》，上海人民出版社，1982年，pp. 69-73；岑仲勉《漢書西域傳地里校釋》，中華書局，1981年，pp. 7-28；馬雍"新疆所出佉盧文書的斷代問題——兼論樓蘭遺址和魏晉時期的鄯善郡"，《西域史地文物叢考》，文物出版社，1990年，pp. 89-111。

[4] 參見注1所引章巽文。

[5] A. Stein 書，出處見注3。

[6] 參見注1所引章巽文，注3所引馬雍文。

[7] 據我考證，今羅布泊西北樓蘭遺址一帶原屬姑師。武帝元封三年（前108年），漢擊破姑師，虜其王，姑師餘種北遷博格多山地區。此後，其地始爲樓蘭國所有，見本書附卷第一篇。

[8] 見注1所引馮承鈞文。

[9] K. Enoki, "Yü-ni-chêng and the Site of Lon-lan." *Ural-Altaische Jahrbücher* 33 (1961): pp. 52-65.

[10] 參考本書第二、三篇。

[11] 主扞泥城位於羅布泊南諸家對於該城的具體位置有幾種異說，蓋皆泥於今本《水經注》一段文字。其實這段文字存在嚴重錯簡，已由注 1 所引章巽文揭出。一切誤解，當可廓清。本文於涉此致誤者不復一一。

[12] 參見注 2 所引大谷氏文，另見松田氏說，出處見注 3。

[13] 見松田氏說，出處見注 3。又，注 3 所引韓儒林文以爲當時自陽關赴扞泥城必經由樓蘭城，並據以計算樓蘭城至扞泥城、陽關、烏壘的道里。今案：其說不確。自陽關赴扞泥城固然可以取道樓蘭城南下，但主要是沿阿爾金山北麓西行。《漢書·西域傳》所載扞泥城去陽關 1600 里應指後一條道路的里程。

[14] 見松田氏說，出處見注 3。

[15] 《地志》文字據羽田亨"唐光啓元年書寫沙州·伊州地志殘卷に就いて"，《羽田博士史學論文集·歷史篇》，京都：東洋史研究會，1957 年，pp. 585-605。

[16] 參見注 2 所引大谷氏文。

[17] 同注 16。

[18] 章巽《法顯傳校注》，上海古籍出版社，1985 年，pp. 7-8。

[19] 同注 16。

[20] 賀昌群《古代西域交通與法顯印度巡禮》，湖北人民出版社，1956 年，p. 38，以爲法顯是經由樓蘭城南下扞泥城的。今案：其說未安。

[21] 同注 5。

[22] 同注 5。

[23] 關於樓蘭、尼雅出土佉盧文書的年代見注 3 所引馬雍文。

[24] A. Stein 書，出處見注 3；榎一雄"樓蘭の位置を示す二つのカロシユテ

イ一文書について",《石田博士頌壽記念東洋史論叢》,東京:石田博士古稀記念事業會,1965年,pp. 107-125。

[25] 參見注3所引馬雍文,以及林梅村"新疆佉盧文書釋地",《西北民族研究》1989年第1期,pp. 72-80。

三　魚國淵源臆說

隋虞弘墓誌出土於山西太原晉源區王郭村村南，[1] 兹就有關問題、特別是墓誌所見"魚國"之淵源略作考釋。

一

誌："高陽馭運，遷陸海□□□。□□膺籙，徙赤縣於蒲阪。弈葉繁昌，派枝西域，倜儻人物，漂注□□。"

1."陸海"後所闕三字可能是"於空桑"。

"高陽"指顓頊氏。《史記·五帝本紀》："帝顓頊高陽。"[2]《索隱》引宋衷曰："顓頊，名；高陽，有天下號也。"又引張晏云："高陽者，所興地名也。"顓頊蓋以所興地名爲國號。

又據《呂氏春秋·古樂》，"帝顓頊生自若水，實處空桑"。若水卽今四川雅礱江；[3] "空桑"，山名，在魯北。[4] "陸海"，《漢書·地理志下》："[秦地]有鄠、杜竹林，南山檀柘，號稱陸海，爲九州膏腴。"顏注："言其地高陸而饒物產，如海之無所不出，故云陸海。"因此，誌文似乎是說顓頊徙民於空桑，使之富庶。

2. "膺籙"前所闕二字可能是"虞舜"。

一則，《國語·魯語上》："有虞氏禘黃帝而祖顓頊。"《史記·五帝本紀》："虞舜者，名曰重華。重華父曰瞽叟，瞽叟父曰橋牛，橋牛父曰句望，句望父曰敬康，敬康父曰窮蟬，窮蟬父曰帝顓頊。顓頊父曰昌意：以至舜七世矣。"虞舜乃帝高陽顓頊氏之後，與前文"馭運"云云正相呼應。

二則，《史記·五帝本紀》"正義"引《括地志》："河東縣二里故蒲坂城，舜所都也。城中有舜廟，城外有舜宅及二妃壇。"這表明蒲阪乃舜都，"徙赤縣於蒲阪"云云乃指虞舜將統治中心遷往蒲阪卽蒲坂。

3. "弈葉繁昌"云云，明言自己是高陽、虞舜枝裔之繁昌於西域者。

又，"弈葉"四句緊接"徙赤縣於蒲阪"之後，意在表明墓主虞弘之先在遷蒲阪後不久便去了西域；亦極言其族姓之源遠流長。

要之，以上誌文旨在表明墓主虞弘之先爲虞舜，曾隨虞舜徙蒲阪，後遠赴西域。

二

誌："公諱弘，字莫潘，魚國茇驎城人也。……□□奴栖，魚國領民酋長。父君陀,茹茹國莫賀去汾。"

"奴栖"前所缺二字可能是"曾祖"。當然,也可能是"祖口奴栖"。

據研究,領民酋长一職授予歸附拓跋鮮卑而不在編戶的各異族酋帥。[5]由此可見,墓主虞弘之祖或曾祖是歸附拓跋鮮卑的魚國部落之酋帥。在此,應該指出以下三點:

1.據《魏書·尒朱榮傳》:榮,"北秀容人也。其先居於尒朱川,因爲氏焉。常領部落,世爲酋帥。高祖羽健,登國初爲領民酋長,率契胡武士千七百人從駕平晉陽、定中山"。由此可知,墓主虞弘之先在歸附拓跋鮮卑而成爲領民酋長之前,有可能世爲魚國酋帥。

2.據《北史·叱列伏龜傳》:伏龜,"代郡西部人也。其先爲部落大人,魏初入附,遂世爲第一領人酋長,至龜五世"。由此可知,口奴栖(或口口奴栖)未必是第一代領民酋長,也就是說,奴栖一支入附拓跋鮮卑的時間可能早至"魏初"。

3.以上有關尒朱榮和叱列伏龜的記載,還說明奴栖或其先人所率入附拓跋鮮卑者不過魚國之一部。

三

銘:"水行馭曆,重瞳号奇,隆基布政,派胤雲馳,潤光安息,輝臨月支。簪纓組綬,冠蓋羽儀。"

"水行"卽水德,相傳顓頊爲水德之王;[6]"重瞳"指舜。[7]

銘文於此重申誌文之意：西遷高陽氏、有虞氏之裔分佈於西域各地，且突出墓主一支在昔與"安息"、"月支"之關係，卽所謂"潤光安息，輝臨月支"。

1. "安息"，首見《史記·大宛列傳》，指帕提亞波斯。這一西亞王朝存在的大致年代是公元前247年至公元229年。[8]這應該就是墓主虞弘之先可能"潤光安息"的時間。

2. "月支"，應卽《史記·大宛列傳》所見月氏。已知匈奴興起之前，大月氏的前身——月氏人遊牧於今祁連山至阿爾泰山一帶。約公元前177/前176年被匈奴逐出上述地區，西徙伊犁河、楚河流域，復於公元前130年左右被烏孫逐至今阿姆河流域。嗣後，大月氏人渡河南下，征服了領土主要在河南的大夏國。

墓主虞弘之先何時與月氏接觸，不得而知。但從其先曾與安息發生關係這一點來看，銘文所謂"月支"指西遷阿姆河流域的大月氏的可能性較大。蓋據《史記·大宛列傳》安息國"臨嬀水"；而被逐出伊犁河、楚河流域的大月氏人一度"都嬀水北，爲王庭"。果然，"輝臨月支"的時間上限是公元前130年。

3. 應該說明的是，據《後漢書·西域傳》，繼大月氏之後（約前一世紀末）在原大夏國之地興起的貴霜帝國，也被中國人稱爲"大月氏"，因此，"輝臨月支"乃指虞弘之先與貴霜帝國的關係的可能性不能完全排除。

4. 還應該說明的是，虞弘墓誌銘撰於隋代，其中所謂"安息"所指存在另一種可能。質言之，並非帕提亞波斯，而是昭武九姓之一的安國，蓋據《隋書·西域傳》：

>安國，漢時安息國也。王姓昭武氏，與康國王同族，字設力登。妻，康國王女也。都在那密水南，城有五重，環以流水。宮殿皆爲平頭。王坐金駝座，高七八尺。每聽政，與妻相對，大臣三人評理國事。風俗同於康國。

同理，"月支"所指也可能不是上述《史記·大宛列傳》所見大月氏和《後漢書·西域傳》所見貴霜，而是《隋書·西域傳》記載的昭武九姓：

>康國者，康居之後也。遷徙無常，不恒故地，然自漢以來相承不絕。其王本姓溫，月氏人也。舊居祁連山北昭武城，因被匈奴所破，西踰葱嶺，遂有其國。支庶各分王，故康國左右諸國並以昭武爲姓，示不忘本也。

果然，銘文採用"安息"、"月支"這些古稱可以理解爲修辭的需要。但是，如果考慮到銘文將"安息"與"月支"並舉，似乎很難在指"月支"爲昭武九姓的同時，指"安息"爲安國。而祇有指銘文中的"安息"爲帕提亞波斯，銘文所見"月支"纔有可能是指昭武九姓。蓋昭武九姓在歷史上出現的時間之上限應爲大月氏自伊犁河、楚河西遷之年。[9]

要之，墓主虞弘之先爲酋帥的魚國一度與帕提亞波斯和佔領阿姆河流域的大月氏（貴霜帝國、昭武九姓）有密切關係。

四

既然"安息"指帕提亞波斯,"月支"指佔領阿姆河流域的大月氏(或貴霜帝國、昭武九姓),虞弘之先可以追溯的居地應該在媯水即阿姆河北岸的索格底亞那(Sogdiana)。

一則,帕提亞波斯、大月氏或貴霜均臨媯水,緊鄰索格底亞那。索格底亞那又是昭武九姓的主要居地。

二則,索格底亞那最早見諸阿喀美尼朝波斯大流士一世貝希斯登(Behistun)銘文,是當時王朝屬下行省之一。[10]該地深受波斯文化影響無庸置疑。這與虞弘墓葬濃重的波斯風格或者不無關係。[11]

三則,墓主虞弘本人在北周任"撿挍薩保府",這是負責管理胡人聚落的主要官員。這說明虞弘和索格底亞那胡人關係密切。

四則,虞墓石槨圖畫的祆教內容有明顯的索格底亞那色彩;這表明其葬儀可能是由索格底亞那人操辦的。[12]

五則,誌文載墓主虞弘"字莫潘"。"莫潘"多為隋唐時來華索格底亞那人所用漢名,如曹莫毗、曹莫槃、曹莫□、[13]曹莫盆、何莫潘[14]等。

五

既然虞弘之先為酋帥或部落大人的魚國最早可能在公元前三

世紀中葉已經出現在索格底亞那，則該國似乎應該是西史所見Massagetae。

1. Massagetae 首見希罗多德《歷史》，已知其最早的居地在錫爾河北岸。阿喀美尼朝波斯居魯士二世（Cyrus II，前 558—前 529 年）曾親征 Massagetae，但並不成功，不僅波斯全軍覆沒，居魯士二世本人也於是役陣亡。嗣後，由於原居伊犁河、楚河流域的 Issedones 人西向擴張，將 Massagetae 人驅逐至錫爾河以南的索格底亞那。時間在居魯士二世去世和大流士一世（Darius I，前 521—前 486 年）即位之間。亞歷山大東征時所遭遇的 Massagetae 人均在錫爾河以南，可以佐證。[15] 這表明 Massagetae 歷史悠久，且至遲在大流士一世即位之年已經出現在索格底亞那。這與以上推定的虞弘先人所在部落的情況並無不符。

2. 據希羅多德《歷史》記載，Massagetae 人"不播種任何種子，而以家畜與魚類爲活。因爲在 Araxes（按即錫爾河）裏，魚是非常多的"。（I，216）[16] Massagetae 人傍錫爾河而居，以捕魚爲生，得名"魚國"，亦在情理之中。

3. "Massagetae" 一說原意是"魚"，蓋 Awesta 語稱魚爲 masjō（Sanskrit 語爲 matsja）。[17] 果然，則 Massagetae 便不妨漢譯爲"魚國"。[18]

要之，虞弘之先乃 Massagetae 人，自錫爾河北南遷索格底亞那之後，曾越阿姆河與安息、月氏往來，後率其部人東遷，歸附拓跋鮮卑，爲領民酋長。

六

因"魚"[ngia]、"虞"[ngiua]音近,虞弘自認虞舜之後。這不能不說是一種攀附行爲。

應該指出的是,"魚"、"虞"音近好像不是虞弘攀附虞舜的唯一原因。

一則,魚國本Massagetae之一支,Massagetae與有虞氏一樣,具有悠久的歷史。

二則,Massagetae早已自錫爾河北岸南遷索格底亞那,與後來遷入該地的昭武九姓共處,有文化和血緣的關係。昭武九姓爲西遷月氏人之後見載於《隋書·西域傳》,可謂時人共識,而"月"[njiuk]、"虞"音近。[19]

三則,《史記·五帝本紀》載:"舜耕歷山,歷山之人皆讓畔;漁雷澤,雷澤上人皆讓居;陶河濱,河濱器皆不苦窳。一年而所居成聚。二年成邑,三年成都。"知有虞氏亦擅罟。

四則,舜重瞳,而魚姓胡人亦有重瞳者。《隋書·魚俱羅傳》載:"魚俱羅,馮翊下邽人也。……俱羅相表異人,目有重瞳。"如果考慮到墓銘特別強調虞舜"重瞳号竒",墓主虞弘本人重瞳也未可知。

五則,與魚俱羅約略同時者尚有虞慶則等。[20]《隋書·虞慶則傳》載,虞慶則,"身長八尺,有膽氣,善鮮卑語,身被重鎧,帶兩鞬,左右馳射,本州豪俠皆敬憚之"。雖未見慶則"重瞳"的報導,但若參看《隋書·魚俱羅傳》關於魚俱羅"身長八尺,膂力絶人,聲氣雄壯,言聞數百步";每逢戰事,"俱羅與數騎奔擊,瞋目大呼,所當皆披靡,出左入右,往返若飛"之類記載,不難發現兩人體貌特徵頗有相似之處,或非巧合。"虞慶則傳"又載慶則之子孝仁,"性奢華,以駱駝負函盛水養魚而自給"。爲食魚而如此大費周折,也許是代代相傳的習俗使然,不僅僅是"性奢華"的緣故。

六則,有虞氏的發祥地就在晉南,[21]墓主虞弘選擇今山西太原附近爲下葬之地,表明墓主此番認祖歸宗的舉動是十分鄭重的。

要之,儘管目前的證據完全不足以說明Massagetae與有虞氏之間有直接淵源,但必須看到墓主虞弘攀附虞舜是深思熟慮的結果。

七

除虞弘外,上述認祖歸宗現像屢見隋唐時期西北少數族之墓誌銘;雖然多可定性爲攀附,但似亦不可一概而論,頗有值得玩味者在。茲舉太原出土的龍潤墓誌爲例:

君諱潤,字恒伽,并州晉陽人也。……鑿空鼻始,爰自少昊之君;實錄采奇,繼以西楚之將。及漢元帝,顯姓名於史游。馬援之稱伯高,慕其爲人,敬之重之。《晉中興書》特記隱士子偉,以高邁絕倫,並異代英賢,爵爵如松、珞珞如玉者也。[22]

據研究，龍潤當是西域焉耆人遷居中原者，"龍"本焉耆王姓。[23]今案：焉耆人龍潤自稱少昊之後，不是無跡可循。

按之《元和姓纂・上平聲・三鍾》（卷一），"《尚書》，舜臣龍爲納言，子孫以王父字爲氏。又，董父，己姓，賜氏豢龍，爲龍氏。"這是說龍姓來源有二，一爲虞舜之納言龍，一爲董父。龍潤既"爰自少昊之君"，當爲董父之裔。

一則，少昊爲己姓青陽，[24] 而"董父，己姓"。《元和姓纂・上聲・一董》（卷六）："董，黃帝之後，己姓國，有飂叔安，生董父，舜賜姓董氏。"

二則，焉耆與允姓之戎同源的可能性不能排除，而後者亦少昊之後。允姓之戎又稱陸渾之戎，"陸渾"與"龍"無妨視爲同名異譯。[25]

三則，所謂"賜氏豢龍，爲龍氏"，祇是一種誤解，蓋"董"[tong]、"龍"[liong]一音之轉。稱董父因豢龍而"爲龍氏"，乃後人附會。《元和姓纂・上聲・一董》（卷六）稱："豢龍，帝舜賜姓董氏"；得其真相。當然，"董"可能因豢龍而被改爲音近的"龍"。

四則，據研究，和闐文 dūm 應即焉耆的龍姓或龍家。蓋和闐語文書 KT 2.117.9 稱：kīthä sādamī dūmya（在唆里迷城，有 Dūm 在），文書草寫者且將 sādamī 一詞劃去，換上 dūm。這說明 dūm 就是 sādamīya（Solmi 人）。唆里迷城既爲焉耆之異稱，則 dūm 無疑指焉耆人。[26] 今案：文書所見 dūm，正可與"董"對應，或非偶然。[27]

以下是幾點補充：

一、《古今姓氏書辯證》卷二一："董，出自巳姓，黃帝之後，封國於飂。其君叔安者，有嫡子曰董父，學擾龍以事帝舜，賜姓曰董，爲豢龍氏。""巳姓"當作"己姓"，形近致訛。

二、《字彙補·風部》：飂，"國名，高陽氏之後，己姓"。今案：其說非是。

《左傳·昭公二十九年》，"昔有飂叔安，有裔子曰董父，實甚好龍，能求其耆欲而飲食之，龍多歸之，乃擾畜龍，以服事帝舜，帝賜之姓曰董，氏曰豢龍，封諸鬷川，鬷夷氏其後也。"杜注："飂，古國也。叔安，其君名"；並未涉及飂之淵源。

又，《國語·鄭語》載："昆吾爲夏伯矣，大彭、豕韋爲商伯矣。當周未有。己姓昆吾、蘇、溫、顧、董，董姓鬷夷、豢龍，則夏滅之矣。"韋注：昆吾、蘇、溫、顧、董"五國皆昆吾之後別封者"，又注："董姓，己姓之別受氏爲國者也。"《國語》之文既並列董姓和己姓，鬷夷和豢龍顯然非昆吾之後。知董姓所出己姓，有別於昆吾之己姓。

但是，《路史·後紀八·疏仡紀》（卷一七）卻說："己姓封昆吾，昆吾爲夏伯主，其後裔自臧而無諱，與桀同滅。……後有昆氏、吾氏、昆吾氏。顧、溫、蘇、扈、廖、董、諸、斟、祝、產皆已分也。"將"廖"列入昆吾之後，且在敍述扈、顧、溫、蘇的源流之後，接着說："廖有叔安異封于董，董甫以豢龍事虞于鬷川，別爲鬷夷，更爲關龍（注：音豢龍）。廖、董、關龍則夏滅之；鬷則商滅之；後有廖氏、飂氏、飉氏、飂叔氏、董氏、董甫氏"等等。顯然是將作爲昆吾之後的董國與叔安之後的董姓混爲一談了。

龍氏"爰自少昊",《元和姓纂》和《古今姓氏書辯證》均稱之爲"黃帝之後",極是。

三、既然龍姓來歷有二,墓銘所涉及的"西楚之將"(龍且)[28]等未必亦董父之裔;故墓主仍不免攀附之嫌。

■ 注释

[1] 山西省考古研究所、太原市考古研究所等"太原隋代虞弘墓清理簡報",《文物》2001 年第 1 期,pp. 27-52。

[2]《大戴禮記·五帝德》稱:"顓頊,黃帝之孫,昌意之子也,曰高陽";所本或與《史記·五帝本紀》同。

[3] 參看李學勤"三星堆與蜀古史傳說",《走出疑古時代》,遼寧大學出版社,1994 年,pp. 204-214。

[4]《周禮·春官·大司樂》:"空桑之琴瑟。"鄭注:空桑,"山名"。又,《山海經·北山經》"又北二百里,曰空桑之山。無草木,冬夏有雪。空桑之水出焉,東流注于虖沱。"吳任臣《山海經廣注》(卷三)注"北山經"曰:"兗地亦有空桑,其地廣絕,高陽氏所嘗居,皇甫謐所謂廣桑之野,上古有空桑氏。"又,《淮南子·本經訓》"舜之時,共工振滔洪水,以薄空桑。"高注:"空桑,地名,在魯也。"

[5] 周一良"領民酋長與六州都督",《魏晉南北朝史論集》,中華書局,1963 年,

pp. 177-198。

[6]《漢書·律歷志下》引《世經》:"顓頊帝:《春秋外傳》曰,少昊之衰,九黎亂德,顓頊受之,乃命重黎。蒼林昌意之子也。金生水,故爲水德。天下號曰高陽氏。"又,《國語·周語下》:"顓頊之所建也,帝嚳受之。"韋注:"顓頊,水德之王,立於北方。"

[7]《史記·五帝本紀》:"虞舜者,名曰重華。""正義"曰:"目重瞳子,故曰重華。"又,《史記·項羽本紀》太史公曰:"吾聞之周生曰:舜目蓋重瞳子,又聞項羽亦重瞳子。羽豈其苗裔邪?"亦重瞳者被視爲舜後之一例。

[8] E. Yarshater, ed. *The Cambridge History of Iran*. vol. 3 (1), The Seleucid, Parthian and Sasanian Periods, Cambridge University Press, 1983, pp. 98-99.

[9] 參看本書第五篇。

[10] R. G. Kent, *Old Persian, Grammar, Text, Lexicon*. New Haven, 1953, p. 119.

[11] 參看注 1 所引簡報。

[12] 參看榮新江"隋及唐初并州的薩保府與粟特聚落",《文物》2001 年第 4 期,pp. 84-89。

[13] "高昌昭武九姓胡人曹莫門陁等名籍",國家文物局古文獻研究室、新疆維吾爾自治區博物館、武漢大學歷史系編,《吐魯番出土文書》第 3 册,文物出版社,1981 年,pp. 119-120。

[14] "唐神龍三年(公元七〇七年)高昌縣崇化鄉點籍樣",國家文物局古文獻研究室、新疆維吾爾自治區博物館、武漢大學歷史系編,《吐魯番出土文書》第 7 册,文物出版社,1986 年,pp. 468-485,esp. 471, 475。

[15] 注 9 所引余太山書,pp. 6-10。

[16] 希羅多德《歷史》,王以鑄漢譯,商務印書館,1985。

[17] J. Marquart, *Untersuchungen zur Geschchite von Eran*, II. Göttingen, 1905, p. 78. 白鳥庫吉"塞民族考",《白鳥庫吉全集・西域史研究（上）》（第 6 卷）, 東京：岩波, 1970 年, pp. 361-480, esp. 377-378。

[18] Massagetae 這一名稱, 現在一般認爲意指"大 Sakā 部落"; 見 W.W. Tarn, *The Greek in Bactria and India*. London: Cambridge, 1951, pp. 80-81。注 9 所引余太山書, p. 7, 亦曾取此說以證 Massagetae 卽 Sakās。"Massagetae" 指"魚國"無妨 Massagetae 卽 Sakās 說成立。

[19] 關於昭武九姓爲月氏之裔的客觀可能性見注 9 所引余太山書, pp. 104-106。

[20] 參看張慶捷"《虞弘墓誌》中的幾個問題",《文物》2001 年第 1 期, pp. 102-108。

[21] 參見余太山《古族新考》, 中華書局, 2000 年, pp. 29-52, esp. 32-38。

[22]《全唐文補遺》第 5 輯, 吳鋼主編, 三秦出版社, 1998, p. 111。

[23] 參看注 12 所引榮新江文。

[24] 余太山注 21 所引書, pp. 117-119。

[25] 余太山注 21 所引書, pp. 63-69, 117-121。

[26] H. W. Bailey, *Indo-Scythian Studies, being Khotanese Texts*, vol. 7. Combridge, 1985, pp. 16-17. 榮新江"龍家考",《中亞學刊》第 4 輯, 北京大學出版社, 1995 年, pp. 144-160。

[27] 注 26 所引 Bailey 書, p. 17, 以爲 dūṃ 亦卽藏語文獻所見 ldong。該部落在甘、沙兩州之南。其漢名爲"董"。

[28]《元和姓纂・上平聲・三鍾》（卷一）僅說："龍且, 楚人, 爲項羽將"; 並未指明究竟是納言之後, 抑爲董父之後。

徵引文獻

漢語文獻（1）

《北史》，（唐）李延壽撰，中華書局，1983年。

《冊府元龜》，（宋）王欽若等編，中華書局影印，1982年。

《春秋左傳注》，楊伯峻注，中華書局，1990年。

《大戴禮記解詁》，王聘珍撰，王文錦點校，中華書局，1983年。

《讀書雜志》，（清）王念孫著，中華書局，1991年。

《爾雅義疏》，（清）郝懿行撰，中國書店，1982年。

《風俗通義校注》，（東漢）應劭撰，王利器校注，中華書局，1981年。

《古今姓氏書辯證》，（宋）鄧名世撰，（宋）鄧椿年編，文淵閣四庫全書子部（第922冊）。

《管子校釋》，顏昌嶢著，邊仲仁、夏劍欽點校，嶽麓書社，1996年。

《國語》，上海師範大學古籍整理研究所校點，上海古籍出版社，1995年。

《漢書》，（東漢）班固撰，（唐）顏師古注，中華書局，1975年。

《漢書補注》，（清）王先謙撰，中華書局影印，1983年。

《漢書西域傳補注》，（清）徐松撰，《二十五史三編》（第三分冊），嶽麓書社，1994年。

《後漢書》，（劉宋）范曄撰，（唐）李賢等注，中華書局，1973年。

《淮南子校釋》，張雙棣校釋，北京大學出版社，1997年。

《晉書》，（唐）房玄齡等撰，中華書局，1982年。

《舊唐書》，（後晉）劉昫等撰，中華書局，1975年。

《括地志輯校》，（唐）李泰等撰，賀次君輯校，中華書局，1980年。

《梁書》，（唐）姚思廉撰，中華書局，1973年。

《兩漢紀》，張烈點校，中華書局，2002年。

《路史》，（宋）羅泌撰，羅苹注，文淵閣四庫全書史部（第383冊）。

《呂氏春秋校釋》，陳奇猷校釋，學林出版社，1984年。

《穆天子傳彙校集釋》，王貽梁、陳建敏選，華東師範大學出版社，1994年。

《全唐文補遺》第5輯，吳鋼主編，三秦出版社，1998年。

《三國志》，（晉）陳壽撰，（劉宋）裴松之注，中華書局，1975年。

《山海經廣注》，（清）吳任臣注，文淵閣四庫全書子部（第1042冊）。

《山海經箋疏》，（清）郝懿行著，巴蜀書社，1985年。

《詩毛氏傳疏》，（清）陳奐撰，皇清續經解本，南菁書院。

《史記》，（漢）司馬遷撰，中華書局，1975年。

《世說新語箋疏》，余嘉錫撰，中華書局，1983年。

《雙溪醉隱集》，（元）耶律鑄撰，文淵閣四庫全書集部（第1199冊）。

《水經注》，（北魏）酈道元撰，陳橋驛點校，上海古籍出版社，1990年。

《水經注校》，（北魏）酈道元撰，王國維校，上海人民出版社，1984年。

《說苑校證》，（漢）劉向撰，向宗魯校證，中華書局，1987年。

《宋史》，（元）脫脫等撰，中華書局，1977年。

《宋書》，（梁）沈約撰，中華書局，1983年。

《隋書》，（唐）魏徵、令狐德棻撰，中華書局，1982年。

《太平御覽》，（宋）李昉等撰，中華書局影印，1985年。

《通典》，（唐）杜佑撰，王文錦等點校，中華書局，1988年。

《王會篇箋釋》，（清）何秋濤箋釋，江蘇書局校刊本，1891年。

《魏書》，（北齊）魏收撰，中華書局，1984年。

《新書》，（漢）賈誼撰，吳雲、李春臺《賈誼集校注》，中州古籍出版社，1989年。

《新唐書》，（宋）歐陽修、宋祁撰，中華書局，1975年。

《鹽鐵論校注》，王利器校注，中華書局，1992年。

《逸周書彙校集注》，黃懷信、張懋鎔、田旭東撰，李學勤審定，上海古籍出版社，
　　1995年。

《禹貢錐指》，鄒逸麟整理，上海古籍出版社，1996年。

《元和郡縣圖志》，（唐）李吉甫撰，賀次君點校，中華書局，1983年。

《元和姓纂》（附四校記），（唐）林寶撰，岑仲勉校記，中華書局，1994年。

《周禮》，《十三經註疏》本，中華書局影印，1991年。

《周書》，（唐）令狐德棻等撰，中華書局，1983年。

《資治通鑒》，（宋）司馬光編著，（元）胡三省音註，中華書局，1976年。

《字彙補》，（清）吳任臣撰，影印清康熙五年匯賢齋刻本，《續修四庫全書》
　　經部（第233冊）。

漢語文獻（2）

《大慈恩寺三藏法師傳》，（唐）慧立、彥悰著，孫毓棠、謝方點校，中華書局，1983年。

《大唐內典錄》，（唐）道宣撰，《大正新修大藏經》T55, No. 2149。

《大唐西域記校注》，（唐）玄奘、辯機著，季羨林等校注，中華書局，1985年。

《大正新修大藏經》，高楠順次郎、渡邊海旭、小野玄妙等編纂，大藏出版株式會社，1924-1934年。

《大智度論》，（後秦）鳩摩羅什譯，《大正新修大藏經》T25, No. 1509。

《法顯傳校注》，（東晉）法顯撰，章巽校注，上海古籍出版社，1985年。

《高僧傳》，（梁）慧皎撰，湯用彤校注，中華書局，1992年。

《廣弘明集》，（唐）道宣編纂，《大正新修大藏經》T52, No. 2103。

《慧超往五天竺國傳（殘卷）箋釋》，[日]藤田豐八箋釋，北京，1910年。

《開元釋教錄》，（唐）智昇撰，《大正新修大藏經》T55, No. 2154。

《洛陽伽藍記校釋》，（北魏）楊衒之著，周祖謨校釋，中華書局，1963年。

《釋迦方誌》，（唐）道宣著，范祥雍點校，中華書局，1983年。

《續一切經音義》，（宋）希麟撰，《大正新修大藏經》T54, No. 2129。

《一切經音義》，（唐）慧琳撰，《大正新修大藏經》T54, No. 2128。

漢語文獻（3）

岑仲勉"嚈噠國都考"，《西突厥史料補闕及考證》，中華書局，1958年，pp.

202-207。

岑仲勉"羯師與賒彌今地詳考",《西突厥史料補闕及考證》,中華書局,1958年,pp. 208-214。

岑仲勉《漢書西域傳地里校釋》,中華書局,1981年。

馮承鈞"樓蘭鄯善問題",《西域南海史地考證論著彙輯》,中華書局香港分局,1976年,pp. 25-35。

馮沅君"讀《寶馬》",1937年5月16日《上海大公報·文藝》第336期。

耿世民、張廣達"唆里迷考",《歷史研究》1980年第2期,pp. 147-159。

顧實《穆天子傳西征講疏》,中國書店,1990年。

顧頡剛《史林雜識》,中華書局,1963年。

國家文物局古文獻研究室、新疆維吾爾自治區博物館、武漢大學歷史系編,《吐魯番出土文書》第三册,文物出版社,1981年;第七册,文物出版社,1986年。

韓康信"新疆古代居民種族人類學的初步研究",《新疆社會科學》1985年第6期,pp. 61-71。

韓儒林"樓蘭故城在西域交通上之地位及其距陽關烏壘鄯善新都之道里",《穹廬集》,上海人民出版社,1982年,pp. 69-73。

賀昌群《古代西域交通與法顯印度巡禮》,湖北人民出版社,1956年。

胡家聰"《管子·輕重》作於戰國考",《中國史研究》1981年第1期,pp. 124-133。

黃盛璋"敦煌寫本《西天路竟》歷史地理研究",《歷史地理》創刊號,上海人民出版社,1981年,pp. 10-20。

黃盛璋"回鶻譯本《玄奘傳》殘卷卷五玄奘回程之地望與對音研究",《西北史地》

1984年第3期，pp. 9-32。

黃盛璋"試論所謂'吐火羅語'及其有關的歷史地理和民族問題"，《西域史論叢》第2輯，新疆人民出版社，1985年，pp. 228-268。

黃文弼"漢西域諸國之分佈及種族問題"，《黃文弼歷史考古論集》，文物出版社，1989年，pp. 22-36。

黃文弼"河西古地新證"，《黃文弼歷史考古論集》，文物出版社，1989年，pp. 63-67。

黃文弼"大月氏故地及西徙"，《黃文弼歷史考古論集》，文物出版社，1989年，pp. 74-75。

黃文弼"中國古代大夏位置考"，《黃文弼歷史考古論集》，文物出版社，1989年，pp. 76-80。

黃文弼"重論古代大夏之位置與移徙"，《黃文弼歷史考古論集》，文物出版社，1989年，pp. 81-84。

黃文弼"論匈奴族之起源"，《黃文弼歷史考古論集》，文物出版社，1989年，pp. 85-90。

黃文弼"古樓蘭國歷史及其在西域交通上之地位"，《黃文弼歷史考古論集》，文物出版社，1989年，pp. 316-339。

黃振華、張廣達"蘇聯的烏孫考古情況簡述"，王明哲、王炳華《烏孫研究》，新疆人民出版社，1983年，pp. 185-200。

季羨林"吐火羅語的發現與考釋及其在中印文化交流中的作用"，《中印文化關係史論集》，三聯書店，1982年，pp. 97-112。

李學勤"三星堆與蜀古史傳說"，《走出疑古時代》，遼寧大學出版社，1994年，pp. 204-214。

林梅村"新疆佉盧文書釋地",《西北民族研究》1989年第1期, pp. 72-80。

馬非百《管子輕重篇新詮》, 中華書局, 1979年。

馬雍、王炳華"公元前七至二世紀的中國新疆地區",《中亞學刊》第3輯, 中華書局, 1990年, pp. 1-16。

馬雍"新疆所出佉盧文書的斷代問題——兼論樓蘭遺址和魏晉時期的鄯善郡",《西域史地文物叢考》, 文物出版社, 1990年, pp. 89-111。

馬雍"新疆佉盧文書中的 kośava 卽氍毹考——兼論'渠搜'古地名",《西域史地文物叢考》, 文物出版社, 1990年, pp. 112-115。

馬雍"巴基斯坦北部所見'大魏'使者的巖刻題記",《西域文物史地叢考》, 文物出版社, 1990年, pp. 129-137。

孟凡人《北庭史地研究》, 新疆人民出版社, 1985年。

容肇祖"駁馬非百'關於管子輕重篇的著作年代問題'",《歷史研究》1958年第1期, pp. 29-40。

榮新江"龍家考",《中亞學刊》第4輯, 北京大學出版社, 1995年, pp. 144-160。

榮新江"隋及唐初幷州的薩保府與粟特聚落",《文物》2001年第4期, pp. 84-89。

山西省考古研究所、太原市考古研究所等"太原隋代虞弘墓清理簡報",《文物》2001年第1期, pp. 27-52。

施丁"董仲舒'天人三策'作於元光元年辨",《社會科學輯刊》3（1980年）, pp. 90-99。

蘇鑒誠"董仲舒對策在元朔五年議",《中國史研究》1984年第3期, pp. 87-92。

孫培良"斯基泰貿易之路和古代中亞的傳說",《中外關係史論叢》第1輯，世界知識出版社，1985年，pp. 3-25。

孫毓棠"安息與烏弋山離",《文史》第5輯（1978年），pp. 7-21。

王國維"西胡考",《觀堂集林》（卷一三），中華書局，1959年，pp. 606-616。

王國維"月氏未西徙大夏時故地考",《觀堂集林》（別集一），中華書局，1959年，pp. 1156-1158。

王國維"西域雜考",《觀堂集林》（別集一），中華書局，1959年，pp. 1158-1162。

王毓銓"'民數'與漢代封建政權",《中國史研究》1979年第3期，pp. 61-80。

吳其昌"印度釋名",《燕京學報》第4期（1928年），pp. 717-743。

邢義田"漢武帝伐大宛原因之再檢討",《食貨（復刊）》2～9（1972年），pp. 471-475。

邢義田"漢武帝伐大宛原因之再檢討（補白）",《史繹》10（1973年），pp. 32-37。

楊樹達《漢書窺管》，上海古籍出版社，1984年。

余嘉錫"漢武伐大宛爲改良馬政考",《輔仁學誌》9～1（1940年），pp. 1-6。

余太山"條支、黎軒、大秦和有關的西域地理",《中國史研究》1985年第2期，pp. 57-74。

余太山"董琬、高明西使考",《嚈噠史研究》，齊魯書社，1986年，pp. 217-244。

余太山《嚈噠史研究》，齊魯書社，1986年。

余太山"匈奴、鮮卑與西域關係述考",《西北民族研究》1989年第1期，pp.

153-171。

余太山 "匈奴、Huns 同族論質疑",《文史》第 33 輯（1990 年），pp. 57-73。

余太山《古族新考》，中華書局，2000 年。

岳慶平 "董仲舒對策年代辨",《北京大學學報》1986 年第 3 期，pp. 114-120。

章巽 "《五藏山經》和河水重源說——兼論《五藏山經》的編寫過程",《章巽文集》，海洋出版社，1986 年，pp. 187-200。

章巽 "《水經注》中的扜泥城和伊循城",《中亞學刊》第 3 輯，中華書局，1990 年，pp. 71-76。

張承志 "王延德西行記與天山硇砂",《文史》第 20 輯（1983 年），pp. 89-96。

張慶捷 "《虞弘墓誌》中的幾個問題",《文物》2001 年第 1 期，pp. 102-108。

張維華 "漢武帝伐大宛與方士思想",《中國文化研究彙刊》3（1943 年），pp. 1-12。

周一良 "領民酋長與六州都督",《魏晉南北朝史論集》，中華書局，1963 年，pp. 177-198。

周振鶴《西漢政區地理》，人民出版社，1987 年。

漢語文獻（4）

A

《編年史》，[古羅馬] 塔西陀著，王以鑄、崔妙因譯，商務印書館，1981 年。

《古代的地理學》，[蘇] 波德納爾斯基編，梁昭錫譯，商務印書館，1986 年。

《歷史》，[古希臘] 希羅多德著，王以鑄譯，商務印書館，1985 年。

《亞歷山大遠征記》，[古希臘] 阿里安著，李活譯，商務印書館，1985 年。

《中國伊朗編》，[美] 勞費爾著，林筠因譯，商務印書館，1964年。

《中世紀初期的西歐》（世界史資料叢刊初集），齊思和、耿淡如、壽紀瑜等選譯，商務印書館，1962年。

B

[蘇] 魯金科"論中國與阿爾泰部落的古代關係"，潘孟陶譯，《考古學報》1957年第2期，pp. 37-48。

[法] 沙畹"魏略西戎傳箋注"，馮承鈞譯，《西域南海史地考證譯叢七編》，中華書局，1957年，pp. 41-57。

日語文獻

江上波夫"月氏の民族名について"，《和田博士還曆記念東洋史論叢》，東京：講談社，1951年，pp. 123-131。

江上波夫"匈奴・フン同族論"，《ユウラシア古代北方文化——匈奴文化論考》，東京：山川出版社，1954年，pp. 319-402。

江上波夫編《中央アジア史》，東京：山川出版社，1987年。

榎一雄"難兜國に就いての考"，《加藤博士還曆記念東洋史集說》，東京：富山房，1941年，pp. 179-199。

榎一雄"加藤博士小傳"，加藤繁《中國經濟史の開拓》，東京：櫻菊書院，1948年，pp. 145-264。

榎一雄"キダーラ王朝の年代について"，《東洋學報》40～3（1958年），pp. 1-52。

榎一雄"樓蘭の位置を示す二つのカロシユテイー文書について"，《石田博

士頌壽記念東洋史論叢》，東京：石田博士古稀記念事業會，1965年，pp. 107-125。

榎一雄"鄯善の都城の位置とその移動(1-2)"，《オリエント》8～1(1965年)，pp. 1-14；8～2（1966年），pp. 43-80。

榎一雄"法顯の通過した鄯善國について"，《東方學》34（1967年），pp. 12-31。

榎一雄"プトレマイオスに見えるイセドーネスについて"，《山本博士還曆記念東洋史論叢》，東京：山川出版社，1972年，pp. 69-80。

榎一雄"小月氏と尉遲氏"，末松保和博士古稀記念會編《古代東アジア史論集下卷》，東京：吉川弘文館，1978年，pp. 389-418。

榎一雄"もう一つのシルクロード——東西交通史上の南アフガニスタン"，《東西交涉》創刊2號（1982年夏の號），pp. 15-22。

榎一雄"禺氏邊山の玉"，《東洋學報》66～1（1985年），pp. 109-132。

藤田豐八"大宛の貴山城と月氏の王庭"，《東西交涉史の研究·西域篇》，東京：荻原星文館，1943年，pp. 1-43。

藤田豐八"月氏の故地とその西移の年代"，《東西交涉史の研究·西域篇》，東京：荻原星文館，1943年，pp. 45-96。

藤田豐八"釋迦と塞と赭羯と乣軍"，《東西交涉史の研究·西域篇》，東京：荻原星文館，1943年，pp. 97-141。

藤田豐八"西域研究·月氏、烏孫の故地"，《東西交涉史の研究·西域篇》，東京：荻原星文館，1943年，pp. 335-343。

藤田豐八"西域研究·月氏西移の年代"，《東西交涉史の研究·西域篇》，東京：荻原星文館，1943年，pp. 344-359。

花岡昭憲 "漢書罽賓國はサカ王國か——貨幣にみる疑問——",《龍谷史壇》66・67號（1973 年），pp. 159-174。

羽田亨 "大月氏及び貴霜",《史學雜誌》41～9（1930 年），pp. 1-30。

羽田亨 "唐光啓元年書寫沙州・伊州地志殘卷に就いて",《羽田博士史學論文集・歷史篇》,京都：東洋史研究會，1957 年，pp. 585-605。

ヘルマン, A. 著，松田壽男譯,《樓蘭：流砂に埋もれた王都》(A. Herrmann, *Lou-lan: China, India und Rom im Lichte der Augsgrabungen am Lobnor*, Leipzig, 1931.) 東京：平凡社，1963 年。

井上哲次郎 "釋迦の祖先に就いて（那珂通世氏に答ぶ）1—2",《史學雜誌》8～4, 5（1897 年），pp. 7-33；8～5（1897 年），pp. 1-18。

伊藤義教《古代ペルシア——碑文と文學》,東京：岩波，1974 年。

加藤繁 "烏孫の居住地に就いて",《史學雜誌》42～7（1931 年），pp. 103-104。

駒井義明 "前漢に於ける匈奴と西域との關係",《歷史と地理》31～2（1933 年），pp. 16-23；31～3（1933 年），pp. 30-37。

桑原隲藏 "張騫の遠征",《東西交通史論叢》,東京：弘文堂，1944 年，pp. 1-117。

桑原隲藏 "大宛國の貴山城に就て",《東西交通史論叢》,東京：弘文堂，1944 年，pp. 118-142。

桑原隲藏 "再び大宛國の貴山城に就て",《東西交通史論叢》,東京：弘文堂，1944 年，pp. 143-274。

桑原隲藏 "藤田君の貴山城及び監氏城を讀む",《東西交通史論叢》,東京：弘文堂，1944 年，pp. 275-342。

松田壽男《古代天山の歷史地理學的研究》(增補版),東京：早稻田大學出版部，

1970年。

松田壽男 "イラン南道論",《東西文化交流史》, 東京:雄山閣, 1975年, pp. 217-251。

松田知彬 "アラン族の西進",《イスラム世界》10(1976年), pp. 33-52。

三宅米吉 "古代歐亞大陸交通考",《地理と歷史》1～2(1900年), pp. 1-4。

水谷真成譯注《大唐西域記》,《中國古典文學大系》22, 東京:平凡社, 1975年。

護雅夫 "いわゆる'北丁零'、'西丁零'について",《瀧川博士還曆記念論文集・東洋史篇》, 東京:長野中澤印刷, 1957年, pp. 57-71。

森鹿三、日比野丈夫等譯注《水經注》,《中國古典文學大系》21, 東京:平凡社, 1985年。

那珂通世 "釋迦種の說に付きて井上文學博士に質す",《史學雜誌》6～11(1895年), pp. 58-68。

小谷仲男 "塞と大月氏",《東洋史研究》28～34(1969年), pp. 70-86。

小川琢治 "戰國以前の地理上智識の限界",《支那歷史地理研究》, 東京:弘文堂, 1938年, pp. 217-238。

小川琢治 "北支那の先秦蕃族",《支那歷史地理研究續集》, 東京:弘文堂, 1939年, pp. 25-163。

小川琢治 "周穆王の西征",《支那歷史地理研究續集》, 東京:弘文堂, 1939年, pp. 165-408。

大久間慶四郎 "民族大移動とアラン族",《豊橋技術科學大學人文・社會工學系紀要》6(1984年), pp. 39-49。

大谷勝真 "鄯善國都考",《市村博士古稀記念東洋史論叢》, 東京:富山房, 1933年, pp. 251-272。

椎尾辨匡"覩貨邏の民族地理年代",《史學雜誌》23～26（1912年），pp. 681-694。

嶋崎昌"姑師と車師前・後王國",《隋唐時代の東トウルキスータン研究——高昌國史研究を中心として——》，東京：東京大學出版會，1977年，pp. 3-58。

白鳥庫吉"蒙古及び突厥の起源",《白鳥庫吉全集・塞外民族史研究（上）》（第4卷），東京：岩波，1970年，pp. 541-547。

白鳥庫吉"烏孫に就いての考",《白鳥庫吉全集・西域史研究（上）》（第6卷），東京：岩波，1970年，pp. 1-55。

白鳥庫吉"西域史上の新研究・康居考",《白鳥庫吉全集・西域史研究（上）》（第6卷），東京：岩波，1970年，pp. 58-96。

白鳥庫吉"西域史上の新研究・大月氏考",《白鳥庫吉全集・西域史研究（上）》（第6卷），東京：岩波，1970年，pp. 97-227。

白鳥庫吉"大宛國考",《白鳥庫吉全集・西域史研究（上）》（第6卷），東京：岩波，1970年，pp. 229-294。

白鳥庫吉"罽賓國考",《白鳥庫吉全集・西域史研究（上）》（第6卷），東京：岩波，1970年，pp. 295-359。

白鳥庫吉"塞民族考",《白鳥庫吉全集・西域史研究（上）》（第6卷），東京：岩波，1970年，pp. 361-480。

白鳥庫吉"中亞史上の人種問題",《白鳥庫吉全集・西域史研究（上）》（第6卷），東京：岩波，1970年，pp. 524-526。

白鳥庫吉"プトレマイオスに見えたる葱嶺通過路に就いて",《白鳥庫吉全集・西域史研究（下）》（第7卷），東京：岩波，1971年，pp. 1-41。

白鳥庫吉 "粟特國考"，《白鳥庫吉全集·西域史研究（下）》（第 7 卷），東京：岩波，1971 年，pp. 43-123。

白鳥庫吉 "大秦傳より見たる西域の地理"，《白鳥庫吉全集·西域史研究（下）》（第 7 卷），東京：岩波，1971 年，pp. 303-402。

白鳥庫吉 "拂菻問題の新解釋"，《白鳥庫吉全集·西域史研究（下）》（第 7 卷），東京：岩波，1971 年，pp. 403-592。

筒井滿志 "大宛フエルガナ説に對する疑問"，《史淵》58（1953 年），pp. 120-121。

內田吟風 "月氏のバクトリア遷移に關する地理的年代的考證（上、下、補遺）"，《東洋史研究》3～4（1938 年），pp. 29-56；3～5（1938 年），pp. 29-51；3～6（1938 年），pp. 59-63。

內田吟風 "魏書西域傳原文考釋（上、中、下）"，《東洋史研究》29～1（1970 年），pp. 83-106；30～2（1971 年），pp. 82-101；31～3（1972 年），pp. 58-72。

Uchida Ginpū 內田吟風 "吐火羅（Tukhāra）國史考"，《東方學會創立 25 周年記念東方學論集》，東京：東方學會，1972 年，pp. 91-110。

內田吟風 "匈奴西移考"，《北アジア史研究·匈奴篇》，京都：同朋舍，1975 年，pp. 115-141。

山田明爾 "サカ·パフウヴア諸王の年代について"，《印度學佛教學研究》10～2（1962 年），pp. 208-210。

山下寅次 "セレス（Seres）及びセリカ（Serica）に就きての考"，《史學雜誌》17～4（1906 年），pp. 1-24；17～5（1906 年），pp. 21-45；17～6（1906 年），pp. 50-69；17～8（1906 年），pp. 28-51；17～10（1906 年），pp. 1-22；17～11（1906 年），pp. 55-79；18～1（1907 年），pp. 26-47；18～3（1907

年), pp. 22-31；18～4（1907 年), pp. 38-49。

安馬彌一郎 "月氏の西方移動に就て",《史學雜誌》43～5（1932 年), pp. 101-113。

西方文獻

Bailey, H. W. "Ttaugara." *Bulletin of the School of Oriental Studies* 8 (1937): pp. 883-921.

Bailey, H. W. "Two Kharoṣṭhī Casket Inscriptions from Avaca." *Journal of the Royal Asiatic Society* 1978, pp. 3-13.

Bailey, H. W. *Indo-Scythian Studies, being Khotanese Texts*, vol. 7. Combridge, 1985.

Barthold, W. *Die alttürkischen Inschriften und die arabischen Quellen*. In W. Radloff, *Die alttürkischen Inschriften der Mongolei*, Zweite Folge. St. Petersbourg, 1899.

Bhandarkar, D. R. "A Kushana Stone-inscription and the Question about the Origin of the Śaka Era." *Journal Bombay Branch of the Royal Asiatic Society* 20 (1902): pp. 269-302.

Chattopadhyaya, S. *Early History of North India*. Calcutta, 1958.

Chavannes, E. *Les mémoires historiques de Se-ma tśien*, vol. 1. Paris, 1895.

Chavannes, E. *Documents sur les Tou-Kiue (Turcs) Occidentaux*. Paris, 1903.

Chavannes, E. "Les pays d'occident d'après le *Wei-lio*." *T'oung Pao* 6 (1905): pp.

519-571.

Chavannes, E. "Trois Généraux Chinois de la dynastie des Han Orientaux. Pan Tch'ao (32-102 p. C.); – son fils Pan Yong; – Leang K'in (112 p. C.). Chapitre LXXVII du *Heou Han chou*." *T'oung Pao* 7 (1906): pp. 210-269.

Chavannes, E. "Les pays d'Occident d'après le *Heou Han chou*." *T'oung Pao* 8 (1907): pp. 149-234.

Cunningham, A. *Ancient Geography of India*. London, 1871.

Deb, H. K. "Taxila Silver-scroll Inscription." *Journal of the Royal Asiatic Society* 1922, pp. 37-42.

Debevoise, N. C. *A Political History of Parthia*. Chicago, 1938.

Deguignes, J. *Histoire générale des Huns, des Turcs, des Mogols et des autres Tartares occidentaux, etc.* I-II. Paris, 1756.

Enoki, K. "The Yüeh-shih-Scythians Identity, A Hypothesis." *International Symposium on History of Eastern and Western Cultural Contacts, Collection of Papers Presented*, compiled by the Japanese National Commission for Unesco, 1957. Tokyo, 1959: pp. 227-232.

Enoki, K. "Yü-ni-chêng and the Site of Lon-lan." *Ural-Altaische Jahrbücher* 33 (1961): pp. 52-65.

Fleet, J. F. "The Date of Kanishka, Maues and Moga." *Journal of the Royal Asiatic Society* 1913, pp. 965-1011.

Franke, O. *Beiträge aus chinesischen Quellen zur Kenntnis der Thrkvöker und Skythen Zentralasiens*. Berlin, 1904.

Gershevitch, I. "An Iranianists View of the Soma Controversy." In *Mémorial Jean de Menasce*, édité par ph. Gignoux et A Tafazzoli, Imprimerie Orientaliste Louvain, 1974. Fondation Culturelle Iranienne 185, pp. 45-75.

Gershevitch, I., ed. *The Cambridge History of Iran*, vol. 2: The Median and Achaemenian Periods. CUP: 1985.

Gutschmid, A. von. *Geschichte Irans und seiner Nachbarländer: von Alexander dem Grossen bis zum Untergang des Arsaiden*. Tübingen, 1888.

Haloun, G. *Seit wann kannten die Chinesen die Tocharer oder Indogermanen überhaupt*, Pt. I: Ta hia in den chinsischen Quellen vor 126 B.C. seul paru; Leipzig, 1926.

Haloun, G. "Zur Üe-tsï-Frage." *Zeitschrift der Deutschen Morgenländischen Gesellschaft* 41 (1937): pp. 243-318.

Hambis, L. *L'Asie Central*. Paris, 1977.

Hamby, G. *Central Asia*. New York, 1969.

Henning, W. B. "Argi and the 'Tokharians'." *Bulletin of the School of Oriental Studies* 9 (1938): pp. 545-571.

Henning, W. B. "The Bactrian Inscription." *Bulletin of the School of Oriental and African Studies* 23 (1960): pp. 47-55.

Herzfeld, E. "Sakastan. Geschichtliche Untersuchungen zu Ausgrabungen am Kūhī Khwādja." *Archäologische Mitteilungen aus Iran* 4 (1932): pp. 1-116.

Herzfeld, E. *The Persian Empire*. Wiesbanden, 1968.

Hirth, F. *China and the Roman Orient*. Shanghai and Hongkong, 1885.

Hirth, F. "Über Wolga-Hunnen und Hiung-nu." *Sitzungsberichte der Preussischen Akademie der Missenschaften*. Phil.-hist. Klasse. 1899, II, pp. 245-278.

Hulsewé, A. F. P. & M. A. N. Loewe. *China in Central Asia, the Early Stage: 125 B. C.-A. D. 23*. Leiden: 1979.

Jenkins, G. K. "Indo-Scythic Mints." *Journal of the Numismatic Society of India* 17 (1955), pp. 1-26.

Jones, H. L., tr. *The Geography of Strabo, with an English translation*. 8 vols. London, 1916-1936.

Kennedy, J. "The Secret of Kanishka." *Journal of the Royal Asiatic Society* 1912, pp. 665-688.

Kent, R. G. *Old Persian, Grammar, Text, Lexicon*. New Haven, 1953.

Kiessling, M. H. *Zur Geschichte der ersten Regierung-sjahre der Darius Hystaspes*. Leipzig, 1901.

Kingsmill, T. W. "The Intercourse of China with Eastern Turkestan and the Adjacent Countries in the Second Century B. C." *Journal of the Royal Asiatic Society* 1882, pp. 74-104.

Konow, S. *Corpus Inscriptionum Indicarum*, II, part I, Kharoshthi Inscription. Calcutta, 1929.

Konow, S. "Kalawān Copper-plate Inscription of the Year 134." *Journal of the Rotal Asiatic Society* (1932): pp. 949-965.

Konow, S. "Notes on Indo-Scythian Chronology." *Journal of Indian History* (1933): pp. 1-46.

Krause, W. "Tocharisch." *Handbuch der Orientalistik*. Abteilung I, Band IV, Iranistik, Abschnitt 3, Leiden, 1971, pp. 5-8.

Lacouperie, T. de, *Western Origin of the Early Chinese Civilization*. London, 1894.

Lassen, Chr. *Indische Altertumskunde*, I-II. Leipzig, 1847-1849.

Le Rider, G. "Monnaies de Taxila et d'Arachosie. Une nouvelle reine de Taxila." *Revue des études grecques* 80 (1967): pp. 331-342.

Lévi, S. et E. Chavannes, "L'Itineraire d'Ou-K'oung." *Journal Asiatique* IX Serie, 6 (1895): pp. 341-384.

Lévi, S. "Notes sur les Indo-Scythes." *Journal Asiatique* IX Serie, 9 (1897): pp. 5-26.

Lohuizen-de Leeuw J. E. von, *The 'Scythian" Period*. Leiden, 1949.

Maenchen-Helfen, O. "The Yüeh-chih Problem Re-Examlined." *Journal of the American Oriental Society* 65 (1945): pp. 71-81.

Majumdar, R. C. *The Age of Imperial Unity*. Bombay, 1951.

Maricq, A. "La grande inscription der Kanïska et L'étéo-tokharien, L'ancienne Langue de la Bactriane." *Journal Asiatique* 246 (1958): pp. 345-440.

Maricq, A. "Bactrien ou êtéo-tokharien." *Journal Asiatique* 248 (1960): pp. 161-166.

Marquart, J. *Die Chronologie der alttürkischen Inschriften*. Leipzig, 1898.

Marquart, J. *Ērānšahr nach der Geographie des Ps. Moses Xorenaci*. Berlin, 1901.

Marquart, J. *Untersuchungen zur Geschichte von Eran*, I-II, Göttingen, 1806-1905.

Marquart, J. *Über das Völkstum der Komanen*. Berlin, 1914.

Marshall, J. *Taxila*, I. Cambridge. 1951.

McCrindle, J. W. *Ancient India as Described by Ptolemy*. Calcutta, 1927.

Minns, E. H. *Scythians and Greeks*. Cambridge, 1913.

Minosky, V., tr. *Ḥudūd al-'Ālam*. London, 1970.

Müller, F. W. K. "Toχrï und Kuišan (Küšän)." *Sitzungsberichte der Preussischen*

Akademie der Wissenschaften, Phil. -hist. Klasse. Berlin, 1918, pp. 566-586.

Narain, A. K. *The Indo-Greeks*. Oxford, 1957.

Oldfather, C. H., tr. *Diodorus of Sicily, with an English translation*. New York, 1933.

Pelliot, P. "Tokharien et Koutchéen." *Journal Asiatique* 1 (1934): pp. 23-106.

Pulleyblank, E. G. "The Consonantal System of Old Chinese I-II." *Asia Major* 9 (1962): pp. 58-144, 206-265.

Pulleyblank, E. G. "Chinese and Indo-Europeans." *Journal of the Royal Asiatic Society* 1966, pp. 9-39.

Pulleyblank, E. G. "Chinese Evidence for the Date of Kaniṣka." In A. L. Basham, ed. *Papers on the Date of Kaniska*. Leiden, 1969, pp. 247-258.

Pulleyblank, E. G. "The Wu-sun and Sakas and the Yüeh-chih Migration." *Bulletin of the School of Oriental and African Studies* 33 (1970): pp. 154-160.

Rackham, H., tr. Pliny, *Natural History, with an English translation*. London, 1949.

Rapson, E. J., ed. *The Cambridge History of India*, vol. 1: Ancient India. Fountain-Delhi, 1955.

Raychaudhuri, H. *Political History of Ancient India*. Calcutta, 1953.

Richthofen, F. F. von. *China. Ergebnisse eigener Reisen und darauf gegründeter Studien*, vol. 1. Berlin, 1877.

Rolfe, J. C., tr. *Ammianus Marcellinus, with an English translation*. London, 1939.

Rolfe, J. C., tr. *Quiutus Curtius*, with an English translation. London, 1956.

Rostovtzeff, M. *Scythians and Greeks in South Russia*. Oxford, 1922.

Schoff, W. H., ed. and tr. Isidore of Charax, *Parthian Stations*. Philadelphia, 1914.

Sircar, D. C. *Select Inscriptions, bearing on Indian History and Civilisation*.

Calcutta, 1942.

Smith, S. "Assyriological Notes, Inscription of Dariuson Gold Tablet." *Journal of the Royal Asiatic Society* 1926, pp. 434-440.

Specht, E. "Les Indo-Scythes et l'époque du règnde Kanischka, d'aprés les sources chinoises." *Journal Asiatique* IX Serie, 10 (1897): pp. 152-193.

Stein, A. *Serindia*, vol. 1. Oxford, 1921.

Stevenson, E. L., tr. & ed. *Geography of Claudius Ptolemy*. New York, 1932.

Szemerényi, O. "Four Old Iranian Ethnic Names: Scythian, Skudra, Sogdian, Saka." *Österreichische Akademie der Wissenschaften*. Philosophisch-Historische Klasse Sitzungs-berichte 371, Wien, 1980, pp. 1-47.

Tarn, W. W. "Seleucid, Parthian Studies." *Proceedings of the British Academy* (1930): pp. 105-135.

Tarn, W. W. *The Greek in Bactria and India*. London: Cambridge, 1951.

Teggart, F. J. *Rome and China*. California, 1939.

Thackeray, H. St. J., tr. Josephus, *The Jewish War*, with an English translation. London, 1923.

Thomas, F. W. "Sakastana." *Journal of the Royal Asiatic Society* 1906, pp. 181-216.

Thomas, F. W. "The Date of Kaniska." *Journal of the Royal Asiatic Society* 1913, pp. 627-650.

Thomas, F. W. "Tibetan Documents concerning Chinese Turkestan." *Journal of the Royal Asiatic Society* 1931, pp. 807-836.

Tomaschek, W. "Kritik der ältesten Nachrichten über den skythischen Norden." *Sitzungsberichte der Wiener Akademie der Wissenschaften* 116 (1888): pp.

715-780; 117 (1889), pp. 1-70.

Waley, A. "Heavenly Horses of Ferghana: A New View." *History Today* 5 (1955): pp. 95-103.

Wang Ching-ju "Arśi and Yen-ch'i, Tokhri and Yüeh-shih." *Monumenta Serica* 9 (1944): pp. 81-91.

Watson, J. S., tr. *Justinus, Epitome of the Philippic History of Pompeius Trogus*, London: Henry G. Bohn, York Street, Convent Garden ,1853.

Whitehead, R. B. *Catalogue of the Coins in the Panjab Museum, Lahore I: Indo-Greek Coins*. Oxford, 1914.

Wylie, A. "Notes on the Western Regions. Translated from the '*Tsëĕn Han shoo*', Book 96, part 1-2." *The Journal of the Anthropological Institute of Great Britain and Ireland* 10 (1881): pp. 20-73; 11 (1882): pp. 83-115.

Yarshater, E., ed. *The Cambridge History of Iran*, vol. 3 (1), (2): The Seleucid, Parthian and Sasanian Periods, CUP: 1983.

索引

【說明】本索引收入正文中主要人名、地名、族名等,分漢文、西文兩部份,按音序排列。條目後數字爲本書頁碼。

阿惡 283
阿史那 210, 211
阿蘭(阿蘭聊)181, 182, 184, 190, 192
阿蠻 260
安國 95, 160, 161, 164, 317, 318
安息 56, 57, 67, 95, 98, 101, 102, 125, 128, 133, 134, 150, 152, 153, 156, 162, 167, 171, 191, 206, 229, 235, 236, 251, 252, 253, 254, 255, 259, 260, 261, 262, 263, 277, 316, 317, 318, 319, 320
白龍堆 302, 303

白題 55
拔特 55
拔達 125, 207
跋提 55
奧鞬 156, 157, 162, 163, 164
薄茅 54, 55
卑陸(畢陸)273, 277, 281, 282, 284, 285, 298
卑闌 117, 138, 150, 151, 157, 180, 273
北海 36, 149, 180, 192
北褥九離 192
北庭 287
北烏伊別國 181

北胥鞬 276

波調 60, 61

波悉山 123

鉢鐸創那 55, 68

鉢和 54

捕喝（布豁）162, 162

岑陬 210

蟬封 130

昌意 315

車師 14, 63, 65, 66, 67, 68, 125, 136, 271, 272, 273, 274, 276, 277, 278, 279, 280, 281, 282, 283, 285, 288, 289, 290, 295, 298, 300

車延 272, 275

赤谷（赤山）113, 116, 125, 149, 151, 205, 206, 207, 208, 221, 297

葱嶺（葱領、葱嶺）49, 63, 90, 97, 119, 125, 132, 135, 136, 137, 149, 159, 161, 191, 205, 221, 253, 271, 274, 276, 277, 278, 298, 318

葱嶺北河 135

達摩悉鐵帝 54, 55

呾叉始羅 13, 217, 220, 222, 230, 231, 232, 233, 234, 235, 236

呾蜜 56, 97

大秦 61, 182

大石城 207

大宛 13, 15, 46, 53, 57, 58, 66, 67, 88, 90, 94, 95, 96, 97, 98, 99, 100, 101, 102, 113, 114, 115, 116, 117, 119, 120, 121, 122, 123, 124, 125, 126, 127, 128, 129, 130, 131, 132, 133, 134, 135, 136, 137, 138, 139, 149, 150, 151, 152, 153, 154, 155, 157, 158, 159, 160, 162, 165, 166, 167, 170, 171, 180, 191, 198, 199, 200, 201, 205, 206, 207, 208, 220, 223, 224, 229, 260, 261, 262, 263, 272, 275, 277, 278, 279, 280, 296, 306, 317, 318

大夏 13, 14, 15, 46, 47, 48, 49, 50, 51, 52, 53, 54, 56, 57, 58, 59, 60, 61, 62, 66, 67, 68, 69, 95, 96, 97, 98, 99, 100, 102, 113, 114, 115, 116, 128, 129, 133, 136, 153, 154, 155, 160, 167, 170, 199, 220, 224, 229, 236, 255, 262, 263, 271, 275, 277, 278, 298, 299, 317

大益 157, 263

大月氏 10, 12, 13, 14, 15, 16, 35, 36, 49, 51, 52, 53, 54, 56, 57, 58, 59, 60, 61, 62, 65, 67, 87, 89, 90, 93, 94, 95, 96, 97, 98, 99, 100, 101, 102, 113, 114, 115, 117, 120, 125, 127, 128, 136, 137, 138, 151, 152, 153, 154, 155, 156, 160, 161, 165, 167, 198, 199, 203, 204, 209, 210, 217, 218, 219, 220, 221, 222, 223, 224, 226, 229, 235, 236, 253, 254, 255, 259, 260, 261, 262, 263, 271, 274, 277, 278,

298, 299, 317, 318, 319
大澤 149, 180, 182, 305
丹渠谷 272, 273
單桓 90, 272, 298
地城 181
典合城 301
東安國 161, 164
東曹 123
都護 53, 54, 55, 115, 125, 131, 132, 135, 136, 137, 138, 149, 151, 152, 156, 157, 163, 164, 166, 167, 205, 206, 208, 217, 251, 276, 281, 284, 295, 298
都護井 298
都賴水 150, 165
都密 56, 57, 236
獨莫水 162
覿貨邏 54, 55, 56, 64, 65, 97
兌虛谷 272, 284, 285
敦薨之浦 63
敦薨之山 48, 63, 89
敦薨之水 48, 63
敦煌（焞煌、燉煌）48, 49, 88, 89, 90, 92, 93, 95, 96, 124, 125, 131, 161, 166, 198, 200, 201, 202, 209, 297, 303, 306
頓多城 207
惡師 271, 297
恩屈 192
貳師城 121, 122, 123, 128

貳師馬 121, 122, 128, 129
番兜城 259, 260, 261
番渠類谷 273
蕃內 151, 152, 206
飛鳥谷 100
弗敵沙 55
伏嗢昏 192
拂菻 192
附墨 156, 157, 162, 163, 164
富樓沙 62
伽倍 54
高昌 272, 286, 287, 300
高車 171, 172
高附 54, 55, 56, 57, 60, 61, 218, 235, 236, 259, 298
高陽 314, 315, 317, 324
紇驕城 315
姑墨 166, 205, 253, 274, 288, 305
姑　師 63, 128, 157, 263, 272, 273, 277, 279, 280, 281, 282, 283, 288, 290, 296
龜茲 14, 63, 65, 66, 67, 68, 69, 126, 132, 205, 209, 221, 272, 275, 280, 284, 286, 287, 288, 297, 298, 305
媯水 53, 56, 95, 96, 97, 99, 100, 116, 117, 152, 154, 203, 261, 262, 263, 317, 319
貴山 100, 116, 117, 118, 119, 120, 122, 123, 138, 151, 207, 272, 275
貴霜 12, 14, 54, 55, 56, 57, 58, 59, 60, 61, 62, 66, 67, 101, 102, 103, 116, 234, 235,

236, 259, 275, 298, 299, 317, 318, 319
貴霜匿 162
過利 162
汗血馬 125, 127, 132, 133
喝汗 164
何 162, 164
和櫝 153, 259, 260
和墨 53, 54, 274
曷勞落迦 298
闔蘇 180, 186, 190, 191
簸斤 164
呼揭 92, 202, 206, 283
胡密 54
胡蜜丹 54
護蜜 54
護澡 54, 55
驥潛 157, 162, 163, 263
驥泥 309
豢龍氏 324
昏馱多 55
火尋 162
貨利習彌 162
寄多羅 62
屬城 156
罽賓 13, 15, 16, 56, 57, 61, 62, 63, 101,
　　136, 209, 210, 217, 218, 219, 220,
　　221, 222, 223, 224, 225, 226, 227,
　　229, 230, 231, 232, 233, 234, 235,
　　236, 251, 252, 253, 258, 259, 271,

　　277, 298, 303
監氏 99, 100, 260, 261
煎靡 134
交河 284, 285, 286, 288, 289, 290, 300
劫布呾那 123
劫國 273
羯霜那 162
金附 275
金蒲 275
精絕 40, 277, 298, 299
鳩茨 65
酒泉 89, 91, 130, 166, 200, 282
居盧倉 298
居延 89, 90, 272
捐毒 15, 62, 63, 113, 114, 117, 134, 135,
　　136, 137, 138, 205, 220, 223, 271,
　　276, 277
康道和 168, 169
康法邃 168
康國 158, 159, 160, 161, 162, 169, 170,
　　301, 318
康居 13, 15, 97, 98, 101, 113, 114, 117,
　　119, 124, 125, 128, 130, 131, 136, 138,
　　149, 150, 151, 152, 153, 154, 155,
　　156, 157, 158, 159, 160, 161, 162,
　　163, 164, 165, 166, 167, 168, 169,
　　170, 171, 172, 180, 181, 182, 191,
　　205, 206, 207, 220, 229, 254, 261,
　　262, 263, 277, 278, 318

康巨 168, 169
康孟詳 168, 169
康僧鎧 168, 169
康僧淵 168, 169, 171
空桑 314, 315
昆侖（崑崙、崐崘）47, 63, 88, 90
昆莫（昆彌）10, 15, 52, 93, 94, 96, 165, 166, 198, 199, 200, 201, 202, 203, 204, 206, 223, 224
昆吾 324, 325
藍市 53, 98, 99, 100, 116
牢蘭 301, 307, 308
黎軒（犁軒）153, 251, 252, 253, 261, 262
柳國 181, 182
柳中 285, 286, 289, 290
龍姓 323, 325
龍城 301
龍堆 298, 302, 303
陸渾 323
輪臺 127, 131
率都沙邢（率都沙那）114, 123, 153
眛蔡 130
莫賀去汾 316
莫賀延磧 201
墨山 274, 300
木鹿 101, 152, 153, 162, 262
苜蓿（目宿）134, 219
那鼻 158, 159, 171

那密水 164, 318
南山 62, 65, 90, 125, 200, 299, 306, 314
難兜 101, 138, 209, 210, 217, 219, 272
難兜靡 93, 198, 201, 202, 210, 272
毋寡 130, 224
內咄 272
忸蜜 162, 164
排特 253, 259
皮山 218, 234, 253, 274, 275
鏺汗 119
破洛那 150
撲挑 251, 252
蒲特山 55
蒲阪 314, 315
蒲昌海 301, 302
蒲類 91, 273, 281, 282, 283, 284, 289, 290
蒲犁 273
蒲陸國 298
蒲陶 134, 158, 159, 219
濮達 57, 60, 236
七屯城 301, 302
祁連 48, 88, 89, 90, 91, 93, 95, 96, 159, 161, 198, 200, 201, 202, 317, 318
乾當 277
鉗敦 55
乾陀羅 3, 8, 13, 17, 19, 21, 22, 26, 217, 218, 221, 222, 226, 228, 229, 230, 231, 233, 234, 235, 236

且彌 272, 274, 275, 281, 282, 284, 285, 286, 287, 288, 289, 290, 298
且彌山 286, 287, 288
且末（沮末）64, 274, 275, 295, 300, 303, 304
丘就卻 57, 59, 60, 62, 234, 236
佉薄健 55
佉盧文 222, 227, 231, 232, 235, 257, 258, 296, 308, 309, 310
佉沙 162
屈茨（屈支）65, 209, 287, 308
屈霜你迦 162
渠勒 63, 272, 277
渠犁 63, 131, 272
渠沙 66
渠搜 102, 119
去胡來 272
容屈 225, 226, 231, 232, 234
蠕蠕（茹茹）170, 221, 316
阮隃（阮倫）47
若水 314
婼羌 90, 115, 272
塞王 10, 15, 16, 51, 62, 136, 198, 220, 221, 222, 224, 227, 228, 229, 231, 232, 271, 277
塞種 1, 10, 11, 12, 13, 14, 15, 16, 25, 49, 52, 62, 64, 135, 136, 137, 208, 210, 220, 223, 224, 225, 227, 271, 272, 273, 274, 276, 277, 278, 288

三隴沙 298
沙西井 298
沙州 301
莎車 11, 14, 50, 51, 54, 63, 66, 125, 131, 132, 253, 273, 275, 276, 299
山國（山王國）274, 295, 298, 300
鄯善（禪善）40, 125, 252, 277, 279, 281, 295, 296, 297, 298, 299, 300, 301, 302, 303, 304, 305, 306, 307, 308, 309, 310
商彌 55, 68
少昊 322, 323, 325
賒彌 55
舍彌 54, 55
身毒 98, 129, 135, 136, 137, 153, 229, 263, 276, 277
石城鎮 301, 302, 303
石國 114, 119, 150
史國 164
使者校尉 131
疏勒 15, 48, 50, 62, 119, 125, 132, 135, 136, 137, 138, 166, 220, 221, 271, 289
疏榆谷 273
雙靡 53, 54, 55, 56, 57, 101, 218, 236
斯賓 260
蘇都識匿 123
蘇對沙那（蘇對沙邢）114, 119, 123
蘇薤 157, 158, 159, 162, 263

蘇黎 156, 157, 163, 164
粟弋 153, 157, 158, 159, 166, 169
索國 211
桃槐 272
天篤（天竺）55, 56, 57, 61, 135, 169, 235, 236, 253, 259, 298, 303
天馬 125, 127, 129, 132
天山 40, 63, 64, 65, 89, 90, 91, 92, 136, 161, 190, 198, 199, 200, 205, 206, 221, 223, 224, 280, 282, 284, 287, 288, 290
闐池 125, 126, 149, 150, 205
條枝（條支）126, 153, 251, 252, 253, 254, 261
鐵勒 192
突厥 59, 61, 67, 102, 134, 151, 153, 171, 172, 191, 192, 210, 211, 223, 286, 287
吐火羅 13, 52, 54, 58, 59, 61, 62, 66, 68, 69, 96, 102, 113, 134, 160, 218, 298
吐火洛泉 50
危〔䐗〕須 129, 272, 298
尉犁 273, 305
尉頭 273
溫宿（溫肅）125, 149, 205, 207, 208, 271, 305
烏秅 136, 217, 218, 219, 253, 271
烏纏 272
烏莨 219
烏壘 63, 66, 209, 271, 275, 284, 288, 289, 300, 307
烏鍛 66, 276
烏孫 10, 13, 14, 15, 16, 49, 52, 63, 65, 66, 91, 92, 93, 94, 96, 98, 99, 113, 116, 125, 127, 128, 129, 132, 135, 136, 137, 149, 150, 151, 153, 154, 155, 165, 166, 198, 199, 200, 201, 202, 203, 204, 205, 206, 207, 208, 209, 210, 211, 220, 221, 223, 224, 229, 255, 263, 272, 275, 279, 283, 288, 297, 317
烏貪訾離（烏貪）206, 284, 298
烏頭勞 225, 226, 231, 232, 233, 234
烏夷 308
烏弋山離（山離烏弋）13, 150, 206, 217, 218, 251, 252, 253, 254, 256, 257, 258, 259, 262
無雷 101, 273
武威 131
戊己校尉 132
務塗谷 285
西海 126, 127
西吳 46, 47
西夏 47
西夜 273, 278
西虞 46, 47
肸頓 54, 55
翕侯 14, 53, 54, 55, 56, 57, 58, 59, 60, 61, 67, 99, 101, 102, 116, 171, 198,

210, 218, 234, 235, 236

縣度（懸度）10, 13, 15, 16, 51, 62, 209, 218, 219, 220, 221, 222, 223, 225, 226, 229, 230, 234, 253

小安國 164

小安息 153, 262

小宛 115, 116, 272, 298

匈奴 10, 13, 15, 16, 35, 49, 50, 51, 57, 62, 63, 65, 87, 89, 90, 91, 92, 93, 94, 95, 96, 97, 113, 117, 129, 130, 131, 132, 136, 149, 150, 151, 154, 155, 159, 161, 165, 166, 171, 181, 198, 199, 200, 201, 202, 203, 204, 205, 206, 209, 220, 224, 236, 271, 273, 276, 278, 280, 281, 282, 283, 285, 297, 305, 317, 318

休密 53, 54, 56, 57, 236, 274, 275

休屠 130

休循 15, 62, 63, 100, 113, 114, 116, 120, 134, 135, 136, 137, 138, 139, 155, 220, 223, 271, 272

循鮮 217, 219, 226, 277

焉耆 14, 63, 65, 67, 68, 69, 132, 205, 206, 209, 271, 275, 280, 284, 288, 289, 290, 297, 298, 305, 306, 307, 323

延城 272

嚴國（巖國）166, 182

鹽水 122, 125

鹽澤 90, 131, 200, 279, 296

閻浮謁 55

閻膏珍 57, 236

奄蔡 13, 125, 136, 149, 153, 155, 156, 166, 168, 180, 181, 182, 183, 186, 190, 191, 192, 254, 261, 277

衍敦谷 114, 134, 137, 277

陽關 53, 54, 90, 125, 156, 157, 252, 295, 299, 300, 301, 304, 306

葉護 59, 67, 171, 210

嚈噠 58, 62, 153, 162, 168, 169

伊列 150, 154, 158, 159, 206

伊吾盧 132

伊循（伊脩）40, 63, 65, 209, 271, 280, 296, 301, 302, 304, 306

依耐 273

宜禾都尉 132

移支 282

陰末赴 225, 226, 231, 232, 233, 234, 235

淫薄健 55, 56, 68

渤澤 48, 63, 297, 301

有虞氏 315, 317, 321, 322

扜零 115

扜泥 279, 280, 295, 296, 299, 300, 301, 302, 303, 304, 305, 306, 307, 308, 309, 310

于大谷 272, 284, 285

于羅 260

于闐（于寘、于實）63, 64, 98, 132, 135, 136, 229, 263, 272, 297, 305

于闐河 135, 136

于祝 207
杅彌（扞罙、拘彌）98, 126, 131, 157, 229, 263, 288
魚國 314, 315, 316, 318, 319, 320, 321
禺知（禺氏）14, 87, 88
虞弘 314, 315, 316, 317, 318, 319, 320, 321, 322
窳匿 156, 157, 162, 163, 164
玉門 125, 128, 129, 252, 298, 299, 304
郁成 116, 119, 121, 122, 123, 124, 165
郁立師 273, 285
員渠 63, 271
月氏（月支）10, 12, 13, 14, 15, 16, 35, 36, 49, 50, 51, 52, 53, 54, 56, 57, 58, 59, 60, 61, 62, 65, 66, 67, 87, 88, 89, 90, 91, 92, 93, 94, 95, 96, 97, 98, 99, 100, 101, 102, 103, 113, 114, 115, 117, 120, 125, 127, 128, 136, 137, 138, 150, 151, 152, 153, 154, 155, 156, 159, 160, 161, 162, 165, 166, 167, 198, 199, 200, 201, 202, 203, 204, 206, 209, 210, 217, 218, 219, 220, 221, 222, 223, 224, 226, 229, 235, 236, 253, 254, 255, 259, 260, 261, 262, 263, 271, 272, 274, 277, 278, 283, 298, 299, 317, 318, 319, 320, 321
允姓之戎 14, 49, 50, 209, 323
張掖 90, 131, 161

昭武城 159, 161, 162, 318
昭武九姓 317, 318, 319, 321
折摩馱那 64
折薛莫孫 54, 55
者舌 150
赭時 162, 164
柘折（柘支）114, 162
真珠河 207
郅支 113, 125, 130, 149, 150, 165, 205, 206, 207
樂越匿地（越匿地）150, 151, 157
中天竺 169
注賓城 297
注賓河 300, 301, 307, 308
廛沉 191, 192
顓頊 314, 315

Abzoae 186
Akhsīkath 116, 123
Alani (Halani) 184, 185, 187, 188, 189, 190, 191
Alanorsi 190
Alexandria Eschata 120
Alexandria Prophthasia 252, 253
Amyntas 231, 232
Amyrgian 21

Anchiocia 261
Antialcidas 226, 227, 232
Aorsi 183, 184, 185, 186, 187, 188, 189, 190, 191, 261
Arachosia (Harauvati) 13, 17, 218, 232, 233, 236, 252, 256, 257, 258, 259
Araxes 1, 2, 23, 24, 26, 36, 37, 320
Arimaspae (Arimaspi) 25, 48, 49
Aristeas 12, 49
Arsacid 228
Arsaces 259, 260
Asiani (Asii) 6, 7, 8, 9, 10, 12, 13, 14, 35, 36, 37, 38, 39, 40, 49, 50, 51, 52, 53, 58, 59, 61, 63, 64, 65, 66, 67, 68, 69, 95, 115, 116, 190, 191, 208, 209, 210, 271, 272, 274, 275, 276
Azes 231, 232, 233, 234, 235, 258
Azillises 231
Bactra 13, 33, 52, 53, 56, 60, 99, 116, 120, 137, 261
Bactria (Bāxtri) 7, 8, 13, 17, 52, 60, 252
Badakhshān 55, 101
Batae 40
Bokhāra 162
Byltae 38
Caratae 38, 274

Carta 260
Casia 39, 64
Casius 40, 64
Chaj 114
Comari 38, 274, 275
Comedie (Comediae) 38, 274, 275
Ctesiphon 260
Cyropolis 118, 120
Dahae 33, 34, 37, 263
Drangiana (Zranka) 13, 16, 218, 233, 236, 252, 256
Ecbatana 260
Emodus 21, 22, 39
Essedones 37, 272
Gandāra (Gandhāra) 17, 217, 219, 220, 226, 252, 259
Gasiani 9, 12, 14, 50, 58, 61, 63, 64, 65, 66, 67, 68, 69, 115, 116, 120, 121, 139, 208, 209, 271, 272, 275, 276
Gondophares (Guduvhara) 235, 236, 258, 259
Grynaci Scythae 38
Hatra 260
Hekatompylos 259, 260
Herāt 252, 253, 256
Hermaeus 225, 231, 232, 233, 234, 235
Hippostratus 225, 231
Hunza 138, 218, 219
Hyrcania 33, 36, 184, 188, 260

Iazyges 187, 188
Imaus 38, 39, 40, 190, 275
Issedon Serica 40, 64
Issedones 2, 5, 6, 7, 8, 9, 10, 11, 12, 23, 24, 25, 30, 35, 36, 37, 40, 48, 49, 50, 52, 63, 208, 209, 274, 320
Jaxartes 32, 33, 38
Kabul 56, 101, 219, 233
Kaggar 171, 172
Kand ū d 55
Kängäräs 171
Kapisa 217, 231, 232
Karashar 40
Kāsān 116, 117, 118, 119, 120, 121, 207
Kashania 162
Kaspeiria 217, 219
Kesh 162
Kharghānkath 164
Khojend 100, 116, 117, 118, 119, 120, 121, 123, 138, 151, 152, 207
Khwārazm (Uvārazmī) 16, 162, 163, 263
Kokand 116
Kophen 217, 219, 235
Kroraimna (Krorayina) 295, 296, 308, 309, 310
Kuci 40
Kumidae 54

Margu (Mōuru) 4, 17, 101, 256, 262
Massagetae 1, 2, 3, 4, 5, 6, 7, 8, 9, 10, 11, 12, 23, 30, 33, 34, 38, 48, 49, 51, 52, 274, 275, 320, 321, 322
Maues (Moga) 224, 227, 228, 229, 230, 232, 258
Nesaean (Nisā, Nisaya) 121, 123, 260
Nikias 225
Numijkath 164
Orthokorybantioi 27
Ottorocorae 40
Oxus 7, 34, 36, 37
Paropamisadae 217, 218, 219, 222, 226, 230, 232, 233, 235, 236, 252, 259
Pārsa 16
Parthia (Parθava) 16, 259, 260, 261
Pečeneg 171
Philoxenus 225
Puskalāvatī 217, 219, 230
Rhoxolani 184, 185, 187
Sacara 38, 39, 64, 274, 275
Sacarauli (Sacaraucae, Saraucae) 6, 7, 9, 10, 11, 12, 13, 14, 35, 49, 50, 52, 58, 61, 63, 65, 66, 68, 115, 170, 171, 208, 271, 273, 275, 276
Sad-i Mastuj 55
Sakā (Sacae) 1, 2, 3, 4, 5, 6, 7, 8, 9, 10, 11, 12, 13, 16, 17, 18, 19, 20, 21, 22, 23, 24, 25, 26, 27, 28, 30, 31, 33, 34,

35, 36, 37, 38, 39, 40, 49, 50, 95,
170, 208, 211, 223, 224, 225, 226,
255, 256, 257, 258, 259, 262, 263,
273, 274, 276
Sakā haumavargā 3, 8, 19, 21
Sakā tigraxaudā 3, 8, 19, 21
Sakāstān 13
Samarkand 120, 158, 160, 161, 164,
169, 170
Sauromatae (Sarmatae, Sarmatia) 183,
184, 186, 187, 188, 191
Scythia 5, 21, 30, 38, 39, 40, 48, 52,
64, 183, 184, 189, 190, 275
Scythian Abii 39
Scythian Chatae 39
Scythian Chauranaei 39
Scythian Hippophagi 39, 275
Serica 39, 40, 64
Sogdiani (Sugda) 17, 33, 34
Spalagadames 233
Spalyris 191, 232, 233, 257, 258
Sutrūshana 114
Śyāmāka 55
Tashkend 114, 119, 150, 151, 153,
154, 162
Taxila (Takṣaśilā, Takkasilā) 217, 219,
220, 222, 224, 226, 227, 228, 229,
230, 235, 252, 259
Thaguri 40

Thogara 40
Throana 40
Throani 40
Tirmidh 56, 97
Tochari 6, 7, 9, 12, 13, 14, 35, 49, 50, 51,
52, 53, 58, 59, 61, 62, 63, 64, 65, 66,
67, 68, 69, 95, 97, 115, 116, 133, 208,
255, 271, 272, 273, 275
Toornae 38
Toχrï 14, 67, 68, 69
Tuhārestān 256
Tukhāra 54, 97
Udyāna 219
Ura-tübe 114, 116, 119, 121, 123, 153,
154
Ush 123, 137
Uzgent 123
Vāsudeva 60
Vikrama 228, 231, 235, 258
Vikramāditya 228
Vonones 191, 232, 233, 256, 257, 258
Yamgān (Hamakān) 55, 56
Zadrakarta 260

後記

一九八五年上半年，我接受了注譯《史記·大宛列傳》的任務，這是吳樹平先生主持的《史記》注譯工作的一部份。我很快發現，解讀這篇傳記的關鍵在於搞清楚張騫首次西使所經見和傳聞諸國的情況，而其中大夏、大月氏、大宛、康居、奄蔡、烏孫，以及《漢書·西域傳》所見塞種、罽賓、烏弋山離之間有著不可分割的聯繫，似乎能夠對有關問題提出一個一攬子解決方案。於是興趣大增。寫作本書的想法隨之萌生。

八月下旬某日，我去協和醫院探視孫毓棠師，扼要談及本書的設計。毓師表示贊許，但告誡說：這次你要處理的可以說都是古代西域史研究中的經典問題，有許多學者發表過意見，你應該吸收他們的成果，對和自己不同的觀點不必過於計較，要有兼收並蓄的氣度。還指示："最好學會正面論述。"萬萬沒有料到，這竟是毓師最後一次指點我學問。九月五日，他便與世長辭了。

這些年來，我多次溫習毓師的這一番話，當時的情景歷歷如在目前。

毓師去世後不久，馬雍師、翁獨健師也相繼去世，這對我學業的成就都是無法彌補的損失。尤其是馬雍師英年早逝，使我心中充滿了說不出來的寂寞之感。幸而還有季羨林師、張廣達師經常鼓勵我，我纔得以在求學的道路上蹣跚踸踔下去。

在寫作本書的過程中，王讜、林梅村、徐文堪、榮新江、劉迎勝、劉欣如諸位學長，以及日本學者梅村坦、北村高、桑山正進、白須淨真等曾從各方面給予幫助，中國社會科學出版社的領導和編輯則為出版事宜克服了種種困難，謹在此表示我最深切的謝意。

余太山

1989 年 7 月 10 日

再版後記

這次再版，觀點和材料的組織照舊，刪改了幾處明顯的錯誤，依據較好或較新的版本核對了引文。

另外，從1992年版的五篇附錄中抽去了以下三篇：

1. 關於條枝、黎軒和大秦
2. 匈奴、Huns同族論質疑
3. 匈奴、鮮卑與西域關係述考

增加了一篇：魚國淵源臆說。

余太山
2010年7月16日

余太山主要出版物目錄

一、專著

1《嚈噠史研究》，齊魯書社，1986年9月。

2《塞種史研究》，中國社會科學出版社，1992年2月。

3《兩漢魏晉南北朝與西域關係史研究》，中國社會科學出版社，1995年6月。

4《古族新考》，中華書局，2000年6月。

5《兩漢魏晉南北朝正史西域傳研究》，中華書局，2003年11月。

6《兩漢魏晉南北朝正史西域傳要注》，中華書局，2005年3月。

7《早期絲綢之路文獻研究》，上海人民出版社，2009年5月。

二、論文

1《魏書·嚈噠傳》考釋，《文史》第20輯（1983年），pp. 258-263。

2《魏書·粟特國傳》辨考，《文史》第21輯（1983年），pp. 57-70。

3 嚈噠史研究中的若干問題,《中亞學刊》第 1 輯（1983 年）, 中華書局, pp. 91-115。

4 《魏書·小月氏、大月氏傳史實辨考》,《學習與思考（中國社會科學研究生院學報）》1984 年第 3 期, pp. 64-69。

5 關於頭羅曼和摩醯邏矩羅,《南亞研究》1984 年第 3 期, pp. 9-15。

6 嚈噠史二題,《中華文史論叢》1985 年第 2 期, pp. 189-204。

7 關於嚈噠的覆亡,《西北史地》1985 年第 4 期, pp. 38-43。

8 柔然與西域關係述考,《新疆社會科學》1985 年第 4 期, pp. 67-77, 80-81。

9 柔然、阿瓦爾同族論質疑——兼說阿瓦爾即悅般,《文史》第 24 輯（1985 年）, pp. 97-113。

10 條支、黎軒、大秦和有關的西域地理,《中國史研究》1985 年第 2 期, pp. 57-74。

11 關於董琬、高明西使的若干問題,《文史》第 27 輯（1986 年）, pp. 31-46。

12 馬雍《西域史地文物叢考》編後,《新疆社會科學》1986 年第 4 期, pp. 124-126。

13 嚈噠的族名、族源和族屬,《文史》第 28 輯（1987 年）, pp. 109-125。

14 《太伯里史》所載嚈噠史料箋證（宋峴漢譯）,《中亞學刊》第 2 輯（1987 年）, 中華書局, pp. 51-64。

15 烏孫考,《西北史地》1988 年第 1 期, pp. 30-37。

16 奄蔡、阿蘭考,《西北民族研究》1988 年第 1 期, pp. 102-110, 114。

17 《漢書·西域傳》所見塞種,《新疆社會科學》1989 年第 1 期, pp. 67-78。

18 匈奴、鮮卑與西域關係述考,《西北民族研究》1989 年第 1 期, pp. 153-171。

19 大夏和大月氏綜考,《中亞學刊》第 3 輯（1990 年）, 中華書局, pp. 17-46。

20 匈奴、Huns 同族論質疑,《文史》第 33 輯（1990 年）, pp. 57-73。

21 Who were Toramana and Mihirakula? Asia-Pacific Studies 1990, pp. 95-108.

22 塞種考,《西域研究》1991 年第 1 期, pp. 19-33。

23 大宛和康居綜考,《西北民族研究》1991 年第 1 期, pp. 17-45。

24 關於鄯善都城的位置,《西北史地》1991 年第 2 期, pp. 9-16。

25 安息與烏弋山離考,《敦煌學輯刊》1991 年第 2 期, pp. 82-90。

26 罽賓考,《西域研究》1992 年第 1 期, pp. 46-61。

27 關於 Huns 族源的臆測,《文史》第 34 期（1992 年）, pp. 286-288。

28 張騫西使新考,《西域研究》1993 年第 1 期, pp. 40-46。

29 東漢與西域關係述考,《西北民族研究》1993 年第 2 期, pp. 19-39。

30 西漢與西域關係述考,《西北民族研究》1994 年第 1 期, pp. 9-24；第 2 期, pp. 125-150。

31 兩漢西域戊己校尉考,《史林》1994 年第 1 期, pp. 8-11, 7。

32 貴霜的族名、族源和族屬,《文史》第 38 輯（1994 年）, pp. 18-28。

33 漢魏通西域路線及其變遷,《西域研究》, 1994 年第 1 期, pp. 14-20。

34 前秦、後涼與西域關係述考,《中國邊疆史地研究》1994 年第 4 期, pp. 68-73。

35 西涼、北涼與西域關係述考,《西北史地》1994 年第 3 期, pp. 1-5。

36 第一貴霜考,《中亞學刊》第 4 輯（1995 年）, 北京大學出版社, pp. 73-96。

37 新疆出土文書劄記：I. 吐魯番出土文書所見"緣禾"、"建平"年號, II. 關於"李柏文書",《西域研究》1995 年第 1 期, pp. 77-81。

38 前涼與西域關係述考,《中國史研究》1995 年第 2 期, pp. 139-144。

39 兩漢西域都護考,《學術集林》卷五,上海遠東出版社,1995 年,pp. 214-242。

40 兩漢魏晉南北朝時期西域的綠洲大國稱霸現象,《西北史地》1995 年第 4 期, pp. 1-7。

41 《榎一雄著作集》第 1—3 卷《中亞史》(書評),《敦煌吐魯番研究》第一卷(1995 年),北京大學出版社,1996 年,pp. 381-389。

42 南北朝與西域關係述考,《西北民族研究》1996 年第 1 期,pp. 1-32。

43 《後漢書·西域傳》與《魏略·西戎傳》的關係,《西域研究》1996 年第 3 期, pp. 47-51。

44 說大夏的遷徙——兼考允姓之戎,《夏文化研究論集》,中華書局,1996 年, pp. 176-196。

45 《魏書·西域傳》原文考,《學術集林》卷八,上海遠東出版社,1996 年, pp. 210-236。

46 允姓之戎考——兼說大夏的西徙,《中國國際漢學研討會論文集》,中國社會科學出版社,1996 年,pp. 673-711。

47 關於兩漢魏晉南北朝正史"西域傳"的體例,《西北師大學報》1997 年第 1 期, pp. 17-22,92。

48 兩漢魏晉南北朝時期西域南北道綠洲諸國的"兩屬"現象——兼說貴霜史的一個問題,《中國邊疆史地研究》1997 年第 2 期,pp. 1-5。

49 《史記·大宛列傳》與《漢書·張騫李廣利傳、西域傳》的關係,《學術集林》卷一一,上海遠東出版社,1997 年,pp. 162-179。

50 曹魏、西晉與西域關係述考,《文史》第 43 輯(1997 年),pp. 61-71。

51 有虞氏的遷徙——兼說陶唐氏的若干問題,《炎黃文化研究(炎黃春秋增刊)》

第 4 期（1997 年），北京：炎黃春秋雜誌社，pp. 52-59，67；第 5 期（1998 年），pp. 62-66，75。

52 兩漢魏晉南北朝正史"西域傳"所見西域族名、國名、王治名，《慶祝楊向奎先生教研六十年論文集》，河北教育出版社，1998 年，pp. 238-251。

53 《梁書·西北諸戎傳》與《梁職貢圖》，《燕京學報》新 5 期，北京大學出版社，1998 年，pp. 93-123。

54 昆吾考，《中華文史論叢》第 58 輯（1999 年），上海古籍出版社，pp. 245-257。

55 評斯坦因《西域考古圖記》漢譯本，中華人民共和國新聞出版署主辦《中國出版》1999 年第 4 期，中心插頁（廣西師範大學出版社隆重推出《西域考古圖記》5 卷，原著：[英] 奧雷爾·斯坦因，翻譯：中國社會科學院考古研究所主持）。

56 兩漢魏晉南北朝正史西域傳的里數，《文史》第 47 輯（1999 年第 2 期），pp. 31-48；第 48 輯（1999 年第 3 期），pp. 129-141。

57 讀蔡鴻生《唐代九姓胡與突厥文化》，《書品》1999 年第 4 期，pp. 29-34。

58 關於甘英西使，《國際漢學》第 3 輯，鄭州：大象出版社，1999 年，pp. 257-263。

59 犬方、鬼方、舌方與獫狁、匈奴同源說，《歐亞學刊》第 1 輯，中華書局，1999 年，pp. 7-28。

60 中國史籍關於希瓦和布哈拉的早期記載，《九州》第 2 輯，商務印書館，1999 年，pp. 157-160。

61 荀悅《漢紀》所見西域資料輯錄與考釋，《中亞學刊》第 5 輯，新疆人民出版社，2000 年，pp. 216-238。

62 馬雍遺作目錄,《中國史研究動態》2000 年第 3 期, pp. 26-29。

63 樓蘭、鄯善、精絕等的名義——兼說玄奘自于闐東歸路線,《西域研究》2000 年第 2 期, pp. 32-37。

64 義渠考,《文史》第 50 輯（2000 年第 1 期）, pp. 153-158。

65 漢晉正史"西域傳"所見西域諸國的地望,《歐亞學刊》第 2 輯, 中華書局, 2000 年, pp. 37-72。

66 嚈噠史若干問題的再研究,《中國社會科學院歷史研究所學刊》第 1 集, 北京: 社會科學文獻出版社, 2001 年, pp. 180-210。

67 讀華濤《西域歷史研究（八至十世紀）》,《書品》2001 年第 4 期, pp. 35-39。

68 兩漢魏晉南北朝正史"西域傳"所見西域山水,《史林》2001 年第 3 期, pp. 50-56。

69 兩漢魏晉南北朝正史"西域傳"所見西域諸國的宗教、神話傳說和東西文化交流,《西北民族研究》2001 年第 3 期, pp. 115-127。

70 兩漢魏晉南北朝正史"西域傳"所見西域農業、手工業和商業,《吐魯番學研究》2001 年第 1 期, pp. 116-123；第 2 期, pp. 104-111。

71 兩漢魏晉南北朝正史"西域傳"所見西域諸國的制度和習慣法,《西北民族研究》2001 年第 4 期, pp. 5-14。

72 兩漢魏晉南北朝正史"西域傳"所見西域人口,《中華文史論叢》第 67 輯（2001 年第 3 期）, 上海古籍出版社, pp. 62-76。

73 兩漢魏晉南北朝正史"西域傳"所見西域諸國的人種和語言、文字,《中國史研究》, 2002 年第 1 期, pp. 51-57。

74 兩漢魏晉南北朝正史"西域傳"所見西域諸國的社會生活,《西域研究》,

2002年第1期，pp. 56-65。

75 兩漢魏晉南北朝正史"西域傳"所見西域諸國物産，《揖芬集——張政烺先生九十周年華辰紀念文集》，社會科學文獻出版社，2002年5月，pp. 437-453。

76 南北朝正史西域傳所見西域諸國的地望，《歐亞學刊》第3輯，中華書局，2002年4月，pp. 163-183。

77 魚國淵源臆說，《史林》2002年第3期，pp. 16-20。又載山西省北朝文化研究中心主編《4-6世紀的北中國與歐亞大陸》，科學出版社，2006年，pp. 140-147。

78 有關嚈噠史的笈多印度銘文——譯注與考釋（劉欣如譯注），《西北民族論叢》第1輯，中國社會科學出版社，2002年12月，pp. 44-66。

79 新發現的臘跋闍柯銘文和《後漢書·西域傳》有關閻膏珍的記載，《新疆文物》2003年第3—4輯，pp. 43-47。

80 兩漢魏晉南北朝正史"西域傳"的認知和闡述系統，《西北民族論叢》第2輯，中國社會科學出版社，2003年12月，pp. 43-47。

81 《史記·大宛列傳》要注，《暨南史學》第2輯，2003年，pp. 56-79。

82 《水經注》卷二（河水）所見西域水道考釋，《中國社會科學院歷史研究所學刊》第2集，2004年4月，pp. 193-219。

83 《梁書·西北諸戎傳》要注，《西北民族研究》2004年第2期，pp. 93-104。

84 《後漢書·西域傳》和《魏略·西戎傳》有關大秦國桑蠶絲記載淺析，《西域研究》2004年第2期，pp. 14-16。

85 《周書·異域傳下》要注，《吐魯番學研究》2003年第2期，pp. 54-72。

86 《後漢書·西域傳》要注，《歐亞學刊》第4輯，中華書局，2004年6月，

pp. 261-312。

87 《隋書‧西域傳》的若干問題,《新疆師範大學學報》2004 年第 3 期,pp. 50-54。

88 渠搜考,中國社會科學院歷史研究所編《古史文存‧先秦卷》,社會科學文獻出版社,2004 年 11 月,pp. 331-344。

89 隋與西域諸國關係述考,《文史》第 69 輯(2004 年第 4 期),pp. 49-57。

90 《漢書‧西域傳上》要注,《中國社會科學院歷史研究所學刊》第 3 集,2004 年 10 月,pp. 125-178。

91 《隋書‧西域傳》要注,《暨南史學》第 3 輯,2004 年,pp. 92-123。

92 漢文史籍有關羅馬帝國的記載,《文史》第 71 輯(2005 年第 2 期),pp. 31-96。

93 匈奴的崛起,《歐亞學刊》第 5 輯,中華書局,2005 年 6 月,pp. 1-7。

94 裴矩《西域圖記》所見敦煌至西海的"三道",《西域研究》2005 年第 4 期,pp. 16-24。

95 兩漢魏晉南北朝正史西域傳有關早期 SOGDIANA 的記載,《粟特人在中國——歷史、考古、語言的新探索》(《法國漢學》第 10 輯),中華書局,2005 年 12 月,pp. 276-302。

96 《通典‧邊防七‧西戎三》要注,《文史》第 74 輯(2006 年第 1 期),pp. 139-160。(與李錦繡合作)

97 《魏略‧西戎傳》要注,《中國邊疆史地研究》2006 年第 2 期,pp. 43-61。

98 《魏書‧西域傳》(原文)要注,《西北民族論叢》第 4 輯,中國社會科學出版社,2004 年,pp. 24-75。

99 宋雲行紀要注,《蒙元史暨民族史論集——紀念翁獨健先生誕辰一百周年》,

社會科學文獻出版社，2006 年，pp. 565-591。

100 兩漢魏晉南北朝正史關於東西陸上交通路線的記載，《中國古代史論叢——黎虎教授古稀紀念》，世界知識出版社，2006 年，pp. 242-251。

101 關於法顯的入竺求法路線——兼說智猛和曇無竭的入竺行，《歐亞學刊》第 6 輯（古代內陸歐亞與中國文化國際學術研討會論文集卷上），中華書局，2007 年 6 月，pp. 138-154。

102 劉文鎖著《沙海古卷釋稿》序，中華書局，2007 年 7 月，pp. 1-3。

103《漢書·西域傳下》要注，《中國社會科學院歷史研究所學刊》第 4 集，2007 年 8 月，pp. 187-233。

104 伊西多爾《帕提亞驛程志》譯介與研究，《西域研究》2007 年第 4 期，pp. 5-16。

105《穆天子傳》所見東西交通路線，《傳統中國研究集刊》第 3 輯，上海人民出版社，2007 年，pp. 192-206。

106 希羅多德《歷史》關於草原之路的記載，《傳統中國研究集刊》第 4 輯，上海人民出版社，2008 年，pp. 11-23。

107 宋雲、惠生西使的若干問題——兼說那連提黎耶舍、闍那崛多和達摩笈多的來華路線，《中國社會科學院歷史研究所學刊》第 5 集，2008 年 4 月，pp. 25-45。

108 馬小鶴著《摩尼教與古代西域史研究》序。中國人民大學出版社，2008 年 10 月，pp. 1-2。

109 托勒密《地理志》所見絲綢之路的記載，《歐亞學刊》第 8 輯，中華書局 2008 年 12 月，pp. 85-98。

110《那先比丘經》所見"大秦"及其他，《歐亞學刊》第 9 輯，中華書局 2009 年 12 月，pp. 109-114。

111 "History of the Yeda Tribe (Hephthalites): Further Issues", *Eurasian Studies I*, The Commercial Press, 2011, pp. 66-119.

112 Αλοχον 錢幣和嚈噠的族屬,《中國史研究》2011 年第 1 輯, pp. 5-16。

113《絲瓷之路——古代中外關係史研究》發刊詞,《絲瓷之路——古代中外關係史研究》創刊號, 商務印書館, 2011 年, pp. i-iii。

114 關於驪軒問題的劄記,《絲瓷之路——古代中外關係史研究》創刊號, 商務印書館, 2011 年, pp. 235-244。